新・フードコーディネーター教本

2024

3級資格認定試験対応テキスト

特定非営利活動法人
日本フードコーディネーター協会

柴田書店

『新・フードコーディネーター教本』刊行にあたり

　日本フードコーディネーター協会は1994年（平成6年）に設立し、2024年には創立30年を迎えます。

　この間、3級、2級資格試験制度に続き、1級資格試験を設け、現在、有資格者のみならず、個人会員、企業会員、認定校と規模を拡大しています。このような発展は、協会会員の皆さま、認定校の教職員の皆さま、協会理事・委員、事務局の方々のご尽力の賜物とあらためて感謝申し上げる次第です。

　『フードコーディネーター教本』は、1998年に初版を刊行し、その後、時代の変化に合わせて改訂を行い、現在は『新・フードコーディネーター教本』として発刊しております。

　当協会では、フードコーディネーターを『新しい食の「ブランド」「トレンド」を創る、食の「開発」「演出」「運営」のクリエーター』と定義しており、フードコーディネーター資格認定試験に合格し、活躍している方々の多くは、この食の「開発」「演出」「運営」のいずれかの分野に携わっています。そのさまざまな分野のスペシャリストと連携・協力し、食生活・食ビジネスの改善と新たな提案・創造をする食のトータルクリエーターとして活躍されている方も数多く、活躍の場は無限に広がっています。

　これからも将来フードコーディネーターとして活躍を希望される方々に必要な知識、技術などを提供し、フードコーディネーターの社会的認知の促進と地位向上に努めていく所存です。

　最後に、『新・フードコーディネーター教本』の刊行にあたり、ご協力いただいた全国調理師養成施設協会様、ご執筆・監修等いただいた皆さまに厚く御礼申し上げます。

2023年12月

特定非営利活動法人 日本フードコーディネーター協会　理事長　江上種英

フードコーディネーターとは何か

フードコーディネーターとは、
新しい食の「ブランド」「トレンド」を創る
食の「開発」「演出」「運営」のクリエーターです。

食の開発

食品メーカーの商品、飲食店・給食サービスのメニュー、地場産品を使用した行政・農林水産業団体の商品・メニュー、卸・小売業のPB商品、家庭向け弁当、食の新しいサービス・食べ方、食品の販路・顧客の開拓、店舗・厨房デザイン、観光業の食プログラム、新しい教育プログラム・カリキュラム など

食の演出

食品・飲食店などのパブリシティ制作(メディアの選定・コーディネート、写真撮影にかかわるスタイリング・空間コーディネートなど)、食関連の記事作成、飲食店などの空間コーディネート、イベントなどの運営、食品の売り方・陳列手法の提案 など

食の運営

レストラン・飲食小売業、少子高齢社会など時代に合った食の新業態・運営手法の開発、料理教室、フードコーディネーター教育・育成スクール、食育プログラム、地産地消プログラム、道の駅・農産物直売所 など

マスコミ
医療・福祉　　産地(生産者)
教育　料理研究家　レストラン
フードスタイリスト　ホテル
スーパーマーケット　パティシエ　食品メーカー
流通　栄養士　シェフ　料理人　飲料メーカー
給食　フードコーディネーター　ソムリエ
グローサリー
百貨店　ライター　設計士　広告代理店
デザイナー　イラストレーター　料理教室
コンビニ　カメラマン　出版　バリスタ
イベント　厨房機器メーカー　喇酒師
ブランジェ

目次

文化 食文化

科学 健康と栄養と安全

デザイン・アート 食環境デザインと芸術的創造性

経済・経営 経済的概念と食関連事業経営実務

本書の執筆者・監修者（敬称略）

第1章　日本フードコーディネーター協会理事
　　　　松本貴志子（名古屋女子大学 非常勤講師）

第2章　田島眞（実践女子大学名誉教授）※監修

第3章　田島眞（実践女子大学名誉教授）※監修

第4章　日本フードコーディネーター協会理事
　　　　豊﨑啓輔（名古屋文化短期大学 元非常勤講師）

第5章　日本フードコーディネーター協会理事
　　　　谷米温子（日本大学 生物資源科学部 准教授）

第6章　日本フードコーディネーター協会理事
　　　　谷米温子（日本大学 生物資源科学部 准教授）

第7章　日本フードコーディネーター協会理事
　　　　和﨑恵子（食空間コーディネーター、フードコーディネーター／
　　　　戸板女子短期大学 非常勤講師）

第8章　日本フードコーディネーター協会理事
　　　　豊﨑啓輔（名古屋文化短期大学 元非常勤講師）

第9章　日本フードコーディネーター協会理事
　　　　和﨑恵子（食空間コーディネーター、フードコーディネーター／
　　　　戸板女子短期大学 非常勤講師）

第10章　日本フードコーディネーター協会理事
　　　　和﨑恵子（食空間コーディネーター、フードコーディネーター／
　　　　戸板女子短期大学 非常勤講師）

第11章　日本フードコーディネーター協会名誉理事
　　　　髙城孝助（女子栄養大学 客員教授）

第12章　日本フードコーディネーター協会副理事長
　　　　水谷建治（株式会社テイスティーズ 代表取締役）

第13章　日本フードコーディネーター協会常任理事
　　　　加治佐由香里（香蘭女子短期大学 非常勤講師）
　　　　日本フードコーディネーター協会理事
　　　　白鳥和生（日本経済新聞社）

編集協力　特定非営利活動法人　日本フードコーディネーター協会

協力者　赤堀千恵美　赤堀博美　浅川明　綾野拓也　荒牧麻子
　　　　植田育男　落合なお子　川端晶子　木下悦夫　小池鉄夫
　　　　酒井一之　阪口恵子　杉浦高志　武石馨　竹谷稔宏
　　　　玉木茂子　中島常喜　廣瀬喜久子　藤原勝子　真壁希生
　　　　右田俊幸　室橋真智　本山忠広　山崎成夫　吉田菊次郎（50音順）

デザイン　石山智博

編集　　　牛田幸奈（柴田書店）

監修　　　髙城孝助

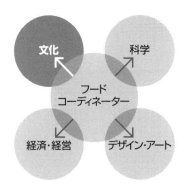

文化

食文化

　古くから食はさまざまな地域に根ざし、人々は生活の中心としての食文化を生み出してきた。その地域の気候風土で育てた食材を用い、食品への加工法や調理法が開発され、それにともなって独特の調理道具も発達してきた。世界の食文化は、それぞれの時代背景と、移りゆく異なった自然環境のなかで受け継がれ、さらに進化を続けている幅広く、奥深いものである。

　今、食をコーディネートすることは、それらの食材や調理法、新しい調理機器といった知識に精通することと同時に、今日的なライフスタイルに合わせて、人々の食生活を豊かにする知恵を発揮することにほかならない。

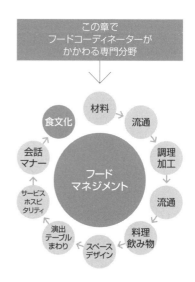

第1章

食の歴史と
文化と風土

この章で
フードコーディネーターが
かかわる専門分野

第1節 概説

　人類の食生活を考えてみよう。まず、狩猟、採集という、そこにあるものを食べていた時代からはじまり、農耕、牧畜の発展へと続く。これは人間の食生活を根本から変えたといえる。定期的に食物を得ることができるようになると、調理という技術がそこに生まれ、習慣と形式という方向へと発展していく。また、気候風土や自然という人間の力ではいかんともしがたい大きな力に対して、限りなく寄り添い、理解していくうちに、人間は食物の性質をじっくりと学ぶこととなった。

　そんな根本的な食へのかかわり方から、さらに、社会的・政治的なことまでも包含して食の歴史は進展する。つまり、支配階級の出現により、食は新たに洗練と様式美の方向へと向かっていくのである。洋の東西を問わず、一部の支配階級によって食は文化的側面を充実させながら進化をたどりはじめる。もっとおいしく、もっと楽しくという欲望は、調理技術はもとより、食べ方、サービスの仕方にまで、幅広く変化をもたらした。

　本章で学ぶ食の歴史、文化、風土といった知識は、フードコーディネーターはもちろんのこと、食に携わる人々にとって、基本となる知識であり、また調理や食空間などを勉強する上で根底となる知識でもある。食の奥深さを一生か

けて知ること。それはフードコーディネーターという職業をめざす人に与えられた特権であり、責務でもあるのだ。

1. 食と感性

人間を含めて生物は、生命を維持し、健康な日常生活を営み、子孫繁栄のためにさまざまな食べ物を外部環境から体内に取り入れなければならない。そして、取り入れた食べ物を分解してエネルギーに変え、体組織を構成したり、生理機能調節物質を合成している。

しかし、食べるということは、ただ単に栄養を摂取するために食べるだけでなく、どう食べるか、どう食べさせるのかという文化としての食を享受している。つまり、食べることの意義は、栄養摂取としての「生理的意義」と、文化としての「心理的・精神的な意義」の二面性がある。生理的な意義は、食物摂取によって生命を維持し、健康を保持、子孫を繁栄することである。心理的・精神的な意義では、経済・社会の動向に関連し、社会的・政治的・宗教的、そして家族団らんのコミュニケーションの場とすることである。『美味礼讃』（ブリア＝サヴァラン著）では、食こそ精神生活の根源であることを実証的に説いて、食味の楽しみを罪とする禁欲主義から人々を解き放った人間哲学について述べられている。

フードコーディネーターになるためには、おいしさの感覚・要素、食べ物の味・香り・色など関連分野の基礎的教養が必要であり、洗練された感性を身につけなければならない。感性とは、物事を直感的に感じ、豊かな感情や好奇心、想像力、創造力を生み出す源である。また、心に安らぎや潤い、活力を与え、意欲を活性化するはたらきをもつ心のエネルギーのことでもあり、感性の要素には美的価値観と科学的好奇心が必要である。それらは物事を深く観察したり、積極的に感じようと心がけることで深められる。食に対する感性は、食の場を構成する総合的な成果と、それを評価する人の内的基準のレベルとの対応である。食卓はつくる側と座る側の教養の戦いであるといえる。

2. おいしさと感覚

食べ物のおいしさは、生理的には感覚受容器（視覚、嗅覚、触覚、聴覚、味

覚）を通して知覚する。また、それまでの食に関する経験がメンタルな部分で
影響を及ぼす。

(1)おいしさの要素

おいしさの要素は、嗜好性のほかに次のような多くの要因がある。

①化学的要因：食べ物の味や香りの主成分は化学物質である。食品の成分が味
　覚や臭覚への刺激となって感知される。
②物理的要因：食べ物のかたさや弾力性などは力学的性質であり、温度、食感
　や口ざわりなど（テクスチャー）、外観、音などの影響を受ける。
③心理的要因：食べ物のおいしさは、喜怒哀楽の感情や精神的緊張度に左右さ
　れる。また、食事のときの心理状態は、食べた後の消化、吸収作用にも影響
　を及ぼす。家族のふれあい、家庭の味は心理的に安定できる。
④生理的要因：食欲は食物に対する欲望で「満腹感」や「空腹感」などの生理
　的変化はもちろん、健康状態、精神状態、食の知識や経験にも左右される。
　通常食べたいという欲求を起こす動機は、まず「空腹感」が挙げられる。
⑤環境的要因：食べ物のおいしさは食べるときの環境（天候、気温、昼夜、明
　暗、室内装飾、雰囲気などの条件）に影響を受ける。もっとも大切なことは
　食卓の演出である。
⑥食習慣や文化など多くの要因に左右される。

(2)食べ物の味

食べ物の味は、おもに、舌の表面の乳頭（図1-1）にある味蕾によって感じ
ることができる。味蕾には味細胞（味覚受容器）があり（図1-2）、ここに呈味
物質が到達すると味蕾細胞を刺激して脳の味覚中枢に伝達されて味を認識する。
味蕾の総数はおよそ9000個と多いが、加齢によって出生時の半数以下に減少
するといわれている。

味蕾のなかには約50〜100個の味細胞がある。味覚神経の舌における分布は
一様ではなく、甘味は舌の先端部、酸味と塩味は舌縁部、辛味と苦味は舌根部
でもっとも強く感じるとされる。食べ物を食べるときは混合した味を一度に味

■ 舌乳頭(図1-1)

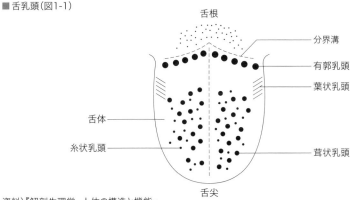

資料)『解剖生理学−人体の構造と機能』
(建帛社)をもとに作成

■ 味蕾の構造(図1-2)

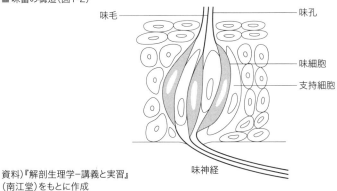

資料)『解剖生理学−講義と実習』
(南江堂)をもとに作成

わうので、そのメカニズムは複雑である。さらに、味覚は経験や訓練によって
発達するが、条件によっては退化し、加齢とともに味細胞は萎縮して味覚は衰
える。

● 食べ物の味覚

　食べ物の味を構成するおもな成分は、アミノ酸、糖類、有機酸、核酸などで
ある。味の種類は、ハンス・ヘニングが唱えた4原味（甘味、塩味、酸味、苦味）
に旨味をプラスした5種類がある。基本の調味として使用されるおもな調味料
と成分は、①甘味の砂糖（ショ糖）②塩味の食塩（塩化ナトリウム）③酸

味の食酢（酢酸）　④苦味成分（カフェイン、ホップなど）　⑤旨味成分（グルタミン酸、5'-イノシン酸、5'-グアニル酸）である。

　また、食品にもこれらの基本味は含まれているので、調味料の使用量の加減によって好ましく調味することがおいしさにつながる。

● 味覚の変化

　食べ物の味を調味料や食材の味として感知する程度（濃度）は、年齢や性別のほかに食習慣や環境気温、食べ物の温度などによる個人差が大きい。ある刺激が感覚的に反応を引き起こす境界を閾といい、およその味覚感度目安（最小刺激量）を示したものが味覚閾値である。これは固体の味が識別できる最低濃度の値で、加齢や食事条件によって変化する。閾値が低いことはその味に対する感覚が鋭いことを意味し、閾値が上がればその味の感度が鈍化していることになり、加齢による閾値の上昇はおいしさに関係する。また食べ物は異なる味の混合が多く、2種類以上、ときには多種類の調味料で調理する場合も多い。「口中調理」という新語があるように、口中で咀嚼・味わうことによって調味料の使用量や異なる味の混合による「新しい味」「好ましい味」「好ましくない味」などが生まれてくる。これらを総称して「味の混合現象」という。

● 食べ物の香り

　臭覚で感じる食べ物の香りは、味とともに嗜好性を左右する重要な因子である。香りは、食べ物を口に入れる前に鼻から入る香りと、口中から鼻腔に抜けて刺激する香りがある。食品のもつ固有の香りは、かならずしも嗜好性が高いものばかりではなく、場合によっては調理によって加減する必要がある。通常、快いものは「香り・匂い」、快くないものは「臭い」と区別し、香りや匂いは生かして、臭いは消す（マスキング）などの工夫が必要となる。

● 食べ物の色

　色をはじめ、形、大きさ、料理の盛付けなど食べ物の視覚的要素は、おいしさにかかわるものとして重要である。食べ物を着色する場合は、安全性を考慮したり、食品本来の色を生かすなどの考え方も大切だ。

■食べ物の適温（表1-1）

食べ物	温度(℃)	食べ物	温度(℃)
ご飯	60〜70	汁物	60〜70
冷たい飲み物	5〜15	ビール	10〜13
煮物	50〜60	水羊羹	10〜15
湯豆腐・茶碗蒸し	60〜65	酢の物	15〜25
てんぷら	65	サラダ	15〜20
茶・コーヒー・紅茶	65〜70	ババロア	10
かけうどん	60〜70	アイスクリーム	−6

● 食べ物と温度

　食べ物の温度は、表1-1に示すように触覚が嗜好性に関与する。食べ物にはそれぞれ適温があり、おいしいと感じる温度は口中温度と関係している。温かくして食べる汁物は60〜70℃、冷たい飲み物は5〜15℃など、人の体温より±25〜30℃の状態がおいしいと感じる温度帯といわれている。

第2節 日本料理

　人類はもともと雑食性の強い生き物である。先史時代は、大型獣に目標を定めた狩人として専門化し、旧石器時代の動物の化石がマンモスなどの大型獣であることからもうかがえるように、肉食嗜好の強い時代であった。火は使用していたので、調理法は蒸し焼き（現在もオセアニア地方の原住民にこの調理法が見られる）や石ゆでであった。これは新石器時代まで続く。

　現在の日本料理の基礎が輸入されたのは奈良時代である。食事形式だけでなく、思想・宗教を含めて現在に至るまで、その風俗・習慣とともに生活のなかに根づいているものが多い。

　平成25年（2013年）12月には「和食：日本人の伝統的な文化」がユネスコの人類の無形文化遺産に登録され、日本料理を含む、「自然を尊ぶ」という日本の気質にもとづいた「食」に関する「習わし」が「和食」として定義された。

　その「和食」の特徴として、①多様で新鮮な食材と素材の味わいを活用　②バランスがよく、健康的な食生活　③自然の美しさの表現　④年中行事とのか

かわり、が挙げられている。この特徴を踏まえたうえで、日本古来からの食文化の保護・継承を担うためにも、日本料理の歴史や成り立ちを理解することがフードコーディネーターとして重要な役割となる。

日本料理は「目で食べる料理」といわれるが、これらは単に見るだけの料理ではない。食品の組合せが色・形とも優れていること、その盛付け方も山水の法則（向こうを高く、手前を低く）など自然に逆らわない手法であること、包丁の冴えが魚などの味を引き締め、野菜類はそのもち味を生かして調理してあること。これらが五感（視覚、嗅覚、聴覚、触覚、味覚）を満足させる要素となる。

日本料理では、素材と五手法（生もの、焼き物、煮物、揚げ物、蒸し物）、そして調味料の組合せが五味（甘味、塩味、酸味、苦味、旨味）の味を調和させる。さらに五感によって味覚が複雑化され、食後の満足感につながる。

1. 日本料理の歴史

（1）縄文時代

日本は大陸から離れて独立する。弓矢を使い、犬の助けで狩猟生活をし、狩猟対象は大型動物から中型動物（鹿、猪、熊）などに変わる。中型動物のほか、鳥類、昆虫類、魚介類、野草や木の実を食べていた。また、縄文時代は「自然食時代」であり、火は使用していたので、土器を使って焼く、炒める、煮るなどの調理を行っていた。

（2）弥生時代

弥生時代は「主食副食分離時代」と呼ばれ、稲作が普及して農耕の中心が水田稲作に移った。竪穴住居の壁側には炉がつくられ、囲炉裏と竈（かまど）の機能を果たした。コメは玄米を食べ、雑穀類も粒のまま土器で粥状に煮沸して食べたと推察される。出土品から、石べら、石さじ、石包丁、鉢、壷、皿などの石製の道具と、木をくりぬいたり削ったりした木製の道具がつくられていたことがわかっている。食べ物は縄文時代と似ているが、蜂蜜や山椒なども食していた。

(3)古墳時代

　甑が普及して蒸したもち米の飯（強飯）がつくられる。のちのおこわに継承され、貴族の正規の食事であった。古墳時代の前半までは素焼きの土器（土師器）が使われ、後半になると窯の技術の伝来によって須恵器が登場する。中国の帰化人が伝えたといわれる須恵器は、調理や食習慣の向上を促進した。また、中国、朝鮮文化の日本への波及で金属器（鉄製の鍬、鋤）などが伝わり、農業技術が進歩して開拓が進んだ。

(4)飛鳥時代

　玄米からコメを食べるようになり、海藻を焼いて塩を手に入れる（藻塩焼き）。コメを醸して酒や酢をつくる加工技術も普及した。甘酒、にごり酒、穀醤（のちの醤油）、肉醤（塩辛）、草醤（漬け物）が登場する。コメ以外の雑穀、野菜、獣鳥肉、魚介を副食として食べる習慣ができ上がり、やがて主食の概念が生まれる。

(5)奈良時代

　奈良時代は「唐風食模倣時代」と呼ばれ、この時代の食べ物や調理法は体系だった資料から比較的よく知ることができる。資料（古事記、万葉集、養老律令）から知れるのはおもに上流貴族の食生活であるが、基本的には庶民も共通する部分が多いと思われる。食事は、現代に近い種類の食品をとり、朝夕の2回。主食は白米と黒米（玄米）で、甑で蒸して強飯とした。餅は神饌・仏供などに用いられて常食ではなかった。コメ以外の雑穀もあり、単独または混食した。副食は豊富で海産物が多く、日もちのする塩干し物が中心であった。魚介ではアワビ、カツオ、イカ、貝類、アユ、カニなど、野菜では青菜、セリ、ウリ、ナス、ダイコン、イモなど、獣鳥肉では鶏、雉、鴨、鶉、鹿、猪、ウサギ、ヤマドリなどが食べられていた。この時代に仏教が広がり、生き物の殺生は禁じられていたが、民間レベルまで浸透していなかった。

●稲作の文化

　当時の権力者は民衆に強制的にコメをつくらせ、納めさせたという説がある。コメ（もち米）は日本人にとってある種儀礼的な食べ物であったと思われる。大嘗祭は天皇霊を次の有権者に移し変える儀式で、コメだけが天皇霊に活力を与える食べ物であるとされた。そして、天皇霊が移り宿った状態になることを「ハル」と呼んだ。ハルを真似ることが民間における「ハレ」になった。

●加工・調理の基本形

①生で食べる：もっとも簡単でかつ栄養価も高い。当時の主要な食物摂取方法である。野菜の多くは生で食べられた。

②加工食：乾燥または塩干し処理された魚介類→炭火で焼いて食べる。鮨（魚の内臓を抜いて飯を詰めて発酵させる）→今の琵琶湖の鮒鮨が伝統を伝えている。

③調理：焼き物（魚介や獣鳥類の肉）、煮物（一般的な調理法で植物性・動物性食品のどちらにも適応）、ゆでる（野菜など）、和える（野菜の食べ方のひとつ）、羹（吸い物）、調味料（塩、醤、酢、酒）。

(6) 平安時代

　平安時代は律令時代で、朝廷の食事に関する各種の官職が存在したように、貴族は故実と称し、古いしきたりを重視する「見る料理」をつくるようになった。これが現在まで続く日本料理の形式の源といえる。この時代に編纂された『和名類聚抄』によると、唐風文化に変わって国風文化が盛んになり、食品の名を和名に変えた例が多い。調理法は、鱠、鮨、羹、和え物、漬け物、日干し、蒸し物、寒りがあった。魚・鳥料理が進歩し、同じ材料からいろいろな料理をつくり、味の濃淡や甘辛の違いがはっきりしてきた。宮内省大膳職という役もでき、大饗と呼ばれる宮中貴族の饗宴が行われていた。

●大饗の宴

　平安時代の貴族たちの饗宴料理は大饗の宴と呼ばれる贅沢なもので、儀礼の象徴として極度に形式化されていた（図1-3）。台盤という机の上に生ものから唐菓子に至るさまざまな料理が雑多に並べられた。平安時代の後半には飲食の

■ 大饗の献立(図1-3)

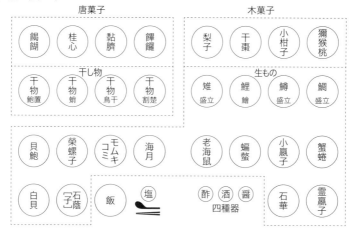

資料)『和食と日本文化 日本料理の社会史』(小学館)をもとに作成

儀礼の祖型も整った。料理には四種器の杯に調味料が添えられた。正客以下には料理の数は減っても、唐菓子、木菓子、干し物、生もの、飯、四種器の組合せは変わらない。

● 大饗の宴での調味

　大饗の宴では個人が四種器にある調味料を使って調味した。四種器の調味料は塩、酢、酒、醤または色利（大豆またはカツオの煮汁）であったが、官位の低い者は塩と酢の二種であった。醤に似た色利が、塩辛い、酸、苦、甘、辛の五味を調和させるものとされた。

(7) 鎌倉時代

　鎌倉時代は和食の発達期といえる。武家の社会であったため、食生活も簡素で形式にとらわれず、合理的なものであった。武士が実権を握ったこの時代の料理は、形式よりも実際を重んじた料理が中心となる。禅宗などの発達とともに精進料理が庶民にも広まった。緑茶の香りなど独自の風味があり、しっかり味つけされた料理が多くなる。また、「煮る」料理が発達する。平安時代の大饗料理が武士社会に吸収され、やがて室町時代の本膳料理へと形を整えていく。

●武士の生活の向上

鎌倉時代の初期は、北条氏は質素倹約を旨としたが、やがて京と鎌倉の交渉が盛んになると公家の生活風俗が武家生活にも広まった。酒宴に風流菓子を用い、働重や外居（行器で食べ物を携行するための曲げ物の容器）に蒔絵を施す贅沢な風潮も起きた。

●禅宗と精進料理の発達

禅宗とともに新しい精進料理が伝えられた。とくに道元がはじめた料理は、永平寺流として今に伝えられている。調菜所で調菜と呼ばれる料理人が、ゴボウの煮染めやマツタケの酒煮など多彩な料理をつくり、やがて公武の生活に溶け合って魚鳥料理と肩を並べた。とくに鎌倉時代後期から普及したすり鉢とすりこぎは、味噌汁をはじめ和え物やゴマ料理など精進料理をいっそう多彩なものにした。

●麺類と喫茶の普及

①麺類：禅宗が普及させたものに点心と茶子がある。点心は食間の空腹を満たすための「むねやすめ」で、茶子は量も少なく、喫茶のつまみものであった。点心は温糟と呼ぶ粥、うどん、そうめん、きしめんなどの麺、巻餅、温餅などの餅類、菜饅頭、砂糖饅頭などがあった。麺類は穀物の粉食という新しい習慣を広く浸透させた。

②喫茶：茶は平安時代に最澄が種をもって帰朝したといわれる。この時代、茶は「気をよくするもの」として僧に服された。鎌倉時代には民衆にも飲まれるようになったが、はじめは薬効のあるものとして飲まれ、次第に茶会の雰囲気をもつようになる。この時代のころから僧侶は1日3食、庶民は2食が一般的であった。

(8) 室町時代

鎌倉初期には質素で質実剛健であった武家社会の食生活も、公家社会との交流もあって徐々に形式的な様相を見せていった。平安朝の大饗の形式を引き継ぎ、献立や調理法、給仕作法を純日本風にあらためたのが、現在の日本料理の基礎となる本膳料理である。七五三の膳と呼ばれ、この数は膳の数とも菜の数

ともいわれる。本膳料理の式三献の肴として雑煮が出されており、もともとは、ごった煮に格式の高い餅が入った料理と考えられる。儀式料理を司る専門の家として、有職故実では四條家、高橋家、武家故実では小笠原家、大草家などが、それぞれの調理法を確立した。

　また、茶の湯とともに今でいう茶懐石が登場する。茶懐石の発達は、質素だった武家の食生活を礼式・儀式を重んじる形式的なそれへと変化させ、茶懐石が変化・発展して懐石料理が誕生する。この時代、人気を博した料理のひとつに豆腐がある。禅宗を通して渡来した豆腐が和風化され、がんもどきのような精進料理でありながら、肉や魚の味や姿を思わせる料理として珍重された。

　一方、庶民の食事の中心は高盛飯と汁で、副食は干し魚と野菜の煮物であるが、野菜類の栽培の多様化（京野菜）、砂糖の使用、味噌の加工品（金山寺味噌）の登場などにより、庶民の副食も豊かになった。

●料理人

　公家方の料理の流派である四條流に対し、武家の流派として大草流と進士流が成立する。室町時代の後半に四條流は『四條流包丁書』を著し、料理の実際面や調理のタブーなどについて詳細に記している。料理は秘伝・口伝として伝えられるようになる。

●有職故実

　包丁式などの故実（古い習慣や規定）がはじまったのもこの時代である。当時、貴族の間では客のもてなしの方法として包丁に長じた者が客の前で調理を見せた。これがのちの包丁式になっていく。この時代、包丁の故実は魚鳥料理を中心にはじまったようである。包丁式にはコイ（鯉）が使われた。

(9)室町～安土桃山時代

　茶の発展にしたがってできた懐石料理は、食器は白木か上等な塗り物で、膳の数が少なく、料理が時系列をもって供される。一汁二菜から二汁五菜までの略式料理であった。茶の湯を支えている「わび」の理念と美意識の表現としての料理であった。また、戦国時代末期に開始された南蛮貿易の影響で、ポルトガルやスペインからの輸入品が増え、宣教師たちによって南蛮の食品がもち込

まれた。このなかで浸透したのは菓子と酒（ワイン）であった。南蛮食品には、カボチャ、ジャガイモ、トウガラシ、とうきびなどがある。トマトもこのころに日本に入ってきているが、食用ではなく観賞用植物だった。南蛮料理の代表はてんぷら、菓子ではカステラ、ビスケット、金平糖であった。そのほか、ナイフ、フォーク、スプーン、ワイン、ブランデー、ウイスキーが輸入されはじめたのもこのころである。食器は茶道の発達とともにますます発達し、今でいう茶懐石（茶事に出される食事）が各地で盛んになった。

（10）江戸時代

　いよいよ和食完成の時代である。鎖国時代になって、それまでの日本独特の食品、有識家（ゆうそくか）の調理法や、南蛮食品などがすべて相まって、食文化が集大成していく。江戸時代に入ってから庶民の生活は次第に向上し、都市周辺の農民たちのなかには、雑穀を軽視して白米を食べ、茶を飲み、裕福な生活をおくる農民がいたことを「慶安のお触書」が示している。その一方で過重な年貢を強いられて、くず米を雑炊として、また野菜やイモを加えた「かて飯（加て飯）」として食べなければならない農民も多かった（とくに東北地方）。

　衣食住すべての面で豊かになった江戸時代は、元禄期の「着倒れ」、安永・天明期の「食い倒れ」といわれるように、庶民の飲食への関心は増大した。たとえば、芝居見物には幕の内弁当、桜には花見酒、祭りには赤飯というように、行楽や行事に合わせた料理が供された。また、裕福な商人たちは遊郭の吉原で珍味佳肴を賞味し、まわりには吉原名物といわれる菓子や惣菜（そうざい）を売る店が多かった。食べ物屋も多くなり、町中では煮売り屋が登場して、そば屋、すし屋、ウナギ屋、ドジョウ屋、てんぷら屋、豆腐田楽屋などがにぎわった。高級料亭では貸し座敷を兼業するようになり、江戸藩邸の留守居役の連絡会や和歌・俳句の会、書画会などに利用された。このときに出された料理は俳席料理と呼ばれ、のちに会席料理として発展していく。

　食器も手の込んだ工芸品としての漆器や陶器、磁器もつくられるようになった。家庭での食事は銘々膳を用い、茶碗に盛るようになった。

(11)明治・大正時代

　明治維新とともに明治5年（1872年）に肉食が解禁になってから一気に食生活が欧米化されていった。首都となった東京では人の移動と地方の食材や料理方法がもち込まれ、国内の文化交流が行われた。料理雑誌や家庭料理の料理学校、また婦女子が家政一般を身につけられるように女子大学もできた。明治8年に木村屋の「あんぱん」、明治41年には「味の素」が売り出されている。

　大正時代になると国の都市生活は著しく変貌し、生活の合理化、家庭文化、消費文化の芽が出はじめてきた。大正時代の中ごろには市民の家庭ではオムレツ、コロッケ、ライスカレーなどの洋食が食卓にのぼりはじめたが、これらは日本流の洋食であった。関東大震災後には惣菜屋や飲食店が増加する。また家庭では銘々膳からちゃぶ台に移り、食事が家族団らんの場に変わっていった。

(12)昭和・平成時代

　第二次世界大戦以後は、アメリカの余剰コムギ処理政策の影響でパン食が普及するなど、今までのコメ食と合わせて和洋折衷の食生活の時代といえる。

　昭和30年代には食生活を楽しめるようになり、昭和40年代の高度経済成長にともなって食生活はコメの消費量が減少し、代わりに肉類、魚介類、乳製品の増加が目立つようになる。また、グルメ時代といわれ、各国の料理を楽しむ「外食」という言葉が出現し、家庭の外で食事をすることが特別なことではなくなった。外食の機会が増え、外食産業の発達によって本格的な食材の輸入も増加し、家庭の食生活にも変化をもたらした。これは平成のバブルの崩壊まで続き、その後、生活全般に贅沢を慎む傾向が出てきたため、家庭での調理・食事を意味する「内食」、弁当や惣菜などを家庭や家庭外でとる「中食」といった食事形態を分化させる言葉さえ生まれた。

　一方、女性の社会進出などが目覚しく、家事労働の時間が大幅に短縮され、インスタント食品やレトルト食品、冷凍食品が普及し、加工惣菜が家庭の必需品となる。このような食生活の急激な変化により、日本人の体格は欧米人並みに向上したものの、その健康にはやや支障が現れた。一億総グルメ時代といわれた結果がもたらしたものに、カロリーや脂肪、砂糖の過剰摂取による糖尿病、高脂血症など生活習慣病があり、急増した。また、これらの症状が低年齢化し、

子どもにも同様の症状が見られるなど深刻化してきている。

　このような流れのなかで、国民の健康に対する意識が高まり、健康ブームが到来した。高齢化社会の訪れも加わり、特定保健用食品や各種健康食品が出まわり、イタリア料理、中国茶、無農薬野菜、有機農法などが流行した。最近はスローフードなど、素材や調理方法、ひいては生活の仕方にまでこだわる傾向が出はじめている。　その一方で、食の簡便化が進んだり、外食・中食が増加するなど、食と健康に関する情報が氾濫している現状がある。社会の国際化と進歩にともなって物質や情報があふれている現在であるが、心身ともに健康に暮すための食生活を心がけたい。このように情報が氾濫する時代には、フードコーディネーターにとっては、何をどのように食べたらよいのかなど、食に関する知識を幅広く身につけておくことがよりいっそう重要になってきた。

2. 日本料理の種類

（1）精進料理

　本来は仏教思想をもった料理という意で、仏教の経典にしたがった殺生戒にもとづき動物性食品を一切使わないでつくる料理である。動物性食品だけでなく、五葷（ネギやニンニクなどの刺激の強い野菜）といわれる食品の使用も禁じられている。修行中の僧侶の日常食としているもの、また一般の人がその食べ方を称して精進料理と呼んだもの。狭義には動物性食品の入らない料理をいう。本膳料理、茶懐石、懐石料理などの呼称が料理の形態を示すのに対して、食事様式ではなく、料理の素材の内容を示しているという点で大きな特徴をもっており、ほかの料理に影響を与えた。寺院のなかだけに存在した精進料理が、一般社会でひとつの料理様式として確立するのは、鎌倉時代から室町時代にかけてであり、禅宗の移入に影響を受けている。

（2）本膳料理

　本膳（飯、汁、香の物のついた膳）を中心に組まれた料理で、室町時代に確立した式正料理という儀式料理の一部が現在に続いたものである（図1-4）。日本の冠婚葬祭においてもっとも古い正式な饗膳料理で、一汁三菜、一汁五菜な

■本膳料理／二汁五菜の場合（図1-4）

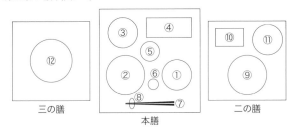

三の膳　　本膳　　二の膳

本　　膳：①吸い物　②飯　③つぼ　④向付・なます　⑤香の物　⑥杯　⑦箸　⑧箸置き
二の膳：⑨吸い物　⑩猪口　⑪ひら（蒸し物、煮物）
三の膳：⑫焼き物

資料）『テーブルコーディネート』（愛知出版）をもとに作成

どの形式があるが、多いもので七の膳まである。現在では本膳料理と会席料理の中間の形式をとる袱紗料理を本膳料理と呼ぶことが多い。

（3）懐石料理

　茶事で茶をいただく前に供する食事である。「懐石」の名は、禅宗の修行僧が空腹と寒さをしのぐために温めた石を懐に抱いて修行したことに由来するといわれている。茶をよい状態で飲むための料理で、素朴で簡単なものを旨とし、一汁三菜を基本とする。新鮮な食材を使用し、自然の味や形を生かした料理法を用いる。亭主が料理をつくって一部給仕も行うが、客どうしで料理を取りまわして個々の器に分ける合理的な形式である。

（4）会席料理

　会席とは本来、俳席、つまり俳句の集まりのこと。寛永6年（1629年）に京都二条寺町の妙満寺で行ったものがはじまりといわれている。はじめは、会の終わりに酒が少し出るだけであったが、江戸時代に入ると俳席も寺ではなく料亭で行われるようになった。また、茶の湯における料理も会席と呼んでいた。江戸時代半ばに格式ばらずに酒を飲みながら楽しめる料理茶屋が登場し、「会席料理」（図1-5）と看板を立てたので、茶人たちはそれとの混同を嫌って「懐石」という呼称を使いはじめたといわれている。会席料理は酒を飲むための酒

■会席料理／酒客向きの場合(図1-5)

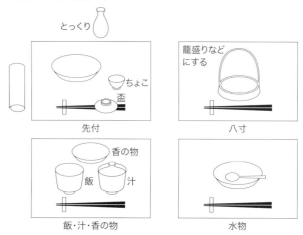

とっくり

籠盛りなど
にする

ちょこ

盃

先付

八寸

香の物

飯　汁

飯・汁・香の物

水物

資料)『テーブルコーディネート』(愛知出版)をもとに作成

菜で構成されており、一品食べ終わった後、次の料理を出して全部食べきる「喰い切り形式」と、おもな宴会料理を最初から並べておき、温かい物だけ温かい状態で出す「配膳形式」がある。

(5) 普茶料理(ふちゃりょうり)

　中国から渡来した隠元禅師がもたらした中国の精進料理で、江戸時代に京都にある黄檗宗万福寺ではじめられた。「普茶」は普く茶を意味し、大衆に茶を供したことからその名がつけられたといわれる。そして、茶の後に供された客人料理を普茶料理と呼ぶようになり、その特徴は野菜が主材料で、植物油と葛粉を多量に使う中国風の料理であること。供卓方法は偶数の人数で食卓を囲み、大皿に盛り付けられた料理を各自の取り皿に取って食べる中国式である。

(6) 卓袱料理(しっぽくりょうり)

　「卓袱」とは座式で朱塗りの円形テーブルのことで、これが料理の名前になっている。普茶料理と同じころに中国から伝来し、出島があった長崎で各国の料理の影響を受けながら形を成した。「和・華・蘭料理」と地元の人は説明するが、

長崎の食材を豊富に取り入れた料理を大皿に盛り付けて、銘々皿に取りまわす形式である。

3. 暦と旬

　明治5年（1872年）に旧暦（太陰暦）が廃止され、翌年、太陽暦が採用された。しかし、現在でも俳句の季語や日本料理の季節の捉え方は、旧暦に準じるところが大きい。春は立春から立夏の前日まで、夏は立夏から立秋の前日までとなる。このように温帯に位置する日本には、かけがえのない自然とともに移りゆく「季節」がある。日本料理はこの自然、季節を、食材を通して演出する作品といえる。これは供応の食事形式にとどまらず、日本人の食事を考えるときには必須事項である。つまり、西洋料理であれ、和洋折衷料理であれ、食材や調理法、盛付けの器などすべてにおいて配慮すべき点である。

　日本には四季がある。しかし、実際にはひとつの季節を初、仲、晩に分け、12の季節を設ける。さらには二十四節気（表1-2）を定め（もとは中国から伝来したもの）、暦と実際の気候との差を解消するようにした。

　また、古くからの習わしとして節句がある。これは奈良・平安の時代から宮中で行われた節会がもとになり、徳川幕府によって定められた民間の年中行事である。節会とは1月〜11月までの間の節目に天皇の出御のもとに行われた宴会で、のちにすたれるが、江戸時代になって農民や武家に関係のある日を選ん

■二十四節気(表1-2)

春	初春	立春(りっしゅん) 雨水(うすい)	秋	初秋	立秋(りっしゅう) 処暑(しょしょ)
	仲春	啓蟄(けいちつ) 春分(しゅんぶん)		仲秋	白露(はくろ) 秋分(しゅうぶん)
	晩春	清明(せいめい) 穀雨(こくう)		晩秋	寒露(かんろ) 霜降(そうこう)
夏	初夏	立夏(りっか) 小満(しょうまん)	冬	初冬	立冬(りっとう) 小雪(しょうせつ)
	仲夏	芒種(ぼうしゅ) 夏至(げし)		仲冬	大雪(たいせつ) 冬至(とうじ)
	晩夏	小暑(しょうしょ) 大暑(たいしょ)		晩冬	小寒(しょうかん) 大寒(だいかん)

■五節句(表1-3)

人日(じんじつ)	1月7日の節句。この日の朝、七草粥を食べて無病息災を祈る習わしがある。また、正月の門松やしめ飾りを取り除く日でもある。人の日、七草ともいう。
上巳(じょうし)	3月の初巳の日に行われた厄払いの行事。今は3月3日の女の子の節句になっている。桃の節句、雛祭り、重三(ちょうさん)、上巳(じょうみ)ともいう。
端午(たんご)	5月5日の男の子の節句。菖蒲の節句、あやめの節句、重五(ちょうご)、端陽(たんよう)ともいう。
七夕(たなばた)	7月7日の星を祭る年中行事。中国から伝来したものだが、天の川の両岸にある牽牛星と織姫星が1年に一度出会うという伝説など、そのいわれには諸説ある。星祭り、銀河祭ともいう。
重陽(ちょうよう)	9月9日の節句。陽数である9を重ねる意。もとは邪気を払い、長寿を願って、菊花を浮かべた酒を飲んだ中国の行事。菊の節句、重九(ちょうきゅう)などともいう。

でそのうちの5つを節句として祝った。現代ではおせち料理は正月に食するものと思い込んでいる人も多いが、本来は1年に5回はつくられるものだった。

　この五節句(表1-3)はちょうど季節の変わり目、生活の節目にあたっているので食生活とのかかわりも深い。日本料理では、「旬」や「盛り」などという言葉で食材に命を吹き込んでいる。さらに旬の先どり、あるいは初物などといって、出盛り前のものは貴重で、価値が高いとされている。献立を組む際も季節を先どりし、感じる季節は真夏であっても立秋がすぎたころから秋の食材を取り入れる。しかし、今や栽培技術の向上や品種改良、また世界中から食材が運ばれ、本来の日本の季節感が失われつつある。それゆえにわれわれは知識としての旬を心得ておかなければならない。秋を演出する和食に1年中出まわっているからといってタケノコやトマトは合わないし、反対にテーブルセッティングや食器に季節の演出が施されていなくても、料理のなかに栗やキノコがあると秋らしく感じられる。

　フードコーディネーターにとっては季節にかかわらず食材が揃うほうがありがたい。というのも、料理撮影やCM撮影、商品開発の料理は、撮影や開発時の季節をリアルタイムに表現したものを要求されるケースはほとんどなく、3ヵ月から半年後に発表されるものが多いからだ。春に秋の食材が必要になったり、もちろん逆もある。とくに困るのは、8月から正月料理の撮影がはじまる場合が多いことである。クワイや黄柚子といった季節が限定される食材を確保しなければならない。フードコーディネーターは季節と旬を心得ると同時に、

どこへ行けばその食材が手に入るかという国内産地や産地国、または代用できるものなど、さらに深く認識をもたなければならない。

4. 行事食と郷土食

畑作中心の暮らしをしていた日本人の祖先は、季節の変わり目や農作業の大事な節目に神を祀って、神の庇護を願ってきた。そうした風習のなかで、人と神が食をともにする儀式が生まれた。そこから年中行事がはじまったとされる。

行事には行事食がつきもので、宗教的な意味合いだけでなく、日本の豊かな四季の料理を取り入れた独特の行事食が確立されている。現代では神にふるまうより客や家族にふるまう季節の風物詩としての役割のほうが強くなっている。

●正月

日本の代表的行事であり、おせち料理、屠蘇、雑煮などは今でも行事食の代表的なものである。おせち料理は前述したように、もともとは節句に食べられた食事であった。江戸時代中期以降に重箱が使われるようになった。さまざまな海の幸や山の幸をふんだんに使い、それぞれの食材には五穀豊穣などの願いから縁起をかついだ意味をもたせている。地域にもよるが、たとえば数の子は子孫繁栄、田作りはひしこ（カタクチイワシ）の干したものが田畑の肥料になることから五穀豊穣、黒豆はまめに働けるようにとの意である。

屠蘇は10種類以上の薬種を合わせた屠蘇散を、酒やみりんに浸した漢方酒であり、無病息災を願って元旦から三が日の朝に飲む習慣が一般的である。

雑煮は本来、神にお供えしたものを炊いた吸い物で、西日本は丸餅、東日本は角餅を使うことが多い。餅は望（もち＝満月）に通じ、円満を意味することから、角餅は焼いてふくらませて角をとる。もともとは味噌仕立てであったが、関東の武家は「味噌をつける」といって嫌い、すまし仕立てにしたといわれている。

●桃の節句

もともとは3月のはじめの巳の日に行われた厄払いの行事を上巳の節句といい、現在では女の子の成長と幸せを願う日となっている。雛人形を飾り、桃の花を供え、白酒で祝う。ちらしずし（五目ずし）、ハマグリの吸い物は、この日の行事食である。ほかには菱餅、桜餅、ひなあられなどがふるまわれる。

●端午の節句

　上巳の節句と同じく五節句のひとつ。男の子の祭りで、第二次世界大戦後に
こどもの日として国民の祝日となった。鯉のぼりを立て、武者人形を飾り、ち
まきや柏餅を食べる習慣がある。ちまきはコメの粉でつくった餅を笹の葉で包
んだもので、中国の故事に由来する。柏餅は、若い葉が出るまで古い葉が落ち
ない柏の特性から、跡継ぎが絶えないという縁起による。

●土用

　立夏、立秋、立冬、立春の前のそれぞれ18日間を春の土用、夏の土用、秋
の土用、冬の土用という。しかし現代では、一般的には夏の土用をさし、小暑
から立秋までのもっとも暑い時期であることから、スタミナをつけるためにウ
ナギ、ニンニク、あんころ餅などを食べる。とくに土用の丑の日には夏バテし
ないよう身体に力をつけるといってウナギを食べるが、これは江戸時代からの
習慣である。

●月見

　旧暦の8月は1年でもっとも月がきれいに見える。中国では9月15日を仲秋節
といい、月を見ながら食べる菓子が月餅である。日本でも宮中ではじまった月
見の習慣が、江戸時代には庶民にも広がった。すすきと秋の草木を飾り、三方
にだんごを12個盛り、ほかにサトイモ、栗、柿など秋の味覚を供えて月を鑑
賞するのが一般的な習慣である。

●お彼岸

　お彼岸は春と秋にあり、それぞれ春分の日、秋分の日をはさんだ7日間をい
う。各家庭では、お彼岸の前日に仏壇を掃除して花や水、おはぎ（またはぼた
餅）を供える。おはぎもぼた餅も同じものだが、秋には萩、春には牡丹という
ように季節の花の名前をつけて呼ぶ。

●冬至

　1年でもっとも昼の短い日で、12月22日ごろがこれにあたる。この日には、
地方によって異なるが、カボチャ、こんにゃく、けんちん汁を食べる習慣があ
る。柚子を風呂に浮かべて入浴すると風邪をひかないといわれている。

● 年越し

　年越しは1年を締めくくり、正月を迎えるための行事であり、そばを食べるのが習慣である。もともとは、年取りの祝いの膳のひとつで、「晦日そば」や「運そば」といわれた。そばのように長く続く幸せを願って食べるようになったといわれている。

第3節 中国料理

1. 中国料理の歴史

(1)医食同源

　中国料理は、医薬や道教思想と密接に結びついた独特の料理である。古代伝説上の皇帝である神農が草木を味わって薬効を確かめて編んだといわれる『神農本草』は、6世紀に『神農本草経集注』となり、皇帝の勅命により蘇敬らが編纂した『新修本草』となり、さらに明代に李時珍らにより『本草綱目』となった。「本草」とは「薬」の意味である。

　『史記』や『十八史略』に殷王朝の基礎を固めた伊尹のことが書かれているが、彼は先の神農氏による「本草学」と、飲食物食事療法として医療技術と調理技術を結び、医師の筆頭に「食医」を置いた。

　また、周代の官制を記述した書物『周礼』は、そのなかの「天官」で医師を4つに分け、その最初に食事療法を駆使する食医を位置づけている。この食医に続いて、疾医、瘍医、獣医が並ぶ。疾医は薬物治療を、瘍医は皮膚の治療を、獣医は禽獣の治療をそれぞれ担当した。

　『周礼』によると、食医は飲食衛生の管理にあたるため、まず料理人として優秀な人物であること、そして食べ物の味をほどよく調味しながら巧みに薬剤を料理に取り入れ、身体を調整し、補強し、病気を治す医療技術を身につけていなければならない。食医の専門技術は、漢王朝以降いろいろな人に部分的に受け継がれていくこととなる。一部は宮廷の食膳を司る料理人に、一部は秘伝として道家に伝わったが、多くはやはり医学者たちが伝承した。

31

　しかし、食事療法は穀物にしても肉にしても、そのまま食べるわけではなく、適切な調理法によってそれらを料理として完成させる技術抜きにはできない。栄養学、薬物学を基礎に据え、その上に色、味、香りとも備わった料理の姿を形づくっていくからこそ、日々の生活に密着した医食同源となる。

(2)中国大陸統一

　紀元前1600年ごろに最初に実在した殷王朝は新石器時代と呼ばれ、すでに優れた土器類がつくられ、北部の黄河流域に定着した人々の間では農耕文化が発達していた。紀元前1120年ごろに武王が殷を滅ぼし、周王朝が建国された。紀元前1024年にはインドで釈迦が誕生している。

　紀元前770年は春秋戦国時代といわれ、この時代にはたくさんの国があり、老子や孔子が誕生している。また、学問が普及し、料理の記録が残されて体系づけがはじまった。「美味求真」は孔子の名言のひとつである。

　紀元前200年ごろには、秦の始皇帝が中国統一を成し遂げた。秦の時代は、始皇帝任命の管史を派遣して治める郡県制を定めて地方制度を改革するなどの急激なやり方が反発を招き、わずか15年で滅亡した。秦の時代を経て漢の武帝の時代に入ると西方との交流が盛んになり、中国～地中海ルートができた。とくにローマで珍重された中国の特産品「絹」が運ばれたため、この道を「絹の道（シルクロード）」と呼んだ。シルクロードの開発によってシリアやインド、地中海から物資が運搬されるようになり、ゴマ、キュウリ、そら豆、ニンニク、クルミ、ザクロなどが伝来した。

(3)中国料理の確立

　紀元前25年、後漢に仏教が伝来した。それにともなって菜食が伝わり、精進料理が確立された。また、シルクロードを通じて伝えられた製粉技術はコムギとともに普及して、とくに北方地方で定着した。一方、漢民族の間ではコメが主食として定着した。隋を経て唐の時代には、運河を使った物資の流通が盛んになり、贅沢な食材を使った宮廷料理が発達した。

　宋時代になってからは庶民を対象とする商店、旅館、料理屋が多く開店し、宴会料理が大衆に広まった。明朝時代には薬草の研究が行われ、生薬を料理に

使うようになる。清の時代に都が北京に移ると、食通で知られる乾隆皇帝に代表されるように料理は発展し、満漢全席（マヌハヌチュアヌシイ）もこの時代に行われて中国料理は集大成した。

(4) 調味料の発達

醤油の元祖「醤」は、今も昔も盛んに使われているが、周王朝時代の官僚が記述した書物『周礼』では、醤は大豆を使っておらず、麹と魚鳥獣の肉を使っている。しかも、肉をよく洗ったり干したりして使っており、はらわたなどは用いていないため、肉からは酵素は入ってこない。そこで、はらわたの酵素の代わりに麹、つまりカビの酵素を使って発酵させてつくった。

周の時代の醤が肉の味噌であったとすると、醤油の先祖「豉」づくりはいつごろからはじまったのか。このことは、漢の前あたりのことを書いた文献に見ることができる。中国ではごく近世に、今の形の醤油ができた。その前は豉、つまり今の愛知県などのたまり醤油のような汁である。

また、醤をつくる際の麹を穀類に加え、発酵させたものが酒である。さらに、酒を酢酸発酵させたものが酢であり、両者とも『周礼』や『礼記』などに登場している。

甘味に関しては、中国人はもっとも古い時代には蜂蜜と麦芽糖を使っていた。麦芽糖は穀物のデンプンに麦芽の粉を加え、糖化を待ってつくられるものである。もうひとつの糖としてショ糖があるが、これは南方に源を発している。

(5) 食品の保存と発酵

一般に食品の保存・貯蔵には、熱を加えて燻煙効果や加熱効果を利用するが、中国はもとより広く東アジアでは、食品を発酵させて保存するという方法が大昔から発達していた。

たとえば、朝鮮のキムチ、中国の鮓や腐乳、ピータンなど、いろいろと複雑な漬け物類がある。日本でも沢庵やぬか味噌にはかなり複雑なものがあり、漬け物の種類は非常に多い。

2. 中国料理の特色

　中国は国土が広く、気候風土、言語までも異なる。民族もわかっているだけで55民族と多い。風土が違えばおのずと料理も異なることから、一般に中国料理は東方系、西方系、南方系、北方系の4つに分けられる（図1-6）。中国料理の調理法には、①炒める、揚げるなどの油を用いた高温加熱調理が多く、生食が少ない　②食品の味を逃がさないようにデンプンでとじることが多い　③乾物や発酵食品などの特殊な材料が使われている、などの特徴がある。

（1）東方料理

　揚子江流域の江蘇省、浙江省を含む地域。揚子江下流で栄えた南京、蘇州、上海を中心とした料理である（図1-6）。気候が温暖で土地が肥えており、中国一のコメの産地で農産物にも恵まれている。また、海に近く、川や湖も多いので、魚介類も新鮮で種類が豊富である。魚類、エビ、カニを用いた料理が充実しており、宴会料理には優れたものが多い。味は淡白である。日本の女性にはヘルシー料理として人気がある。このあたりは酒や醤油の特産地でもあるため、

■中国料理の4地域(図1-6)

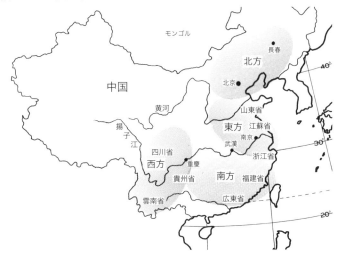

醤油を主体とした味つけの「紅焼（ホンシャオ）」はこの地方が本場である。ほかに代表的な料理として、揚げ魚の醤油あんかけや豚肉の角煮などがある。全体的には新鮮な素材のもち味を生かす料理であり、淡白なものと濃厚なものとの調和が素晴らしく、洗練されている。点心類も工夫されたものが多い。

(2)西方料理

　四川省、雲南省、貴州省などの西部地方の料理をさす（図1-6）。中心は四川省。その昔、北京などの都からこの地方に派遣された官史にしたがってやってきた料理人が土着して広めた料理で、四川料理として有名である。揚子江上流の厳しい気候風土と魚介類に恵まれていないことから蔬菜（そさい）類が中心になる。また、奥地で湿気が多く山岳地であることから、良質な岩塩が生産されるため、漬け物の技術や食品の保存法が発達している。榨菜（ザーツァイ）はそのひとつである。調味料としてコショウ、トウガラシ、ニンニク、ネギ、山椒などを多く使って味に変化をもたせた、厳しい自然に対抗できるような個性的な料理である。四川料理は辛い料理としても有名で、代表的な料理に麻婆豆腐、棒棒鶏などがある。

(3)南方料理

　福建省から広東省にかけての海岸線に面した地方の料理（図1-6）。南方料理を代表するのは広東料理である。広東は山海の産物に恵まれ、魚を使った料理が多い。食材が新鮮なので、その特徴を生かしてあまり手を加えない日本の刺身のような生の魚料理もある。昔から諸外国との交流が盛んで、トマトケチャップやカレー粉、牛乳などの乳製品、パンなど、西洋風の調味料や食材、調理法などが導入されている。「食在広州」の言葉のとおり、まさに変化に富む料理ばかりである。また、南に位置しているため南国の果物（パイナップル、マンゴー、パパイヤなど）も多く、料理に利用されている。

　戦前、日本に来ていた中国人はこの地方の出身者が多いため、日本における中国料理としては広東料理がもっとも親しまれている。全体に、油、調味料などが控えめであっさりとして上品であり、味つけの方法はほかの地方に比べて手が込んでいる。フカヒレスープは広東の代表料理であり、そのほかに酢豚、八宝菜、カニ玉などがある。

また、犬、猫、ヘビなどを使った料理も名物で、腕利きの料理人の手によっておいしく、栄養満点に調理されて食卓に出される。飲茶で知られる点心もたくさんの種類がつくり出されている。

(4)北方料理

　黄河流域及びそれ以北の料理。北京料理を中心とした北方の料理をさす（図1-6）。北京はいろいろと名称を変えつつ、長い間中国の首都として政治の中心となって機能し、栄えてきた。この地方の料理が盛んになったのは首都になってからで、山東省出身の料理人がつくる素朴な料理に、宮中の伝統ある宮廷料理が加わり、厳重に伝えられた。また、地方官史が都へ上がるとき、かならず自らの料理人を連れていったので、各地自慢の郷土料理などが紹介され、山東風の素朴な料理と各地方のよいところを取り入れた料理が融和して独特な料理を生んだ。

　特徴として、この地方の冬の厳しい寒さから、豚、鴨子、コイ（鯉）、牛、羊などの肉、油を使用した濃厚な料理が多い。多種類の香辛料を使った、味も濃厚な鍋料理も考案されている。また、華北地方はコムギの産地であり、粉食が発達して麺、包子、餅などを常食としている。

3. 中国の食事様式

(1)中国料理の献立

　中国では献立のことを整菜、献立表を菜単または菜譜という。中国料理は一般的に、冷たい前菜、温かい主要料理という順序で進めて、料理の最後にスープ、ご飯、そして食後の甘味（または果物）で終わる。一卓料理では多くの料理を出し、昔は食べきれないほどのご馳走を並べたが、現在は合理的に簡素化され、一卓料理でも料理は8〜10品あればよいとされている。

●冷盆（ロンペヌ）

　冷たい前菜。本来は客が席に着く前につまみの京果とともに出されたので、冷めても味の変わらないものばかりを選んで早めに用意する。最近では寸前に

出される。材料として肉や野菜をなるべく種類多く使い、味、色、形の調和を見て美しく盛り付ける。また、温かい前菜は熱盆（ルオペン）と呼び、客が席に着いた後に出される。

● 頭菜（トウツァイ）

一番目の大菜（タイツァイ）。宴会料理の大菜のうち、はじめに出される料理をいう。この料理によって、その宴席の規格等級が決まる。用いられる食材はフカヒレやサメ、燕の巣などである。

● 大菜（タイツァイ）または大件（ターチェヌ）

どちらも主要料理のことで、宴会の献立のなかで前菜やデザート以外の料理をいい、大きな皿に盛って出されたことからこう呼ばれた。材料、調理法、味つけが重ならないようにし、だいたい最初は薄味とし、後になるほど味の濃いものを組むようにするとよい。下ごしらえや調理に手間のかかる料理を、中国では心のこもった料理としてもてなす。最後に魚料理を出すが、正式の場合、魚は丸ごと揚げたり、蒸したりした料理にし、切り身は用いない。

● 湯菜（タンツァイ）

汁物料理。ご飯を出すときは、魚料理とスープと漬け物を同時に食卓に運ぶ。

● 点心（ティエンシン）

デザート。ご飯を出さないときは軽食になるものと甘味のもの（甜点心）を両方出す。ご飯代わりのものはスープとともに出し、甜点心には茶を添える。

（2）中国料理の様式

● 満漢全席（マヌハヌチュアヌシイ）

中国料理の代表的な形態として満漢全席がある。これは清の時代の宮廷料理である。1回に5〜6時間かけ、3日にわたって宴席がくり広げられ、料理からデザートまでの品数は最少でも33品あり、多いときは108〜158品ともいわれる最高の饗宴料理である。しかし、清朝の滅亡とともに途絶えたとされる。

● 葷酒席（ホヌヂオウシイ）

　一般の酒席・宴席料理のことで、冠婚葬祭の目的に合うように宴が準備される。葷酒席は地域によって名称が異なり、城市席と郷間席とに分けられる。都会で発展した宴席料理を城市席といい、山海の珍味であるフカヒレなどが用いられる。一方、地方（農村）における素朴な宴席料理を郷間席といい、アワビやナマコなど各地方の特産物を用いる。食材にはそれぞれ特徴があるが、宴席の内容によって珍品を供する。

● 素席（スウシイ）

　素席には菜食の意味があり、素菜（精進料理）の席のことをいう。獣鳥肉や魚類など生臭いものを一切使わずに、すべて植物性の材料を用いて調理した精進料理が出される。ただし、葷湯（動物性スープ）や鶏卵を用いることもある。様式には、仏事に供する正式なものと、家庭風なものがある。

● 清真席（チンジェヌシイ）

　中国の回教徒の宴席のことで、一般的には回教料理という。料理の特徴は、宗教上の理由で豚を一切使用できない。

● 飲茶（ヤムチャ）

　点心を食べながら茶を飲むという形で行われる簡単な軽食のこと。現代では町の至るところにさまざまな規模の点心専門店があり、市民生活に定着している。供されるのはおもに饅頭、餃子、焼売、春捲などで、そのほかに店ごとに工夫をこらしたものがある。飲茶の人気は中国だけでなく、現代の日本でも広く親しまれている。

第4節 西洋料理

1. 西洋料理の歴史

　西洋の時代区分は、ギリシャ・ローマ時代を「古代」とし、その後に「中世」、

そしてルネサンス時代を「近代」とする3つの区分法が用いられてきたが、現在では古代、中世、近世、近代の4区分が一般的に用いられている。中世、近代の西洋料理の研究は、1960年代になってフランスで盛んになったが、問題も多かった。その問題点は、地域性が多様であること、階級差が著しいこと、「食」についての資料が「衣」に比べると少ないことなどである。

ヨーロッパの農民を中心とした一般庶民の食生活は、基本的には中世から20世紀初頭まであまり変わっていない。ガストロノミー（美味学）という言葉まで生み出した王侯貴族を中心とした現在のフランス料理の流れのもとはここにあるといってよい。

フランスの食生活には二面性があり、農民のパン食文化と貴族の肉食文化に特徴づけられる。農民の食生活は、祭日以外は安い飲み物も飲めないのが実態であり、ベーコンの油と少量のポタージュとパンが食事であった。農民の食事は修道院食以上に窮乏しており、植物性食品と穀類が中心で、コムギやオオムギをパンやブイイ(麦粥)、またクレープなどのパンケーキの形にして食べた。一般に白いパンが食べられるようになったのは19世紀後半になってからである。穀類以外はカブ、キャベツ、タマネギ、ニンニク、そら豆などの野菜類で、これらの野菜を水で煮てラードや牛乳などで味つけした。また、薄く切ったパンの上にポタージュのブイヨンをかけて食べた。

（1）古代

● ギリシャとローマ

ヨーロッパの食は、古代ギリシャ時代全体を通して進歩してきた。そして、料理がギリシャ人の日常生活に大きな役割を演じたのは紀元前6〜5世紀の間である。そのころ多くの料理書や美食書が書かれたといわれているが、惜しいことに現存しておらず、今日わずかに残っている後世の食物誌からだいたいを想像するしかない。

ギリシャ・ローマ人は、加熱方法について3つの基本的なテクニックを知っていた。すなわち、火であぶること、ゆでること、煮込むことである。また、料理には大量の香辛料を使い、ローマ人は好んでガルムを用いていた。ガルムとは魚の内臓を発酵させてつくった調味料で、日本の「しょっつる」やベトナムの「ニョクマム」に似たもののようである。なお、この時代にワインはすで

につくられており、清水とともに飲料とされている。

　古代ローマから共和政時代に及ぶ相当長い年月の間は、菜食が主である。主食はコムギをつぶして粉にした粥（今日のイタリア料理のポレンタによく似たもの）であった。帝政時代となり、菜食から肉食に移ると、ローマ人は極端に肉を好み、それは家畜に限らず、ラクダ、象、孔雀（くじゃく）にも及んでいる。また、野豚やほかの野獣を柵内で飼育しはじめている。

（2）中世

●ゴール人の食生活

　この時代を生きたゴール人は、最初は遊牧民であったが、西欧の地に定着して農耕をはじめた。その一方で狩猟を続けながら山羊、羊、豚の飼育もはじめた。彼らは肉を燻す（いぶ）ことが上手で、豚肉の燻製はとくに好評で、ガチョウやタマネギと一緒にローマ市場で売られていた。また、オオムギ、燕麦（えんばく）、コムギを耕作し、ビールの泡を利用してこね粉をふくらます巧みなパンづくりを行った。この時代の飲料は蜂蜜酒、ビール、リンゴ酒である。

●中世の料理人

　宮廷にはパン係、ワイン係、調理係、果実係の4係があり、その全体の長である大膳頭（おおぜんのかみ）は皇族か大臣級の人物が担っていた。パン係長は宮廷のみならず、一般のパン職人やパン菓子職人を配下に置いて監督した。ワイン係長は、宮廷外の一般酒類商も支配していた。調理係長は、焼き物係、豚肉係、一般料理人を統括していた。これらの官職は名誉あるもので、侯爵、伯爵などの称号が与えられた。物質的余得も多くあった。

●中世末期

　14世紀までのフランスでは各人用の皿は使っていない。液体の多い料理には木をくりぬいた鉢を使った。それも2人でひとつの鉢を共用した。流れ出ない料理には、丸く切った厚いパン、すなわちパン・トランショワールと呼ばれるものを皿の代わりとした。ナイフとスプーンはあったが、フォークはまだ使われていない。ほとんどの場合、皆、自分の指を使って食べていた。ナプキンもなかったので長く垂れたテーブルクロスで汚れた指をふいていた。

　ここにフランス料理史に名を残す、最初の「グラン・シェフ」であるタイユヴァン（本名ギョーム・ティレル／通称タイユヴァン／Taillevent／1310年ごろ〜1395年ごろ）の登場によって、本格的なフランス料理の幕が開けられた。彼は著書『ル・ヴィアンディエ（Le Viandier／食物譜）』のなかで料理の改革を示し、なかでもソースと香辛料の重要性を中心に説いている。

(3)近世

●ルネサンス期のフランス料理

　王侯貴族に代表される特権階級の食事は、豊富な食材、変化に富んだ料理、スパイスをふんだんに用いるなどの特徴があった。当時のスパイスは、肉の保存に欠かせない高価な食材であった。生産地のモルッカ諸島やインドから多くの商人の手を経て運ばれるため、金より高価であった（17世紀にオランダ経由になって安価になる）。権力誇示の手段としてスパイスが乱用されることもあった。肉は保存するために、塩漬けや燻製にされた。塩はガベル（塩税）に象徴されるように貴重であった。塩漬け肉はかたいので、ゆでてからローストするか、細かくきざんでピュレ状にした。

●イタリアからの影響

　中世のイタリアは、芸術家を保護し、優雅な生活を楽しんだ。各地の伝統料理を取り入れ、アラブ料理の影響を受けてデリケートな料理になっていく。十字軍によってアラブの食習慣とスパイスや薬草が入ってくる。また、アラブ料理のパート・フィユテ（折り込みパイ）がフランスに伝わる。さらに、ビュッフェ形式と銀の食器が用いられるようになる。

●カトリーヌ・ド・メディシスとの婚姻

　当時のイギリス、イタリア、フランス、ローマ法王との権力バランスのなかで、1533年にアンリ2世とカトリーヌ・ド・メディシスの婚姻が行われた。その後、1600年のアンリ4世とマリーア・ド・メディシスの結婚のときに、イタリアから菓子職人たちがフランスに連れてこられた。イタリアからの影響は、料理自体よりもむしろサービスや食卓構成の技術、食卓作法にはっきりと表れている。

● 料理への影響

仔牛肉料理や内臓料理などやわらかい肉料理が流行する。イタリアの園芸家によってアーティチョークなどの野菜が栽培されるようになる。また、メロンなどの果物の砂糖漬け、マカロン（糖菓）、シャーベットがもてはやされた。

● 食卓への影響

女性の列席、刺繍のあるテーブルクロス、フォークの使用。また、パン・トランショワールに変わるファイアンス（陶器）が食器として登場する。ファイアンスとは、陶器を釉薬でおおう技法が生み出されたイタリアの町、ファエンツァに由来する。ベネチアングラス、金銀細工師の手による塩入れ、卓上飾りなどイタリア風は定着する。この時期、各人は自分の食器類を使い、加えて手を洗うことも決まりになったという。

● 新世界からの産物

アメリカ新大陸の発見は、16世紀半ばに、新しい食材として野菜のほかに七面鳥をもたらした。1560年ごろフランスでトウモロコシが栽培され、トピナンブール（topinambour ／菊芋）も探険家たちの荷物に混ざって大西洋を渡った。ひまわり、トマト、トウガラシ、いんげんまめ、ジャガイモも同様である。そのほかに、のちに世界を席巻するものが渡ってきた。コーヒーとチョコレートである。新しい食材の多くは、スペインやイタリアを経由してフランスで栽培されるようになった。自国の料理に新しい食材を取り込むことができたのは、食材をよく見きわめ、応用することができるだけの調理技術があったためと思われる。

(4)近代

● 17世紀

アメリカ大陸発見以来、高価だった香辛料の価格が下がり、家庭の食卓にものぼるようになって贅沢品ではなくなった。そのことで、料理人はこれ見よがしに使うことに興味を失い、代わりに調理技術を磨くことに力を注ぎ、料理は複雑化の道をたどる。

①出発点に立ったフランス料理（ルイ14世時代の料理）

　1661年にルイ14世の親政がはじまる。絶対王政を確立したルイ14世はヴェルサイユ宮殿における連日のパーティーで政治的手腕をふるうとともにフランス宮廷料理を各国に広め、またフランス料理自体も各国の影響を受けて豊かになった。ルイ14世は権威の象徴として自分のすべての生活を儀式化した。食事もそのひとつで、とくに夜10時にとる「グラン・ターブル（大きな食卓）」はヴェルサイユのすべての廷臣と平民の代表が見学を許された大きな儀式であった。ルイ14世の食事は、普通の倍以上のスパイスを使用している。また、とくに果物と砂糖漬けが好きで、グルメというよりは大食漢であった。

②料理書と料理の特徴

　この時代、貴族の間では料理に興味をもつことが、よい趣味であり、自慢であった。料理書も貴族の間で普及した。当時の料理書のひとつ『フランスの料理人』（フランソワ・ピエール・ドゥ・ラ・ヴァレンヌ著）の特徴は、①煮込む（ブイヨンのつくり方を記す。ブイヨンとジュの区別を行い、ポタージュを83種類紹介している）　②濃度をつける（中世から行われているパンを使う方法以外にアーモンドや小麦粉を使った方法も紹介。これがのちのルーに変化していく）　③野菜を重視する（カリフラワーやアスパラガスのポタージュ、新大陸から伝わった菊芋を多用している）　④香辛料の使い方（スパイスの使用量を少なくし、ブッケ・ガルニやジュ・ドゥ・シトロン、シャンピニオン、トリュフで香りをつけている）。また、『王室及びブルジョワ家庭の料理人』（フランソワ・マシャロ著）の特徴は、①ブイヨンを精進と普通の日用に分ける　②ソース（煮込みの技術を進化させ、ソースを独立した項目で扱っている）。

● 18世紀

①レストランとカフェの出現

　中世以来、フランスには数多くのオーベルジュ（宿屋兼料理店）、タヴェルヌ（居酒屋）、キャバレー（居酒屋）があった。そこでは、酒を飲んだり定食をとったりできたが、客層は一般大衆に限られていて、今日の意味でのレストラン（あらゆる食材を種々の調理法で料理して供する）ではなかった。

　当時、レストランという言葉は、「元気を回復する」という意味で使われていた。たまたまそこで売っていたものが「ブイヨン・レストラン（元気の出る

肉と野菜のスープ）」であったという。レストランという言葉が料理店をさす
ようになったのは、1765年前後のことといわれている。

　それより前、17世紀には新しい嗜好品として、チョコレートとコーヒーが
フランスに入った。チョコレートはスペインから、コーヒーはトルコから伝わ
り、食後にこれを飲むことが習慣となった。とくにコーヒーの普及は目覚まし
く、1686年にカフェがパリに出現し、18世紀末には600軒以上あった。コー
ヒー、ティー、チョコレートなどの飲み物だけでなく、菓子、ソルベまでもが
供されている。カフェ・オレは砂糖が簡単に手に入るようになった19世紀に
入って大衆に浸透した。

②18世紀のフランス料理

　ルイ15世は政治に興味をもたず、ディ・バリー夫人やポンパドール夫人と
の遊楽にふけっており、オルレアン公爵もエレガンスを理想とし、個人的快楽
を求めた。このため絶対王政はくずれはじめ、国民の不満はふくらんだ。一方
で、料理は科学や芸術の一分野とされて発展。料理には個人名や地域名がつけ
られ、調理設備や道具類が発達するなど、フランス料理の芸術分野は発展した。

③宮廷のフランス料理

　プチ・スペ（小さな夜食）は、オルレアン公爵がはじめたとされる。親しい
男女のカップルが20人ほど集まる会食で、ユーモアとエレガンスが重視され
た。また、フランスの宮廷では、しばしば名司厨長を表彰して叙勲することが
あり、名司厨長をさしてCordon Bleu（コルドン・ブルー）、すなわち、青（紺）
綬章と呼んだ。ルイ15世は、ディ・バリー夫人の屋敷にいる料理の上手な女
性にもコルドン・ブルーの勲章を与えたといわれている。この時代、貴族や王
の夫人たちは王に気に入られるために、新奇な料理づくりに力を入れた。

④料理書

　短期間に『現代の料理人』（ヴァン・サン・ラ・シャペル著）、『料理神コモ
スの贈り物』（フランソワ・マラン著）、『宮廷の夜食』（ムノン著）など、多数
の料理書が発行された。その特徴は、①仕事が細かくなり、ひとつの素材に対
して多くのバリエーションができた　②シンプルでデリケートな料理。食品を
分析して、とろ火で煮てそのエッセンスを抽出する　③ブイヨンをとり、それ

をもとにしたポタージュが重要　④クーリ・カンテサンス・エサンス・ジュという言葉を用いて濃縮された肉汁を詳述する。すべての料理の基本になる味である　⑤100種類近いソースの案出、などである。

●大革命時代

　1789年、フランス革命が起こる。貴族に仕えていた有名料理人たちは、革命によって主人とともに亡命するか、フランスにとどまって転職するかの二者択一を迫られた。亡命を選んだ料理人はその技術を生かしてイギリス、スイス、ドイツに渡り、そのほかの貴族社会に影響を与えた。また、新しい権力者のブルジョワ家庭に職を求めた者もいたが、フランス革命以後、自らレストランを開く者やレストランで働く料理人が現れる。それ以前の飲食店はカフェやパン店、シャルキュトリー（豚肉製品専門店）がおもであった。

●19世紀

　あらゆる意味でフランス料理が真の絶頂期を迎え、万国共通の美食の原則が確立する。

①新しいサービスの方法

　それまでのフランス式サービスは、異なる料理が3回に分けられて供された。食卓には一度に複数の料理が数多く並べられ、そこから各人が自分の好みに合わせて切り分け、食べていた。1回ごとに食卓の料理は下げられ、次にまた同じ皿数の料理が並べられた。この方法は、好みの料理が食べられるとは限らず、また自分で切り分けるという手間がかかるぶんだけ、食事には長い時間を要した。（フランス式：空間展開型のサービス）

　フランス式とは対照的に、ロシア式では料理はあらかじめ調理場で切り分けられ、大皿に盛り付けられてから順々に食卓に運ばれる方式に変わった。会食者は差し出された大皿から自分の手で料理を取る。これによって、料理がすぐには食べられないというフランス式サービスの欠点が解消され、食事時間も短くて済むようになった。（ロシア式：時系列展開型のサービス。温かいものは温かいうちに、冷たいものは冷たいうちに）

　レストランのサービスでは、会食者がある程度多人数であればフランス式サービスで問題はないが、少人数で注文に応じて即座に用意したり、料金を決

めたりするための商売上の必要から、ひと皿ずつ提供する方法が急速に広まり、レストラン独特の新しいサービス方法が生まれた。

②料理の装飾

サービスの変化により、温かな料理は時間をかけずに味の頂点で食べられるようになった。「時間をかけない」という制約にもかかわらず、料理の装飾は減らされるどころか逆に強化される。装飾がその真価を発揮するのは冷たい料理だった。冷たい料理、アントルメ、菓子、デザート類は、正餐がはじまるときから食卓の上に左右対称に配置され、料理の続く間並べられている。料理人とメートル・ドテルは思うままに食卓を飾り、飾りつけに向いた料理でその才能を発揮したのである。こうして料理の装飾は頂点へ達する。

時代が求め待ち望んでいた料理書は、アントナン・カレーム（Antonin Careme ／ 1783年〜1833年）の『食物及び料理論』をはじめ、料理の巨匠たちによって誕生する。アントナン・カレームは、19世紀のフランス料理を築いた大料理長で、自伝書によると貧しい家に生まれ、菓子職人として働いたのちに料理人になった。氏の特徴として、季節の食材、優れたバランス感覚、ピエスモンテの使用、より高く・より華やかに、肉系・魚系の付合せの考案、ショー・フロアの技法などが挙げられる。

③道具と食器

1857年に「人工的に氷をつくり出す装置」が発明される。1年後には、製氷機が登場して氷でものを冷やせるようになる。冷凍技術の実験が成功を見るのは、1879年、シャルル・テリエの努力によってであるが、最初の冷蔵庫が「フリジデール」の商品名で登場するのは1922年になってからである。

調理道具のなかでも、竈（かまど）は目覚しい進歩を遂げた。19世紀のはじめまでは、竈はレンガづくりで、穴を開けて内部に燠（おき）を入れ、その上に鍋類を置いた。燃料は木炭で、専用の煙突はなく排気口から煙を追い出していた。やがて、煙突を備え、木炭でも石灰でも使えるオーブンのついた竈が出現すると、大きな進歩として歓迎され、グラタンや、スフレなどの菓子が焼けるようになった。1850年ごろには最初のガス調理台が登場する。また、19世紀には缶詰やマーガリンが発明され、甜菜糖や粉末スープの工場生産も可能となった。

(5) 現代

● 観光とホテル

　19世紀の終りになると、豪華船や鉄道の発展とともに観光旅行が生まれ、コート・ダジュールが注目される。あちこちに豪華なホテルができ、ヨーロッパ全体に広まった。フランス流経営方法やテーブルマナーは国際的モデルとなり、ホテル業が確立された。

● フランス料理の集大成

　20世紀初めの料理技術は、オーギュスト・エスコフィエ（Auguste Escoffier ／ 1847年〜1935年）の考え方にはっきりと表れている。彼は料理法の単純化、簡略化、新開発という大きな流れのなかで古典的料理を再構成する。彼のもっとも大きな功績は、調理科学の完成であろう。エスコフィエは料理に精緻な分類を施し、ルセット（レシピ）の数を急激に増加させたのである。

① エスコフィエの料理

　オーギュスト・エスコフィエは、ホテル王セザール・リッツとコンビを組み、ホテルを舞台にしたフランス料理とパーティー会場・演出の隆盛をつくる（ロンドンの「サヴォイ・ホテル」「カールトン・ホテル」を本拠としながら、パリ、ローマ、ベルリン、マドリード、ニューヨークなどでもホテルを建設する）。料理の特徴は、①素材の風味を生かす。皿の上には食べられるぶんだけのせる。質を落とさずに簡素化する　②ロシア式サービスのさらなる簡素化にともなう献立の整理、である。

② ギド・ミシュラン

　1900年に『パリ食べ歩き』に倣って発行された赤い小冊子『ギド・ミシュラン』は大成功を収め、今もなお料理界に君臨している。このガイドブックは主要なホテルやレストランの名前や住所を紹介するだけでなく、それぞれの水準をクラス分けしたり、スペシャリテを紹介するという性格も備えていた。ミシュランの星印は優秀と認められた証拠であり、レストラン経営者にとっては成功の象徴となった。

　隆盛を誇るレストランのなかでも、戦前に出現した3つのレストランは有名

である。コル・ド・ラ・リュエールの「メール・ブラジエ」、ソーリューにあるアレクサンドル・デュメーヌ（Alexandre Dumaine ／ 1895年〜1974年）が手がけたレストラン「ラ・コート・ドール」、それにヴィメエンヌにあるフェルナン・ポワン（Fernand Point ／ 1897年〜1955年）のレストラン「ラ・ピラミット」である。これらのレストランの料理の特徴は、①魚の火の通し方を肉と同じにした（レアなど）②野菜のテクスチャーを尊重した ③ソースを軽く仕上げる（粉、バター、生クリームを少なく、あるいは使用しない。ビネガー、フォン・ド・レギュームの使用）。

③ヌーヴェル・キュイジーヌ

　1960年、科学は急発展を遂げ、経済成長は続いた。人類は月に到着し、科学万能主義が果てしない未来に向かって進んでいた。このような状況のなかで、料理は人々の関心の外にあった。人々は復興の仕事に忙しく、美食はタブーとなり、節約した食事こそ時代の流行であり、理想の体型も変わった。肥満はそれまで高い社会的地位を示すものであったが、社会が豊かになると、バランスのとれた体型が誇りになり、合理的なダイエットが流行した。

　ミシェル・ゲラール（Michel Guérard ／ 1933年〜）は全く新しい「ポ・ト・フ」によって大成功を収める。この「ネオアルカイズム（新懐古主義）」は、有機菜食主義によって、エコロジーの形で続いている。1970年〜1976年にかけては、ダイエット食の店や「レスト・ヴェジェ」（野菜料理）を売り物にする店がはやった。

　思い描かれていた環境が少しずつ現実化し、以下の4つのヌーヴェル・キュイジーヌ（フランス語で「新しい料理」の意）の準備が整う。①安全な食品を使った食事制限 ②ほっそりした理想的な体型 ③自然との調和への願望 ④既成の社会秩序の拒絶。

　しかし、このような禁欲的な状態も、石油ショックと経済危機の勃発によって経済成長の神話がはじめてくずれたことで変わりはじめ、ようやく美食が息を吹き返した。1974年になって新たな風が調理場に吹き出した。料理は1人前ずつ丁寧に盛り付けられ、ヌーヴェル・キュイジーヌのサービス方法は、個別化した形で鮮やかによみがえった。「ソースは主食材の風味を守り、生かされなければならない」。これは1980年代の料理界のグラン・シェフのひとり、ジョエル・ロビュション（Joël Robuchon ／ 1945年〜 2018年）の信念である。

2. 菓子・デザート

　フランス語、英語ともに「dessert」と書き、フランス語ではデセール、英語ではデザートと発音している。ちなみにドイツ語ではナーハティッシュ（Nachtisch）またはナーハシュバイゼ（Nachspeise）ともいうが、それとは別に英仏にならって同じ綴りでデセアーツとも呼んでいる。フランスのデセールの語源については、「食べた後の皿を下げる」「食卓を片付ける」を意味するデセルヴィール（desservir）というフランス語の動詞の変化形の転用である。そして英語でいうデザートとは、フランス語のデセールをそのまま借用して英語読みにしたものである。ドイツ語のデセアーツ、日本語のデザートもまたしかりで、言葉ひとつから見てもフォーマルな食の分野におけるフランスの影響力の大きさがうかがえる。

（1）デザートの定義

　現在一般に認識されている形式にしたがうならば、次のように解釈されている。すなわち、「一連のコースにあって、その終りにサービスされるもの」との定義づけである。形式とは時代によって常に変化するものである。今日のサービスでは、フルコースの終りにチーズが供され、コーヒー、紅茶などの飲み物の間に供するフルーツを含む冷製・温製の菓子類。デザートはアントルメ（entremets）と表現されることがある。

（2）甘味アントルメの種類

　正式な訳語はないが、「生菓子扱いをされるデザート菓子」と解釈されている。具体例としては、おおむね次のような分類ができる。

①小麦類：タルト、パイ、クレープ、フリッター など
②クリーム類：カスタード、ホイップクリーム など
③卵類：メレンゲ、カスタードプディング など
④果物類：フレッシュフルーツ、フルーツコンポート など
⑤氷菓類：アイスクリーム、シャーベット など

　さて、各種あるなかでシャーベットについて少し注意を払いたい。じつは厳密には、ワインやリキュールを入れたものと果汁入りの2種類がある。そして供され方もそれぞれ異なる。

　前者は料理の途中、それも肉料理などの重いものを食べる前に一度舌を休ませ、それまでの料理で疲れた味覚神経を癒して、新たな食欲を増進させるために出される。昔は正式の晩餐のなかほどで強いリキュールを飲む習慣があったのだが、それがいつの間にかリキュールやワイン入りのシャーベットに置き換わっていった。ゆえに、これは以後の料理の味を損なうような甘さの強いものでもいけないし、また凍らせすぎたかたいものでもいけないとされている。

　次に後者の果汁入り。同じシャーベットでもこれはかならず料理の終りにデザートとして出されるものである。間違っても料理の途中で出されることはない。これらも味覚の遍歴を重ねた食通たちの到達した、いかにおいしく食事をするかの結論のひとつなのである。

(3) アントルメという言葉

　そもそもはロースト料理の後に食卓に出されるすべての料理をさす言葉であった。したがって昔は甘味のものに限られていたわけではなく、野菜料理なども含まれていたようだ。また語源からたどると、はじめは全く別のことを意味する言葉であったこともわかる。アントルメ（entremets）とは、アントル・レ・メ（entre les mets）、つまり「料理と料理の間」という意味の語である。レ・メ（les mets）とは、最初はサービスを意味していたが、次第にサービスする料理、あるいはそれをのせる皿を表すように変わっていった。

　中世半ばのヨーロッパ上流階級の食卓の様式は、ローマ式の華やかな宴であった。それがときとともにさらに贅を尽くしたものとなり、皿数も増えていった。当然、それに費やす時間もかかるようになり、料理と料理の間にいろいろなショーを行って盛り上げ、それをつなぐような趣向に発展した。この"宴の幕間"がアントルメと呼ばれるもので、踊りや軽業師の妙技が楽しまれたということである。

　これが、ときが経つにつれてさらに変化し、いつしか食事の間というよりもその終わりにもってこられるようになり、ひいては、最後に出される生菓子扱いをされるデザート菓子を表す言葉に置き換わっていったというわけである。

（4）デザートとしてのフルーツ

　チーズ、甘味アントルメに次いでフルーツも確かなデザートである。これについてはさしたる説明の必要もあるまい。あえて述べれば、単に皮をむいて供するだけでなく、多少なりともおしゃれにカットし、美しく盛り付けて食卓に彩りを添えたい。

　なお、昨今は1枚の皿にシャーベットやアイスクリームを盛り、小切りにしたケーキ類を添え、美しくソースをかけ、さらに彩りよく各種のフルーツをあしらったデザートが供されるようになった。これは端的にいえば、おいしいものを少しずつたくさん、という現代人の欲望を満たすもので、食べる側にとっては限りなく心地よい贅沢なサービスでもある。

3. パンの歴史

　原始人は野草の種実を食したが、農耕技術の発達とともに味もよく、収穫率の高いものを選ぶようになった。コムギの種子は、はじめは歯でかみ砕いていた。そのうち岩などで砕き、水を入れ、糊状にして食べるようになり、さらに平たくして焼き石の上などで焼くようになった。これが平焼きパンの誕生といわれる。このような平焼きパンを人類は7000年以上も昔から食べていた。現在のように白くてやわらかくふくらんだパンをつくり出したのは、エジプト人である。今から5000年くらい前に、パンをふくらますために酵母が使われた。

　酵母パンはエジプトからギリシャを経てローマに伝わり、古代ローマにおいて商業としての製パン業が生まれた。1683年にはイーストのはたらきが発見された。イーストの発酵作用が学術的に解明されたのはそれから200年ほど後で、フランスの学者によってであった。

　パンが日本人の間ではじめて食されたのは、幕末時といわれる。1842年、兵食として採用され、伊豆韮山代官の江川太郎左衛門が自邸でパンをつくった。その後、幕末の開港により、外国人向けにフランス人がパン店を開いた。日本での製パン業は居留外人によって開拓された。そしてパンが庶民にまで普及しはじめたのは、あんぱんができた大正時代である。第二次世界大戦終了後も日本の食糧事情の悪さは続き、国民の栄養状態は低かったが、児童の体位向上のために学校給食が行われるとともに製パンの企業化が進み、以後、現在に至る

まで製パン技術の向上や機械化が進んだ。今やパンは国民の食生活に欠かすことのできないほど、重要な役割を果たすようになった。

(1) パンの種類と名称

パンは、原料となる穀物の種類によってコムギパン、ライムギパン、両者混合パン、雑穀パンなどの種類がある。

● 食パン類
① 角食パン：四角で2〜3斤型に焼き上げたもので、現在はこれが主流。
② ワンローフ：ひと山のローフをもったアメリカの代表的なパン。
③ イングリッシュブレッド：山型のパンで、塩味のきいたトースト用イギリスパン。
④ レーズンブレッド：干しブドウを加えた食パン。甘くリッチで栄養価が高い。
⑤ 黒パン：ライムギ粉など黒っぽい粉で焼いたパンの総称。

● ソフトロール類
天板に成形したパン生地をのせて焼き上げるパン類のことをいう。特徴は外側（クラスト）が薄くやわらかい。
① ロールパン：砂糖や油脂分の多い小型の食卓パン。
② バンズ：イーストを多めに使い、いくぶん低い温度で焼き上げる。
③ コッペ：小型ソフトパン。
④ マフィン：イギリスの代表的な朝食用食卓パン。

● ハードロール類
パン生地をじかにオーブンに入れて焼いたものを「じか焼きパン」という。外側（クラスト）のかたさと香りが命で、代表的なものがフランスパンである。
① フランスパン：小麦粉にイースト、塩、水を混合して長時間発酵させ、蒸気を吹きつけて焼く。
② ロール：フランスパンと同様に仕込む小型のパン。ハードロール、ウインナーロールと呼称はいろいろある。
③ グリッシーニ：細長いスティック状で、塩味のきいたイタリアのパン。

●菓子パン類

①日本の菓子パン：甘味の少ない主食用の食パンに対して、あんぱん、クリームパンなどの甘味のあるパンをいう。小麦粉、イースト、塩及び糖類を主原料として、乳製品、卵、油脂等を配合するなど副原料の多いもの。

②洋風の菓子パン：甘味の強い洋風パンも広義には菓子パンに含まれる。アメリカのコーヒーケーキ、スイートロール、デンマークのデニッシュペストリーなどが代表的なもの。

第5節　その他の国の料理

　料理はその国の風土や習慣、その土地でとれる産物によって異なってくる。ゆえに、和洋中料理以外にも当然、それぞれの土地で発達した料理がある。ここでは、日本国内でも認知度が高く、知識として身につけておくべき国々の料理を簡単に説明していく。

(1)イギリス料理

　古い歴史と伝統のあるイギリスの国民は保守的で、料理法もきわめて合理的かつ実質的である。とくに、ローストビーフやプディングなどが有名。また、アフタヌーンティーと称して紅茶を飲む習慣は、自家製ケーキやビスケット、サンドイッチなどの発達を促した。

(2)イタリア料理

　南北に長くのびた地形のイタリアには、パスタでも、北は手打ち麺、南は乾麺というように違いがある。肉も、北は仔牛が主体で、南は羊や豚を多く食べる。魚介も、アドリア海側とティレニア海側とでは料理に使う素材が違う。野菜は、南の温暖な地方はおもにナス、トマト、ピーマン、ズッキーニといった日本でいう春夏野菜が多く、北はキノコ、キャベツ、チコリなど秋冬野菜が多い。日本と同様にはっきりと四季があり、また地方ごとに素材が大きく異なる

イタリアは、それゆえに季節に敏感な豊かな地方料理を発展させてきた。

(3)ドイツ料理

　ドイツの風土は、冬は厳しく、食糧が欠乏することも多かった。そのため、古くから、ハムやソーセージ、キャベツの漬け物（ザワークラウト）、塩漬けの豚の足先（アイスバイン）など、保存のきく料理が多い。とくにジャガイモ料理は有名だが、ジャガイモは料理ばかりでなく、主食としても用いられている。ドイツ料理は栄養価も高く、合理的な料理が多いといえる。

(4)北欧料理

　冬の寒さが厳しいスウェーデンやノルウェーでは、豊富な魚介類を使って、とくに燻製、塩漬けといった保存のきく加工品が発達した。主食はジャガイモと黒パン。スウェーデン、デンマーク、ノルウェーの北欧3ヵ国ではスモーガスボードが特色料理とされる。大きな食卓の上に各種の料理を美しく並べ、冷たいものから温かいものへ、各人の好みで順に取って食べる。これは日本でも人気の高いバイキング料理のもとになった食べ方として有名である。

(5)ロシア料理

　広大な国土、きわめて豊富な農作物、淡水魚、海水魚にも恵まれているロシアの気候は、冬の訪れが早く、古くから食糧の貯蔵法が工夫されてきた。帝政ロシア時代の食卓は、まず数多くのザクスキ（前菜）にはじまる。素材としてはキャビア（チョウザメの卵の塩漬け）、アンチョビ（カタクチイワシの塩漬け）などが有名である。また、ロシアの民族料理として有名なものに、ボルシチを代表とするシチュー料理、パン生地にいろいろな具を入れて包んで揚げたピロシキ、香味バターを中央にはさんで揚げたキエフ風チキンカツレツがある。

(6)アメリカ料理

　移民によってもたらされた世界の混合料理がアメリカ料理である。その一例を挙げると、ドイツの移民がもち込んだハンバーグステーキがある。また、西部の開拓者やカウボーイたちの移動携帯食として、牛肉を乾燥させたビーフジャーキー、調理の簡単なビーフステーキといったアメリカを代表する料理も生まれた。豊富な農産物と合理化された加工法によって大量生産される加工食品を利用する料理が多く、冷凍食品、半調理品、インスタント食品などはアメリカで発達した。日本では食生活はもとより、ファミリーレストランをはじめとするチェーンレストランの運営方法などでも多大な影響を受けている。

(7)スペイン料理

　地方によって料理の特徴が異なり、北方のバスクやガリシアでは魚介の煮込み料理、カスティーリャでは焼き物、地中海沿いのアンダルシアでは揚げ物やパエリア、フランスに近いカタルーニャではフランス料理に近い料理が特徴となる。日本でも有名なガスパチョとパエリアは、それぞれアンダルシアとバレンシアの地方料理であり、スペイン風オムレツと呼ばれているトルティージャはスペインの家庭の味である。1964年、ロザスにあるレストラン「エル・ブジ」の独創的な料理が世界を魅了し、スペイン料理は一躍注目の的になった。

(8)アジア・エスニック料理

　タイ料理やベトナム料理、マレーシア料理、インドネシア料理やインド料理など東南アジア一帯の料理は、多彩な香辛料といい、豊富な野菜や魚介類といい、非常に高度な食文化を花開かせている。近年、日本では海外旅行で本場の味を体験してくる人や、日本で就業する東南アジアの人々が増加するにしたがって、エスニック料理ファンは着実に増え、驚くほど多くのエスニック料理店が誕生している。日本人の味覚にぴたりと一致したエスニック料理は、もはや日本のなかで市民権を完全に得たといっていいだろう。

（9）韓国料理

　韓国料理は陰陽五行思想のもとに、五味（甘味、辛味、酸味、苦味、塩味）、五色（赤、緑、黄、白、黒）、五法（焼く、煮る、蒸す、炒める、生）をバランスよく取り入れることとしている。一食の献立は、メイン料理であるスープに、ご飯、キムチやナムルなど野菜や海藻中心のおかずが数種類という組合せが一般的である。調味には、醤油、ゴマ油、ニンニク、ネギ、ショウガ、トウガラシを組み合わせた薬念を使う。

〈参考文献　第1節〉
1) 食品学総論　加藤保子編　2005年　南江堂
2) マスター食品学Ⅰ　有田政信編　2013年　建帛社
3) 味覚と嗜好のサイエンス　伏木亨　2009年　丸善
4) 美味礼讃（下）　ブリアサヴァラン　2013年　岩波書店
5) 美味学　増成隆士、川端晶子　1997年　建帛社
6) 食をめぐる人類学　桜田涼子、稲澤努、三浦哲也　2017年　昭和堂

〈参考文献　第2節〉
1) 日本料理　理論と実習　長田真澄　1986年　新評論
2) 21世紀の調理学2「献立学」　熊倉功夫、川端晶子ほか　1997年　建帛社
3) 日本料理献立百科　1996年　柴田書店
4) 調理技術の基礎　1988年　東日本料理学校協会編纂
5) 一般社団法人和食文化国民会議（washokujapan.jp）
6) 日本料理の歴史　熊倉功夫、川端晶子　吉川弘文館
7) マスター食品学Ⅰ　有田政信編　2013年　建帛社
8) 食卓の日本史　橋本直樹　2015年　勉誠出版
9) 西洋食物史　山本直文　1961年　柴田書店
10) 西洋料理料飲接遇サービス技法　日本ホテル・レストランサービス技能協会　職業訓練教材研究会
11) 中国食文化事典　中山時子　1988年　角川書店
12) 現代の調理　高木節子ほか　建帛社
13) テーブルコーディネート　加田静子、高木節子編　1999年　愛知出版

〈参考文献　第3節〉
1) 調理技術の基礎　1988年　東日本料理学校協会編纂
2) 楽しい調理—基礎と実習—　山内知子編　医歯薬出版
3) 世界の食文化 中国　周達生　2004年　農村漁村文化協会

〈参考文献　第4節〉
1) 西洋食物史　山本直文　柴田書店
2) よくわかるフランス料理の歴史　エドモンド・ネランク、ジャン＝ピエール・プーラン　辻静雄
　　料理研究所監修・藤井達巳訳　1994年　同朋舎出版

3) 世界史　祝田秀全　2011年　アスペクト
4) 世界の食文化　フランス　石毛直道、北山晴一　2008年　農村漁村文化協会

〈参考文献　第5節〉
1) 調理技術の基礎　1988年　東日本料理学校協会編纂
2) 食物と歴史　レイ・タナヒル著　小野村正敏訳　1980年　評論社
3) 月刊専門料　1997年　柴田書店

食品・食材の知識

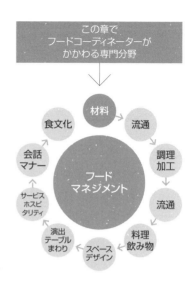

この章で
フードコーディネーターが
かかわる専門分野

材料

流通

調理加工

流通

料理飲み物

スペースデザイン

演出テーブルまわり

サービスホスピタリティ

会話マナー

食文化

フードマネジメント

第1節 概説

　食品とは、食品衛生法第1章第4条、食品安全基本法第1章第2条で、「食品とは、医薬品、医薬部外品、再生医療等製品を除くすべての飲食物」と定義されているとおり、食べるものすべてをさす。

　食生活が多様化したことで、生活者が必要としている食品も幅広く、多岐にわたるようになった。海外の食材、安全安心をとくに厳しく求められる国産の食材、または、さらなる付加価値のあるオーガニック食品や健康食品など、フードコーディネーターにとって、これら食品に対する知識を充実させることはもっとも重要な任務である。ひとつひとつの食品の特徴を理解し、それを生活者の目的に応じて、商品としてつくり変えていくことができなければならない。

第2節 肉

1. 肉の特徴

主として牛、豚、馬、羊などの畜肉と鳥肉、そして蛙、イナゴなどに分類される。畜肉類は、舌、尾、肝臓やそのほかの可食臓器類も用いられる。肉類はタンパク質、脂質を豊富に含み、献立の主菜に用いられる食材である。

2. 肉の分類

(1)畜肉類

牛肉

国産牛肉の品種にもとづく種類には、和牛（黒毛和種、褐毛和種、日本短角種、無角和種）、交雑種、乳用種がある。加えて、輸入牛肉がある。現在、和牛のうち、9割以上を黒毛和牛（黒毛和種）が占めている。2007年3月26日に発表された農林水産省のガイドラインでは、「和牛」と表示する場合には次の3つの条件を満たすよう、事業者に求めている。

・黒毛和種など食肉公正競争規約で「和牛」と認めている品種に該当すること。
・国内で出生し、国内で飼育された牛であること（海外で飼育された和種は和牛ではない）。
・上記に該当することが牛トレーサビリティ制度で確認できること。

銘柄牛としては、松阪牛、近江牛、米沢牛などがある。牛肉の格付けは、「牛枝肉取引規格」にもとづき、食肉卸売センターや地方食肉センターなどで「肉質等級」と「歩留等級」の2つで格付けが実施されている。A5等級とは、「歩留等級」が良質＝Aで「肉質等級」が最高の等級5であることを示し、最高位を示している。食品表示で「国産牛」とあるのは、和牛以外の牛のことで、乳用種、交雑種などの肉を示している。

牛肉の分割法には、日本式、アメリカ式、イギリス式などがある。日本の牛肉の部位の名称と特徴及び利用法を図2-1に示した。

豚肉

日本で飼育されている豚のほとんどは、「ランドレース種」（原産地デンマーク）、「ハンプシャー種」（原産地アメリカ）、「大ヨークシャー種」（原産地イギリス）、「デュロック種」（原産地アメリカ）のいずれかを組み合わせた雑種である。ただし、「黒豚」といわれる「バークシャー種」（原産地イギリス）は、純粋種として飼われている。最近では、沖縄の「アグー豚」やスペインの「イベリコ豚」など各地域のブランド豚を使ったレシピ開発などが進み、地元活性化にひと役買っている。

羊肉

通常、生後12ヵ月未満の羊肉をラム、12〜24ヵ月をホゲット、24ヵ月超をマトンと分類されている。ただし、この分類は国によって異なり、アメリカではホゲットもマトンと同じ扱いをしているし、ニュージーランドやオーストラリアでは、輸出用にはホゲットの呼称は使われていない。昭和初期に政府が軍服に使う羊毛を生産するために北海道に種羊場をつくったことで、北海道の郷土料理として羊肉を使ったジンギスカンが根づいたと考えられている。羊肉には、カルニチンというアミノ酸様物質が多く含まれている。これは、細胞内の脂肪を燃やすはたらきをもち、基礎代謝を高めるため、羊肉はダイエットに効果があるとして人気の食材になっている。

馬肉

栄養素が豊富な馬肉は通称「さくら肉」と呼ばれるほど肉色が赤いのが特徴で、鉄分が多く含まれている。馬刺しや桜鍋などの馬肉料理は貧血予防に効果があるといわれている。馬肉を使った料理は、熊本県、長野県伊那地方、福島県会津地方、青森県南部地方の郷土料理としても知られている。

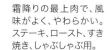

■ 牛肉の部位の名称と特徴及び利用法（図2-1）

脂肪が適度に霜降り状に入り、風味がよく、やわらかい。薄切りの料理に適する。すき焼き、焼き肉用。

霜降りの最上肉で、風味がよく、やわらかい。ステーキ、ロースト、すき焼き、しゃぶしゃぶ用。

肉質がよく、やわらかい霜降り肉で、風味は最上。ステーキ用。

やわらかい赤身肉で、ステーキ、ロースト、すき焼き、網焼き用。

ももはきめがややあらく、赤身。塊か大きな切り身で用いる。ロースト、衣揚げ、シチュー、すき焼き、挽き肉料理用。

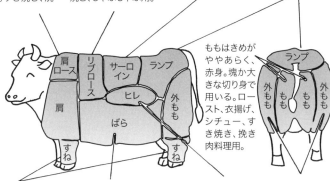

前脚、後脚の部分で筋が多く、かたいが、時間をかけて煮るとやわらかくなり、旨味も出る。スープストック、煮込み用。

三枚肉。ほかの部位に比べ、脂肪を多く含み、肉質はかたいが、濃厚な旨味のある肉である。シチュー、カレー、角煮用。小間切れ、薄切りとしても用いる。

脂肪が少なく、もっともやわらかい最上肉。ステーキ、ロースト、カツレツ、すき焼き、しゃぶしゃぶ用。

外ももは肉のきめがあらく、かための赤身肉。焼き肉。しゃぶしゃぶ、煮込み、挽き肉料理用。

資料）五訂日本食品標準成分表
（科学技術庁資源調査会編）をもとに作成

■ 豚肉の部位の名称と特徴及び利用法（図2-2）

ロースよりややきめがあらく、ややかたい。焼き豚、カツレツ、煮込み用。

表面が厚い脂肪層で囲まれているので、これを0.5～1.0cm残しておくと風味がよい。肉質はやわらかい。ロースト、焼き豚、ソテー、カツレツ用。

ロースの内側にある肉で、きめは細かく、やわらかい最上肉。ロースト、ソテー、カツレツ用。

外ももはきめがあらく、赤身肉。煮込み、ソテー、挽き肉用。

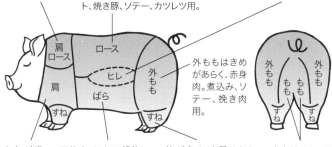

ばらより肉色が濃く、きめはややあらい。薄切りや角切りにする。挽き肉料理や煮込み用。

三枚肉。ほかの部位に比べ脂肪を多く含み、肉質はかたいが、濃厚な旨味のある肉である。角煮、シチュー、カレー、豚汁、炒め物、酢豚、串カツ用。

筋が多く、肉質はかたいが、味は濃い。スープストック、煮込み、挽き肉料理用。

ももは、ロースと比べて肉のきめがややあらく、筋が少しあるが、味のよい赤身肉。ロースト、煮込み、酢豚用。

資料）五訂日本食品標準成分表
（科学技術庁資源調査会編）をもとに作成

（2）鳥肉類

鶏

　近年、国内で流通している鶏肉は、「ブロイラー」「銘柄鶏」「地鶏」の3つに分けることができる。そのうち、9割が「ブロイラー」といわれるほど、ブロイラーは高い需要を誇る。ブロイラーとは短期間（生後7〜8週間）で出荷するために改良された、肉用若鶏の総称である。

■ 鶏肉の部位の名称と特徴及び利用法（図2-3）

胸から翼にかけての肉で、脂肪は少なく、やわらかい。焼き物、パン粉揚げ、蒸し物、煮込み用。

手羽先には肉は少ないが、骨ごと時間をかけて煮込むとやわらかくなる。脂肪とゼラチン質に富む。煮込み、パン粉揚げ用。

胸肉にそった笹の葉状の一対の肉。白身でやわらかく、味も淡泊である。蒸し物、和え物、椀だね用。

赤身肉で手羽肉よりややかたいが、脂肪が多く、味にこくがある。形がよいので、骨付きのまま調理することが多い。ロースト、揚げ物、ソテー、蒸し物、煮込み用。

資料）五訂日本食品標準成分表（科学技術庁資源調査会編）をもとに作成

鴨・合鴨

　鴨肉は、日本料理でも西洋料理でも高級食材とされる。冬場に脂がのっておいしくなる。金沢の治部煮や、ネギやセリなどと食べる鴨鍋が有名。フランス料理では、バルバリー種の鴨がおいしいとされている。合鴨はマガモとアヒルの交配種だが、合鴨肉として市場に出ているものの大半はアヒル肉である。

七面鳥

　七面鳥はほかの家禽に比べて低カロリー、高タンパク質な食肉である。欧米ではクリスマスや感謝祭、結婚式などの祝いごとに用いられる。

鶉（ウズラ）

　鶉は肉質が白く、味はあっさりしている。骨ごと叩いてつくねなどにする。

フォアグラ

　ガチョウまたは鴨を強制飼育して、肝臓を肥大させたもの。トリュフ、キャビアとともに世界三大珍味のひとつである。フランスのガスコーニュ地方が名産地として知られている。温製、冷製いずれの料理にも適し、テリーヌやソテーなどにするのが一般的である。

（3）畜肉加工品

生ハム

　豚のもも肉を加熱を行わず、塩を繰り返しこすりつけるか塩漬け用の塩水を注入するかしたのちに熟成させたハムである。色は薄いピンク。独特の香りをもつ。薄く切ってオードブルに用いるのが代表的な使い方である。

ベーコン

　豚肉を塩漬けして燻煙したもの。使用する部位によって、ロース、ショルダー、ミドル、サイドなどの定義がJAS規格で定められている。

（4）その他

昆虫類

　イナゴは、かつては日本全国で食べられていた。ビタミンBに富んでいる。ザザムシは長野県伊那地方の名産品で、現在も佃煮などで売られている。蜂の子は、長野県、群馬県、岐阜県の特産品で、蜂の幼虫やさなぎ、若蜂を食用とする。

蛙（カエル）

　体長12〜18cmで、長くよく発達している後肢部分が食用に供される。肉には脂質がほとんどなく、味は鶏肉のささ身に似て淡白である。

すっぽん

　和洋中のいずれの料理でも、高級食材として用いられる。生き血は酒を加えて強精剤、補血剤として飲む。旨味のあるスープがよくとれるので、鍋物や雑炊に好適。また、コラーゲンが豊富なので煮こごりができる。

第3節 魚

1. 魚の特徴

　日本で食用にされている魚介類の種類は多く、分類学上多岐にわたっている。魚類、貝類、エビ・カニ類、イカ・タコ類、そのほかにクラゲ、ナマコ、ホヤなどと種類は大変多い。魚の成分のうち約20％はタンパク質で、その成分比率は比較的安定している。一方、残りの80％はおもに水分と脂質で、そのうち脂質含量は魚種、季節、年齢、天然ものか養殖かによって、また同一個体内でも部位によって大きく変動する。このように季節性が顕著であり、それぞれの魚介類には「旬」といって、脂肪がのってもっともおいしくなる時期がある。

　魚介類は畜肉類に比べて死後硬直の持続時間が短く、肉タンパク質酵素作用が活発であるために自己消化が進み、腐敗、変質しやすい。鮮度を保持するため、魚介類は低温貯蔵される。近年は輸送技術や冷凍技術の進歩により、内外から種々の食材が手に入るようになり、今では生きたままの魚を輸送して提供することで高い付加価値をつける水産流通業者もいる。また、メニューづくりにおいても、その豊かな栄養成分により、ヘルシーなイメージを付加できる食材である。

2. 魚の分類

　魚の可食部のほとんどを占める筋肉は、大きく普通肉と血合肉に分けることができる。血合肉は魚類特有の筋肉組織で、生肉で見られる赤黒い色調は色素タンパク質のミオグロビンによる。血合肉の分布は魚種によって異なるが、可食部筋肉に占める血合肉の割合によって赤身魚と白身魚に区別される。

(1)魚類

鯵(アジ)

　マアジ、ムロアジ、シマアジ、メアジなどが知られている。EPA、DHAが豊富。旬は初夏から夏。マアジは刺身、塩焼き、酢の物、煮つけにするなど、

用途は幅広い。また、から揚げ、開き干し、みりん干しなどにする。ムロアジは刺身や塩焼きにもされるが、脂質が少なく、身が締まっているので干物に適している。シマアジは高級魚で、刺身に用いられる。

鮎（アユ）

アユは独特の香りをもっている淡水魚で、「香魚」という別名がある。姿ずし、魚田、粕漬け、焼き干しなどにも利用される。アユは内臓の風味も大切にするので、塩焼きにする場合には内臓を除かずに串打ちし、化粧塩をふって姿形よく焼き、たで酢を添える。アユの卵巣の塩辛は「ウルカ」と呼ばれ、珍味とされる。

鰯（イワシ）

マイワシ、ウルメイワシ、キビナゴ、カタクチイワシなどがある。丸ごと食することのできる小魚は無機質の補給源や、良質のカルシウムの補給源としてもよい。塩焼き、酢の物、すし、揚げ物、つみれなどにするほか、めざし、丸干し、みりん干しなどの干物や、缶詰に加工する。また、アンチョビ（カタクチイワシの塩漬け）や油漬けサーディンも、最近では身近なものになった。

鰻（ウナギ）

良質のタンパク質や脂質、ビタミンA、ビタミンB$_1$、ビタミンB$_2$を豊富に含む。かば焼き、白焼き、うな丼、八幡巻き、肝吸い、酢味噌和え、燻製などにするほか、缶詰にもされる。

鰹（カツオ）

秋に太平洋を南下し、三陸沖で漁獲されるカツオは「戻りガツオ」と呼ばれ、脂肪ののりがよく重厚な味が珍重される。春から初夏にかけて出まわる走りのカツオを「初ガツオ」と呼んで珍重しているが、脂肪はのっていない。カツオは刺身、たたき、照り焼き、すり流し汁、角煮、あら煮などにして賞味する。

鰈（カレイ）

カレイは種類が多く、おもなものにマガレイ、マコガレイ、ムシガレイなどがある。なお、大分県日出町に木下侯の城跡があり、この近くの海でとれるマコガレイは「城下カレイ」と呼ばれ、おいしいカレイとして有名である。カレイとヒラメの見分け方を「左ヒラメ、右カレイ」といっているが、有眼側を表、背を上にして見たとき、頭と眼が左側にあるのがヒラメ、右側にあるのがカレイである。旬は種類によって異なるが、どの種類も産卵期の子持ちガレイがおいしい。淡白な味が好まれ、刺身、煮つけ、蒸し物、焼き物、揚げ物などに用

いられる。また、ムニエルにも適している。「笹ガレイ」の名で売られている塩乾品は高級品である。

鮭(サケ)

サケとはサケ科に属するベニサケ、ギンザケ、マスノスケなどの総称である。産卵前のサケの内臓を抜いてひと塩で処理し、わらに巻いたものを古くから「新巻」と呼んでいる。生ザケは塩焼き、ムニエル、フライ、ムース、テリーヌ、酒蒸し、鍋物などにし、頭の軟骨は酢につけて氷頭に用いる。すじこは卵巣の塩漬け、いくらはすじこをほぐした食品である。

鯖(サバ)

秋から冬にかけて脂質含量が多く、美味となる。生食用には、塩で処理したのち、酢で締めた締めサバのほうが衛生的に無難である。油を使った調理としては、から揚げ、フライ、ムニエルなどがよい。

秋刀魚(サンマ)

秋に北海道から産卵のために南下しはじめる。このころのものは脂質含量が多く、美味である。刺身、塩焼きのほか、開き干し、みりん干しなどにも利用される。

舌平目／舌鮃(シタビラメ)

ウシノシタ科に属するシタビラメにはクロシタビラメとアカシタビラメがあるが、関西ではアカシタビラメが好まれ、関東ではクロシタビラメを珍重する。ムニエル、グラタン、煮込みなどに用いられるが、皮はかたいので、はぎ取ってから調理することが多い。牛乳につけてから調理すると臭みが消える。

鯛(タイ)

日本では江戸時代よりタイはめでたい魚として親しまれ、祝儀の席に尾頭付きで用いられてきた。タイには、マダイ、チダイ、キダイ、クロダイなどの種類があるが、一般にタイというとマダイをさすことが多い。マダイは全長1mにも達するが、普通、調理に用いるのものは数十cmのものである。調理法として、刺身、鯛飯、浜焼きなどにするほか、頭は潮汁やあら煮（頭を照りよく煮たかぶと煮が有名）など、身は鯛味噌、酒粕漬け、そぼろなどにも利用する。

鱈(タラ)

マダラ、スケトウダラ（スケソウダラともいう）がおもなものである。マダラはちり鍋のほか、塩ダラ、粕漬け、でんぶ（田麩、でんぷ）などの加工品や、干ダラに利用される。スケトウダラは、冷凍すり身にしてかまぼこなどの原料

となるほか、鍋物、でんぶ、煮つけ、シチュー、コロッケ、フライ、また粕漬けや干物にする。スケトウダラの卵巣（真子ともいう）は塩蔵され、たらことなる。精巣（白子ともいう）は、汁物、鍋物に用いられる。

鮃（ヒラメ）

ヒラメは日本各地の沿岸に生息し、成魚では80cmにも達する。肉質は、組織がよく締まっているわりにやわらかく、味は淡白でおいしい。魚のなかでは比較的脂質が少ない。生食以外では、煮つけ、フライ、ムニエル、蒸し物、酢の物などに用いられる。背びれと腹びれの付け根の部分は「縁側（えんがわ）」と呼ばれ、かたく締まった筋肉に脂肪がのっていておいしい。刺身、焼き物、煮物に用いられる。

鰤（ブリ）

冬にとれるブリは脂肪がのり、「寒ブリ」と呼んで珍重されている。ブリは出世魚といわれる魚種のひとつであり、成長するにしたがって名称が変化していく。関東ではワカシ→ワカナゴ→イナダ→ワラサ→ブリ、関西ではツバス→ワカナ→ハマチ→メジロ→ブリという。ブリは刺身、すしだね、塩焼き、照り焼き、西京漬け、汁の実などにして一尾を余すことなくすべて利用し尽くすことができる。

鮪（マグロ）

マグロと呼ばれ、素材として流通にのる代表的なものは5種類ある。クロマグロ、メバチ、キハダ、ビンナガ、ミナミマグロである。クロマグロが代表種である。肉はミオグロビン（タンパク質のひとつ）含量が多く、鮮紅色を呈している。マグロは肉質の色、脂肪ののり、味の違いによってトロ（大トロ、中トロ）、赤身に分けられる。刺身、すしだね、山かけ、酢味噌和え、塩焼き、照り焼き、煮つけ、汁物、角煮など用途は広い。フライやソテーにも適している。いわゆるツナ缶（油漬缶詰）は、ミオグロビン量がほかのマグロ肉に比べて低いビンナガ肉が使われる。

公魚（ワカサギ）

甘露煮、から揚げ、南蛮漬けなどにする。頭から骨まで食べられるので、カルシウム摂取のためにはよい食品である。

(2)貝類

　貝類とは軟体動物全体をさすこともあるが、おもに二枚貝、巻貝、ヒザラガイ、ツノガイやそれらの殻付き動物のことであり、同じ軟体動物でも殻が退化したものは貝とは呼ばない。

浅利（アサリ）

　日本各地に分布している二枚貝。旬は秋から春。東京・深川では、アサリに塩と酒で下味をつけてコメと一緒に炊き込んだご飯が名物である。

鮑（アワビ）

　日本では通常、クロアワビ（別名：オガイ、アオガイ）、マダカアワビ、メガイアワビ、トコブシなどを総称してアワビと呼んでいる。巻貝で、殻は平らで丸みをおびた耳のような形をし、表面には一列に並ぶ吸水孔と呼ばれる孔が4～5個ある。生きているものを生で食べるのがもっともおいしい食べ方で、こりこりした歯ごたえが特徴である。生食してかたいのは、筋肉が特別な微細構造をもっているためで、コラーゲン含量も多い。加熱するとやわらかくなる。日本では酒蒸し、西洋料理ではバター焼き、グラタン、サラダなどに、中国料理では干しアワビをもどしてから、前菜、スープ、炒め物などに用いる。

エスカルゴ

　食用カタツムリ。フランス料理によく用いられる高級食材。ブルゴーニュ産のプティグリ種が有名である。内臓を取り除いたエスカルゴを殻に詰め、さらに香草入りバターを詰めて焼く調理法「ブルゴーニュ風」が代表料理である。

牡蠣（カキ）

　カキは世界各地で養殖されている二枚貝の一種である。冬期にグリコーゲンを多量に蓄積し、この時期がもっとも美味である。カキは、鉄と銅の含量も多く、タウリンも多いので、血漿中のコレステロールを下げたり、血圧低下作用も期待できる。欧米では、英語の月名のRのつかない月（4月～8月）にはカキを食べてはいけないといわれているが、その時期はカキの産卵期と一致し、産卵期のために味が落ちるとともに、食中毒を警戒しての言葉である。日本料理では酢がき、椀だね、鍋物、かき飯など、西洋料理では生がき、フライ、グラタン、チャウダーなど、中国料理では揚げ物、炒め物、スープなどに用いる。

栄螺（サザエ）

　旬は冬から初夏。壺焼きにして食べるのが有名。内臓はほとんどが生殖腺で、

緑色が雌、白色が雄である。

蜆（シジミ）

食用となっているのは、ほとんどがヤマトシジミである。コハク酸を多く含み、汁物にすると旨味がよく出てくる。

蛤（ハマグリ）

殻が、対になっている殻とのみ形が合うことから、夫婦和合の象徴として祝いの食事に用いられる。焼きハマグリ、酒蒸しなどで賞味される。

帆立貝（ホタテガイ）

ホタテガイも代表的な二枚貝の一種である。貝柱を食用とするが、この貝柱はタンパク質に富む。また、旨味成分を多く含み、美味である。生食されるほか、種々の調理法があり、干し貝柱は中国料理に多く用いられている。

ムール貝

双殻の軟体動物。細長く青みがかった黒い殻で、食用に養殖している。調理の際は中身が入っているかどうかひとつずつよく調べて、貝殻がつるつるになるまでこする。また、水を数回替えて洗う必要があるが、水につけたままにはしない。火を通して食す。

（3）エビ・カニ類

海老（エビ）

アマエビ、イセエビ、オマールエビ（英・ロブスター）、クルマエビ、シバエビのほか、多くの種類がある。エビ類はエキス分に富み、独特の旨味をもっている。姿が美しく、肉が美味で、殻ごと食卓に上ることが多い。刺身、鬼殻焼き、具足煮、蒸し物、クリーム煮、フライなどにも用いられる。

オマールエビ

一番先端の足がはさみになっている甲殻類。オマールエビは日本では産しないが、近年、大量に輸入されるようになった。日本に冷凍や活けもので輸入されているのは、アメリカンロブスターである。高級料理の素材として、オードブル、焼き物、煮込みなどに幅広く利用される。

輸入エビ

輸入エビは大半が無頭の冷凍のものであるが、最近は有頭冷凍品や活けのものも出まわっている。ブラックタイガー、タイガー、ホワイト、ピンク、バナ

ナ、ブラウンなどがある。タイガーはクルマエビに近いおいしさをもつ。

蟹（カニ）

エビと同じ節足動物である。ガザミ、ケガニ、ズワイガニ、タラバガニなど
が食用にされている。ゆでて二杯酢と和えたり、サラダ、蒸し物、焼き物、揚
げ物、鍋物などに利用する。

ソフトシェルクラブ

ワタリガニの一種である。脱皮後のやわらかいものを殻ごと食べる。脱皮後
5〜6時間でかたくなってしまうため、貴重とされる。澄ましバターでカリッ
と焼いたり、から揚げにして食べる。

（4）イカ・タコ類

烏賊（イカ）

一般に料理に使われるイカには、スルメイカ、コウイカ、ヤリイカ、ケンサ
キイカ、ホタルイカなどのほか、数多くの種類がある。わた部分に墨袋があり、
スパゲッティや塩辛に加えたりする。イカの食感はかたいが、消化率は生肉で
比較すると魚肉とほぼ同じである。刺身、塩辛、すしだね、てんぷら、つけ焼
きなどにして食べる。

蛸（タコ）

マダコ、ミズダコ、イイダコなどが代表である。しこしこした歯ごたえが特
徴である。刺身、からし酢みそ和え、酢だこ、塩辛、煮物、椀だねなどに用い
られる。卵は「海藤花」といい、おもに塩漬けされ、料理の際に塩抜きして吸
い物、煮物、酢の物に用いる。

（5）その他

雲丹（ウニ）

よく発達している生殖巣を生食するほか、塩蔵、練りウニにして食用とする。

キャビア

世界三大珍味のひとつである。硬骨魚類のチョウザメの卵の塩蔵品。チョウ
ザメ科は20種類ほどあるが、卵のとれるサメ類はカスピ海にすむベルーガ
（もっとも大粒で光沢のある灰色か黒褐色をおび、高級品とされる）、オシエト

エラ（中粒で色は明るい茶色か褐色）、セブルーガ（小粒で黒灰色から黒色に近いものまである）に分けられる。

クラゲ

日本料理、中国料理で用いる。食用は、ビゼンクラゲ、エチゼンクラゲ、アカクラゲなどと限られている。食べるのはかさの部分で、塩漬けして天日干ししたものを食する。

海鼠（ナマコ）

ナマコは酢の物として生食されるが、内臓を除いて煮た後に干したものはいりこ（中国では海参）と呼ばれ、古代から保存食として珍重されている。

ホヤ

おもにマホヤが食用である。三陸海岸や秋田以北の日本海でとれる。外皮を除いた筋肉を生食する。7月～8月が旬。独特の香りがあるのが特徴。

（6）水産加工品

カツオ節

節におろしたカツオを湯煮し、焙炉に入れてあぶり乾かす焙乾を行う。焙乾を10回繰り返し、さらに天日干しとカビつけを行ったもの。最高級品は本枯れ節と呼ばれる。

かまぼこ

魚肉練り製品の代表。原料は、グチ、エソ、ハモ、カレイ、スケトウダラ、イワシ、サバなどを用いる。魚肉の2～3％の食塩を加え、かまぼこ独特の弾力をつくる。焼き抜きかまぼこ、蒸しかまぼこ、板付きかまぼこ、揚げかまぼこなどがある。

魚肉ソーセージ

JAS規格では「魚肉を使って畜肉ソーセージに似せてつくったもの」との規定がある。魚肉の挽き肉またはすり身に牛豚などの挽き肉や調味料を加え、ケーシングして加熱したもの。

はんぺん

魚肉のすり身に、とろろ状にしたヤマノイモを加え、調味して型に入れて蒸したもの。そのままでも、おでんや椀だねとしても賞味できる。

第4節 豆・大豆・大豆製品

1. 豆・大豆・大豆製品の特徴

　豆類を分類する際、大豆とその他の豆類は区別される。大豆は、日本古来の重要なタンパク質源であり、大豆加工食品は仏教の広がりとともに日本の伝統食品となっている。昨今は、ファイトケミカル（191頁参照）としても注目されている大豆イソフラボンを含み、高い健康効果が期待される食品として世界から注目されている。そのように広く市販されている加工品のほかに、外食・加工食品の分野では脱脂大豆粉をハンバーグなどの成形を安定させるために使用したり、小麦アレルギー対策で大豆麺が開発されるなど、新たな加工食品も研究開発されている。

　一方、大豆以外の豆類はおもに糖質源となり、日本の食卓には欠かせない常備菜としてさまざまな行事食に必ず用いられている。また、食物繊維も豊富なことから女性のダイエット志向に合った食材として、国産の豆とともに海外原産の豆類も多種類が販売されるようになった。

2. 豆・大豆・大豆製品の分類

小豆（あずき）

　粒が4.8mm以上の大きいものを「大納言小豆」といい、北海道産や丹波産、能登産がある。普通小豆の産地は北海道の十勝が有名。小豆は80％が和菓子の餡や甘納豆になる。赤飯や正月の小豆粥には、昔から小豆が使われている。解毒、利尿効果があることから漢方でも用いられている。

いんげん

　金時類、手亡類、白金時類、中長鶉類、高級菜豆類に分類される。若いさやを食用とする品種はさやえんどう、さやいんげん、若い種子はグリーンピース、若いつる葉を豆苗という。なお、いんげん豆は豆類だが、いんげんは野菜類である。また、エンドウ豆は豆類だが、さやえんどう（きぬさや）、グリーンピースは野菜類である。

ささげ

味は小豆に劣るが、煮くずれないので、赤飯には赤ささげを使う地方もある。

そらまめ

日本では、未熟な豆をゆでて食用にするほか、炒り豆、醤油豆、甘納豆など
の原材料になる。中国・四川の調味料の豆板醤は、そらまめを原料とした味噌
である。

ひよこ豆

ひよこのくちばしのような突起があるのでこの名がある。今ではほとんどが
インド産で、「ガルバンゾービーンズ」と呼ばれている。インドのカレーやスー
プには欠かせない。日本でも、低カロリー、高タンパク質なヘルシー食材とし
て人気が高い。

落花生

日本産は大粒種で、バターピーナッツや炒り豆として市販されている。オレ
イン酸、リノール酸などの不飽和脂肪酸やビタミンE、食物繊維が多く、健康
食品としても期待される。

レンズ豆

乾燥種子。黄金色の大きい豆と緑色の豆の2種類がある。世界の生産量の
30％はインドで産出される。調理前に何回か水を替えて洗い、数時間水に浸
しておくことが必要である。

大豆

植物性のタンパク質源として重要である。タンパク質を約35％含み、その
アミノ酸組成は、リジンが比較的多く、コメやコムギタンパクの欠点を補うこ
とができ、「畑の肉」と呼ばれる。脂肪も多く含まれ、その脂肪酸組成は、リノー
ル酸などの不飽和脂肪酸の含量が多いのが特徴である。大豆の仲間には黒豆の
ほか、きな粉や浸し豆にする青大豆などがある。黒豆は丹波黒が有名。枝豆は
大豆のさやが緑のうちに収穫し、若い種実を食べるもの。

凍り豆腐

豆腐を保存がきくように加工した伝統的な食品である。豆乳濃度を高くして
かたい豆腐をつくり、凍結、脱水、乾燥させたもので、水でもどして調理する。

豆腐

大豆を水洗い・浸漬後、粉砕したものを加熱し、濾過したものが豆乳であり、
豆腐は豆乳にニガリを入れて固めたもの。木綿豆腐、絹ごし豆腐などがある。

油揚げは豆腐を薄切りにして揚げ、がんもどきは野菜などの材料を加え混ぜて油で揚げたものである。

納豆

大豆に納豆菌を繁殖させたもので、最近は健康食品の代表格である。また、麹菌を繁殖させた塩納豆（浜納豆、大徳寺納豆）もある。

湯葉（ゆば）

豆乳を加熱したときに表面にできる皮膜をすくい上げたもの。生のものと乾燥させたものがある。

第5節 野菜・キノコ・海藻

1. 野菜・キノコ・海藻の特徴

昔から、われわれ日本人がおもに"おかず"としてきたのが野菜、キノコ、海藻である。季節ごとに旬となる野菜を食べては、季節を感じていた。野菜、キノコ、海藻には食物繊維、ビタミン、ミネラルと、身体の調子を整える栄養素が多く含まれている。さらには、最近注目されているファイトケミカル（191頁参照）も多く、日本人が健康で長寿を続けるために、日々の生活に欠くことのできない食材である。

最近では、安全安心を求める消費者が増え、できるだけ自然に近い栽培方法の野菜の需要が高まっている。"農家レストラン"といって、生産から流通、そして調理提供も一括して行う業態も増えている。地産地消の考えも普及し、「できるだけ身近な土地でとれた野菜を食べたい」と願う消費者の声を生かした、生産者と手を組んだ商品提供が小売や外食の業界でも求められている。

2. 野菜・キノコ・海藻の分類

野菜は種類や品種も多く、可食部位によって葉菜類、鱗茎菜類、根菜類、果菜類、花菜類に分類される。利用部の形質に応じて生食、和え物、煮物、炒め物、揚げ物など数多くの調理に用いられる。野菜は新鮮度や色、香り、味、テ

クスチャーなどの嗜好的要素が重要視される食材である。イモ類は根菜類に比べて多量のデンプンを含んでいるので、独立して"イモ類"として扱われているが、デンプンが主成分である穀類よりも水分含量が多く、ビタミンCの含量からすると野菜に近い食材である。キノコは菌類のなかで子実体が発達したものをいうが、野生キノコと栽培キノコがある。

(1)葉菜類

　葉を食用とする野菜類である。一般に水分が多く、食物繊維、カルシウム、鉄、カロテン、ビタミンCの含量も多い。

キャベツ

　淡緑色の葉が扁平形や球形に結球している。栽培する時期によって春まき、夏まき、秋まき用があり、1年中供給されている。小型のグリーンボールや葉が赤紫色をしている紫キャベツ、芽キャベツなどがある。生食することが多いが、なかでもせん切りのキャベツを氷水にさらして、ヴィネグレットソースで和えたものはコールスローと呼ばれる。このほか、炒め物、酢の物、和え物、スープ、煮込みなどに利用する。

空芯菜

　「アサガオナ」と呼ぶ中国原産の夏野菜。サツマイモに似たヒルガオ科のつる性植物で茎は空洞。葉と茎を炒め物やスープに用いる。

香菜(シャンツァイ)

　中国パセリ。「コリアンダー」の名で知られるセリ科の植物。独特の強い香りをもつ。生のままサラダ、スープ、炒め物に加える。

チコリ

　フランスでは「アンディーブ (endive)」と呼ばれるため、調理業界でもアンディーブと呼ぶ。葉ははがすとボート形をしている。よく「エンダイブ」と混同されることがある。エンダイブは葉に切れ込みのあるものとないものとあり、緑の葉である。チコリは葉を1枚ずつはがしてオードブルの皿としたり、サラダ、炒め物、煮物にする。独特なほろ苦さがある。根株を伏せ込み、出てくる萌芽を利用する。

チシャ

　玉チシャのうち、クリスプ型をレタス、バター型をサラダ菜と呼んでいる。シーザーサラダに使うロメインレタスは、立チシャに分類される。また、サラダに欠かせないグリーンリーフやサニーレタスは、葉チシャ、もしくはチリメンチシャと呼ばれる。焼肉の付合せとして定番のサンチュは、掻きチシャと呼ばれ、日本古来の品種である。いずれもビタミン豊富で、生食のサラダなどには欠かせない。

トレビス

　チコリの一種。チコリと違い、大きくなった葉を食べる。葉身は紫色で葉肉は白い。肉質はやわらかい。サラダなどに使われる。

ニラ

　日本にも自生していたが、においが強く敬遠されていた。第二次世界大戦後に中国料理が浸透すると、栄養価が高いニラは大衆野菜として急速に広まった。

ハクサイ

　ハクサイは太くて短く、葉が縮れていて、結球のかたいものが美味である。煮物、和え物、鍋物、炒め物、スープ、蒸し物、漬け物に用いられる。

ホウレン草

　カロテン、ビタミンC、鉄、カルシウムを多く含む緑黄色野菜で、食物繊維もやわらかく消化もよい。アクの主成分のシュウ酸は下ゆでして除く。浸し物、和え物、炒め物、汁の実などに用いる。生食用に改良したサラダ用のホウレン草もある。

(2) 鱗茎菜類

　タマネギ、ユリ根を鱗茎類、ネギ、アスパラガス、セロリ、タケノコを茎菜類といっているが、まとめて鱗茎菜類とする。

アスパラガス

　若茎に土をかけて白く育てたホワイトアスパラガスと、そのまま栽培するグリーンアスパラガスがある。

タケノコ

　中国産の孟宗竹がもっとも大きく、肉厚でやわらかく、えぐ味も少ない。青

森以南の各地で生産されている。収穫後、時間をおいて食用とする場合は、ぬかと赤トウガラシと一緒にゆでる。包装材としての竹の皮は、マダケの皮が使われている。

タマネギ

　辛味度によって甘タマネギと辛タマネギ、外皮の色によって黄、白、赤系に分類されるが、日本では辛タマネギのほとんどが黄系である。皮も表層部も赤紫色の赤タマネギは辛味も刺激臭も少なく、サラダに適している。ペコロス（別名：小タマネギ、プティオニオン）は小球であることと貯蔵性に富むのが特徴で、皮をむいて丸のまま煮込んだり、肉料理の付合せなどに利用される。

ニンニク

　食用としているのは地中の鱗茎で、球状になるが、若い葉は葉ニンニク、若い花茎は茎ニンニク（ニンニクの芽）として利用される。いずれも、強いにおいの成分である硫化アリルを含み、これがビタミンB_1の吸収を促進し、疲労回復効果があることがわかり、食生活には欠かせない食材となっている。

ネギ

　関東ではおもに白い部分を食べる根深ネギが栽培され、関西では緑の葉の先端部まで食べられるやわらかい葉ネギが栽培されている。薬味や香味野菜として、また、焼き物、煮物、揚げ物、鍋物、炒め物、汁の実などに利用される。

ベルギーエシャロット

　タマネギを小さく、やや細くした形。分球して鱗茎をつくる。タマネギの親戚。フランス料理に欠かせない。

リーキ

　ポロネギ、西洋ネギともいう。フランス名はポワロー。古代エジプトですでに栽培され、欧米諸国に広く普及している。ニンニクやニラのように葉が平らである。刺激臭は弱い。根元の白い部分を食べる。加熱すると甘味が出てくる。

(3) 果菜・花菜類

　果菜類は主として果実部分を食用とする野菜で、ナス科、ウリ科、マメ科に属するものが多い。花菜類はおもに花やそのつぼみを食べる野菜類である。

アーティチョーク

日本名は朝鮮アザミ。イタリア名はカルチョフィ。つぼみのうちにとり、塩とレモン汁を加えてゆで、重なり合ったガクの付け根を歯でしごくようにして食べ、その内側の花托の部分も食用とする。サラダ、煮物、炒め物、スープなどに用いる。

エディブルフラワー

アメリカを発祥の地としてヨーロッパや日本でも広まった食用の花々をさす。使われる農薬などの危険性も考えられるので、食用として栽培された安全なものを用いる必要がある。サラダに入れたり、ドレッシングの香りづけ、スープの実、ゼリーやケーキ、料理の盛付けのアクセントや香りづけなどに用いられる。おもなものに、ナスタチウム、パンジー、キンセンカ、ベゴニア、バラ、スイートピーなどがある。ほとんどが生で用いられる。彩りを上手に生かせば、味や香りだけでなく、料理などにおしゃれな雰囲気を演出することができる。

カボチャ

日本カボチャ、西洋カボチャ、ペポカボチャの3種類がある。日本カボチャは一般的に表面に凹凸が多く、皮は黒緑色で、縦に溝がある。果肉は黄色で、肉質は粘質である。西洋カボチャは種々の形、色をしているが、表面は平滑で果肉は濃黄色、肉質は粉質でほくほくしている。煮物、揚げ物、和え物、蒸し物、スープ、パイなどに広く利用される。ペポカボチャにはそうめんカボチャ（金糸瓜）、ズッキーニ、花ズッキーニなどがある。

カリフラワー

緻密で締まった花蕾には独特の歯ざわりがある。クセのない淡白な味、さっくりした歯ざわりを賞味する。鮮やかなオレンジ色のカリフラワーもある。生食や、ゆでてからサラダにしたり、スープや炒め物などに利用する。

キュウリ

いぼのとげの色から、黒いぼ種と白いぼ種に分けられ、そのほかに形が短い楕円形で、いぼが少ないピクルスキュウリがある。

食用ギク

花色によって黄色種、淡紅色種、白色種があるが、黄色種が多く利用されている。花弁を酢の物、漬け物、汁の実、てんぷらなどにする。蒸してから乾燥させ、キク海苔として貯蔵する。

ズッキーニ

　ウリ科。カボチャの一種であるが、肉質はナスに似ている。ほのかな苦味が特徴で、油との相性がよい。衣をつけて揚げたり、ラタトゥイユ（煮込み料理）などに用いる。花が付いた状態で収穫されたものは花ズッキーニと呼ばれ、花が破れないようにしてソテーなどに用いる。

トマト

　サラダなどの生食に用いるほか、煮込み、炒め物などの加熱調理にも利用される。現在出まわっているトマトの代表的なものに、桃太郎、ファーストトマト、ミニトマト、赤色丸玉がある。桃太郎はトマトの完熟品で、現在もっとも多く出まわっている。熟しても実がしっかりとしており、果肉がくずれにくい。ファーストトマトは先がとがっているのが特徴で、桃色系の大玉である。果肉くずれが少なく、おいしい。ミニトマトは甘くておいしい。病気に強く、家庭菜園でも手軽につくることができる。赤色丸玉は、ジュースやケチャップなどの加工用品種である。ひと株にいっせいに実がなるのが特徴で、栽培がしやすく、栽培効率がよい。また、イタリア原産のサンマルツァーノ種も加熱調理用として普及している。

ナス

　形は小丸、丸、卵、長卵、長、大長形など多様である。長卵形ナスは長ナスと卵形ナスの中間の大きさで、温暖地でもつくられることから、日本中で栽培されている。丸ナスは東北から関西に多く、肉の締まりがよく、田楽や煮物に適し、とくに京都の賀茂ナスは有名である。油と相性がよく、イタリア料理などに多用される食材でもある。

ピーマン

　ピーマンという名前は、フランス語の「piment（ピマン）」（トウガラシ）に由来していると考えられている。ピーマンは、とうがらしの甘味種を改良したもので、緑ピーマン、カラーピーマン（赤・黄・オレンジなどのカラフルなピーマン。パプリカ、トマトピーマンなどもカラーピーマンに分類される）、長円筒形ピーマン、バナナピーマン、クレセント、フルーツピーマン、こどもピーマン、黒ピーマン、ベル型ピーマンなど多数の種類がある。ピーマンの代表格である緑色のピーマンは、未熟な状態で収穫されたもので、そのまま収穫せずに放っておくと完熟して赤くなる（品種によってはオレンジ色や黄色になるものもある）。緑色のピーマンはカロテンやビタミンCを豊富に含んでいる。

ブロッコリー

　カロテン、ビタミンCが豊富で、味や香りにクセがないので、さまざまな料理に利用できる。

(4) 根菜類

　おもに冬から春に旬を迎える野菜が多い。食物繊維が豊富である。

カブ

　小カブから聖護院カブのような大きいものまであり、漬け物として用いるほか、酢の物、煮物、蒸し物、汁の実などに利用される。

ゴボウ

　しゃきしゃきした歯ざわりと独特の香りが好まれている。昔から、新陳代謝をよくする食べ物とされてきたが、食物繊維を多く含み、便秘の解消やコレステロール値の低下に役立つ健康食品として注目されている。ニンジンと相性がよいので、きんぴら、かき揚げなどに用いられるほか、サラダ、煮物、鍋物、汁の実などに用いる。

ダイコン

　秋から冬にかけてのものは収穫量が多く、味もよい。近年、外観がみずみずしく、味は甘くて辛味がなく、多汁である青首ダイコンの消費が伸びている。ビタミンC含量が多く、消化酵素のアミラーゼを多く含む。ダイコンおろしにして組織が壊されると、辛味成分が遊離して辛味を生じる。おろし、刺身のつま、酢の物、薬味、ふろふき、煮物、汁の実などに利用されるとともに、漬け物、切り干しダイコンなどにも用いる。

サツマイモ

　紅あづま、金時などの種類があり、最近では、紫、紅色を呈するものもあり、菓子類などにも多く利用されている。

サトイモ

　親イモ、子イモ、孫イモと子孫繁栄の象徴とされている。煮物や汁物には欠かせない。正月用に使われるヤツガシラ、エビイモもサトイモの仲間である。

ジャガイモ

　ジャガイモは「大地のリンゴ」とも呼ばれ、ビタミンCを多く含み、加熱し

てもビタミンCの損失が少ないのが特徴。おもな品種に男爵、メークインがある。男爵はデンプン含量が多く、デンプンの比重が大きいため、ホクホクとした食感があり、マッシュポテトや粉ふきいも、コロッケ、揚げ物などに向く。メークインは煮くずれしにくいので、シチューなどの煮込み料理に適している。

ニンジン

根を食べる野菜のなかでは珍しく緑黄色野菜である。カロテン含量は緑黄色野菜のなかでもっとも多い。カロテンは油に溶けやすいので、バターや油とともに調理するとカロテンの吸収作用が促進される。きんぴら、なます、サラダ、ポタージュ、グラッセ、炒め煮などに広く利用する。

ヤマノイモ

ヤマノイモには栽培種のナガイモ、ツクネイモ、イチョウイモ、自然種のジネンジョがある。ナガイモ以外は粘性が強い。すりおろして、とろろ汁、山かけ、揚げ物、酢の物、和菓子、練り物、そばのつなぎなどに用いる。

ヤーコン

南米アンデス高地原産のキク科の根菜。塊根部はサツマイモに似ているが、サクサクとした食感が特徴でナシのような味をもつ。フラクトオリゴ糖を多く含んでいる。果物のように生で食べたり、きんぴら、てんぷらなどに用いる。葉や茎は茶に利用される。

レンコン

ハスの地下茎。9～10個の穴が開いており、「先を見通す」という意味から慶事に用いられる。煮物、きんぴら、からしれんこん、酢ばすなどに使われる。

(5)キノコ類

野生のキノコには、最高の香りをもつマツタケ、トリュフがあり、栽培キノコのおもなものにエノキタケ、キクラゲ、シメジ、シイタケ、エリンギ、ナメコ、マッシュルームなどがある。

エノキタケ

野生のエノキタケは黄褐色ないし茶褐色で、湿ったときには粘性がある。栽培物は暗い室内で生育させるため、茎が長く、白いもやし状である。鍋物、和え物、椀だねに用いる。

エリンギ

　カオリヒラタケ、ミヤマシメジという別名がある。歯切れ、香りともによく、日もちするのが特徴。ビタミンB₁、食物繊維が豊富。手で大きく裂いて網焼きにしたり、バターソテーにするとおいしい。

キクラゲ

　形が人の耳に似ているキノコである。普通は黒褐色で、新鮮なときはやわらかく寒天質であるが、乾燥するとかたい角質になる。無味無臭であり、歯ざわりを賞味するキノコである。酢の物、和え物、茶碗蒸しなどに用いる。シロキクラゲは別種のもので、乳白色でキクラゲより薄くてひだが多い。スープやデザートに用いる。

シメジ

　一般にシメジというとブナシメジのことをさすが、本来のホンシメジとは別のものである。「香りマツタケ、味シメジ」といわれるほど、ホンシメジは味、歯切れがよく、色形もよい天然キノコである。すまし汁、しめじご飯、焼き物、揚げ物などに用いる。

シイタケ

　シイ、ナラ、クリ、カシの枯れ木に春と秋の2回自生するが、最近はほとんどが人工栽培、人工乾燥である。冬菇は菌傘が70％くらい開いたもの、かさが肉薄のものは香信という。

トリュフ

　フランス、イタリアなどの雑木林で採取され、黒色と白色とがある。地下で育つキノコで、球形をしており、香りが強い。凹凸がなく、丸く締まっているものが良品とされている。人工栽培ができないので高価である。卵料理、鶏や野鳥料理の付合せ、ソースの香りづけなどに用いる。

ナメコ

　天然もののほか、人工栽培が盛んに行われている。独特のぬめり、歯切れと口あたりのよさが好まれ、味噌汁、おろし和え、三杯酢などに用いる。

ポルチーニ

　イタリアの代表的な高級キノコ。香り高く風味がよい。かさが厚く、軸も太く、ずんぐりしている。リゾット、パスタなどに用いる。乾燥品、冷凍品が輸入されている。秋にはフレッシュも出まわる。

マッシュルーム

　フランス語では「シャンピニヨン」という。香気はあまりないが、味はよい。かさの色は、白、クリーム、褐色の3種類がある。グルタミン酸含量が多くて旨味を有し、ソース、スープ、炒め物、揚げ物、サラダなどに広く利用される。

マツタケ

　日本の代表的なキノコで、優れた香気が日本人の嗜好に合い、珍重されている。かさが中開きで軸が短く、よく太ったものが良品である。人工栽培は難しく、高価である。焼きマツタケをはじめ、すまし汁、土瓶蒸し、マツタケご飯などに利用する。

(6)藻菜類

　藻菜類は陸上の植物と同様に、大部分は水中で光合成をしているが、生育する場所によって光の届き具合が異なり、褐藻類、紅藻類、緑藻類、藍藻類に分けられる。日本人には身近な食品として古くから親しまれ、野菜のない時期にはその代用として利用されてきた。藻菜類は独特の食味、テクスチャーとともにさまざまな色をもち、生のまま、または加熱調理にも用いる。最近、藻菜類の抗腫瘍性や血圧調節性などの生理作用が明らかにされている。

アオノリ

　アオノリは日本各地の沿岸で産し、佃煮のほか、ふりかけや薬味として利用される。

アマノリ

　アサクサノリに代表されるウシケノリ科アマノリ属は、日本人の食生活に深い関係をもってきた。「浅草海苔」は、採取した原料（アサクサノリ）を海水で洗ってきざみ、すのこに紙状にすいて乾かしたもの。青みを帯びた黒色で、光沢があり、香気が高く、手ざわりがよい。十分に乾燥しているものが高級品とされている。タンパク質、ビタミン、リン、マグネシウム、亜鉛などの栄養成分が多く、また旨味成分であるグルタミン酸やアラニンも多い。

コンブ

　コンブには、マコンブ、リシリコンブ、ミツイシコンブ、ナガコンブ、ホソメコンブ、とろろコンブなどがある。旨味成分のグルタミン酸を含んでいるこ

とが、コンブがだしとして用いられる理由である。

スイゼンジノリ

淡水産の藍藻類で、やわらかい不定形の暗緑色の塊。細切りを乾燥させる。生産が少ないので珍味とされ、口取り、酢の物、刺身のつまなどに用いる。

ヒジキ

生を蒸してから乾燥させるが、これによって黒色化する。カルシウム、カリウム含量が多い。

モズク

粘質性藻菜類で、独特の歯ざわりがある。塩蔵品が多く、塩出ししたのち、酢の物などに用いる。

ワカメ

生よりも塩蔵や乾燥品で流通している。もどしてからサラダ、和え物、汁物、煮物などに利用する。

(7) 果実・種実

果実は特有の芳香と色、適度の甘味と酸味をもち、食味が優れているので、食欲を増進させるとともに、嗜好を満足させるはたらきをもっている。栄養面から見るとタンパク質、脂質は少なく、エネルギーも低いものが多い。無機質ではカリウムが多く、ビタミン類ではビタミンCが多い。さらに食物繊維も多く、手軽に食べることのできる有用な健康栄養食品といえるだろう。生食が多く、新鮮度、色、香り、味などの嗜好的要素が重要視される。また、果実とともに古くから"果子"として食べられていたのが、種実である。最近では、アンチエージングに効果が期待できるビタミンEなどを含むため、注目されている。

●仁果類

花托という花柄の先端が発達して果実になったもの。

ナシ

大別して、日本ナシ、西洋ナシ、中国ナシがある。日本ナシは香りが乏しく、長十郎のようにコルク層が厚くて果皮が褐色の赤ナシ、二十世紀のようにコルク層がほとんどなくて緑黄色の青ナシ、幸水のように両者の中間色の3グループがある。いずれも石細胞が多く、ざらざらした舌ざわりをもつ。一方、西洋

ナシは、強い芳香と、やわらかく、ねっとりした食味が特徴。収穫後、2週間程度追熟させて果肉をやわらかくし、香りが出てから食べる。おもな品種にバートレット（生食・加工両用）、ラ・フランスなどがある。

リンゴ

リンゴは、食物繊維が多く、整腸作用による便秘解消、血糖値の正常化、動脈硬化の抑制、血圧降下などの生理効果が認められ、「リンゴが赤くなると医者が青くなる」といわれるほどに栄養価値のある果物である。品種改良も進み、おもなものに、ふじ、つがる、むつ、紅玉、ゴールデンデリシャス、スターキングデリシャス、王林などがあり、秋から初春にかけてが旬である。旬の季節以外では冷蔵物が出まわり、ほぼ1年中出荷されている。

● 核果類

子房壁が発達して果実になったもの。

ウメ

実だけではなく、花やその姿さえ鑑賞される日本を代表する植物である。その実であるウメは、梅干し、梅酢、梅酒をはじめ、菓子や薬にも利用されている。大粒種の南高、豊後、小粒種の小梅、甲州最小などがある。

サクランボ

日本で一般に栽培されているものに、ナポレオン、佐藤錦などがあり、中粒で甘味が強く、さわやかな酸味がある。アメリカンチェリーは果皮、果肉ともに赤紫色の大粒で、甘味が強い。

モモ

モモは、バラ科の落葉性小高木である。果実の表面に毛のないネクタリンも、モモからの変異である。果肉の黄色い黄桃、白い白桃がある。種のなかに核、核のなかに仁があり、これは「桃仁」と呼ばれて漢方薬としても利用されている。

● 殻果類

果皮がかたくなっており、種子と密着しない果実。

アーモンド

バラ科の植物でモモに似た花を咲かせる。食用にしているのは仁で、煎ると香ばしく、菓子に用いるほか、塩味をつけてアルコールのつまみなどにする。

ビタミンEを豊富に含み、アンチエージング効果が期待される。

クリ

日本グリ、中国グリ、ヨーロッパグリ、アメリカグリの4種類が世界で栽培されている。日本グリは日本原産で、なかでも丹波地方でつくられているものは「丹波栗」と呼ばれている。栗ご飯、栗きんとん、栗饅頭などに幅広く使われている。

クルミ

日本では、長野がもっとも多く生産している。オニグルミとヒメグルミが日本原産だが、小型である。ペルシアグルミは大粒で、食用に適している。

●ベリー類

一般的に、キイチゴ類、コケモモ類、スグリ類などの漿果類をいう。色が美しく、形が小さく見た目にも愛らしい。キイチゴ類にはラズベリー、ブラックベリーなどが、コケモモ類にはブルーベリー、クランベリー、コケモモなどがある。スグリ類にはグーズベリー、カラントなどが属する。生食以外にシロップ漬け、ジャム、ゼリー、ジュース、デザートソース、缶詰などに利用される。

●かんきつ類

温州蜜柑は日本の代表的なかんきつ類で、皮がはがれやすく、種なしで食べやすい。ハウスみかんも出まわっている。このほか、バレンシアオレンジに代表されるオレンジ、ポンカン、グレープフルーツ、ハッサク、三宝柑、レモン、柚子、スダチ、カボスなどがある。

●常緑性果樹

オリーブ

地中海沿岸地方原産で、日本では香川県小豆島で栽培されている。オリーブからつくるオリーブオイルは、ビタミン、ミネラルが豊富であるうえ、脂肪酸組成に特徴があり、健康効果が期待されている。

ビワ

九州で栽培されている「茂木」「長崎早生」、千葉県産の「田中」の3品種が国産ビワのほとんどを占める。果肉にはビタミンAが豊富で、ビワ酒などにも加工されている。

● 熱帯性果樹

熱帯地域原産の果実をいう。バナナ、パパイア、ドリアン、パイナップル、マンゴー、ライチ（レイシ）、マンゴスチン、アボカドなどがある。

● 果物のように食べられる野菜

本来、野菜類に属するもののなかで、その成分や用途から果実類として扱われるもの。

イチゴ

現在、国内での栽培種としては、女峰、とよのか、ダナー、アイベリーなどがある。5月～6月に食べる季節的果実であったが、栽培方法の変化、品種改良が進み、ほとんど通年供給されている。

スイカ

ウリ科の果実。多く食べられているスイカは球形、果実皮が緑色でしま模様があり、果肉が赤色の中玉である。果肉が黄色いスイカも栽培されている。人工的な改良によって種なしスイカ、小玉スイカなどがある。スイカは冷やしてそのまま食べるのがもっともおいしい。

メロン

ウリ科の果実で品種が多く、大きさ、形、色などはさまざまである。芳香に優れ、多汁である。味、香りともに優れているマスクメロンは、果実のなかでも最高級品とされている。網目が均一に密に盛り上がって入り、上部の茎が細くしっかりしているものがよい。1週間程度の追熟を必要とする。夕張メロンは赤肉種の網メロンで、北海道夕張市の特産品である。強い芳香と濃厚な甘味をもつのが特徴。

● その他

イチジク

花が人の目にふれないまま実を結ぶため、「無花果」と漢字で書く。食用としているのは花托である。生食する以外にも、ジャムや乾燥果実として製菓や製パンに利用されている。食物繊維が豊富である。

柿

大別して甘柿と渋柿がある。柿の渋みは果肉に含まれる可溶性タンニンによるもので、甘柿、渋柿ともに幼果期の果実は可溶性タンニンを含むため渋みが

ある。甘柿は樹上の果実が成熟する過程で可溶性タンニンが不溶性タンニンへと変化し、成熟期には渋みを感じなくなる。渋柿は、渋抜き法によって可溶性タンニンを不溶性に変えるが、これにはアルコール脱渋法や炭酸ガス脱渋法がある。また、皮をむいて寒風にさらすと粉をふき、干し柿となって甘くなる。

キウイフルーツ

中国原産だが、ニュージーランドで品種改良が進み、元来の果肉が緑色のものに加えて黄色いゴールデンキングなどもある。国内での生産も進み、通年出まわっている。ビタミンCがとくに多い。

五斂子（ゴレンシ）

「スターフルーツ」とも呼ばれる。果実は長さ10cmほどで、5本の稜^{りょう}があり、果皮は熟すると黄色になる。果肉は多汁で甘いものから酸っぱいものまである。ビタミンCやペクチンを豊富に含む。薄く輪切りにして生食するほか、漬け物、ジャム、ゼリーにも向く。

チェリモヤ

エクアドル、ペルーのアンデス中腹地域、亜熱帯気候下が原産。果皮はうろこ状で、コルク質。熟すと暗緑色から黒色に近い色になる。果肉は白く、甘酸っぱくて香りが強い。おもに11月～6月に輸入される。

ドリアン

マレー半島、カリマンタン（ボルネオ）島原産。特異な臭気を放つ果実は、人の顔ほどの大きさの球形。表面は突起でおおわれ、果皮は厚い。5室に分かれて入っている果肉は淡黄色で、内部にクリ（栗）のような種子が2～6個ある。甘いクリーム状の果肉は熱帯産果物の王様といわれる。

ドラゴンフルーツ

中南米産のサボテン科の多肉植物。欧米では「ピタヤ」と呼ばれ、果実は鮮やかな紅色の楕円形で、三角形のうろこのような皮がついている。割ると真っ白なさくさくとした果肉にゴマ粒状の黒い種が散っている。みずみずしいさっぱりとした甘味をもち、ビタミン、食物繊維、ブドウ糖、ミネラルを多く含んでいる。品種改良によって果肉が赤いものも出まわっている。

ブドウ

ブドウは世界でもっとも広範囲で栽培されているつる性の果樹である。他国では生産されたブドウの8割はワインに使われているが、日本では生産された9割が生食されている。巨峰、マスカット、キャンベルなどの品種がある。

マンゴスチン

　外見は柿に似た形で、直径6〜7cm、果頂に梅鉢形の花痕を残し、果皮は厚く約7mmで、熟すにつれて紫黒色になる。果肉は白色でミカンの袋状に4〜8個に分かれ、なかに扁平な種子がある。果実は日もちが悪い。冷凍品が年間を通じてタイ、マレーシアから輸入される。

ライチ（レイシ）

　楊貴妃が好んだ果実。白色半透明な果肉は美味で、中国料理のデザートには欠かせない。

(8) その他の野菜

オクラ

　東北アフリカ原産で、切り口が五稜形のものと丸形のものがある。表面にはうぶ毛が多いため、塩みがきしてからゆでる。加熱したものは、きざむと独特の粘りが出る。糖質に富み、カルシウムなどのミネラルも含まれている。

金針菜（キンシンサイ）

　ユリ科の植物である。ヤブカンゾウなどのつぼみを蒸して乾燥させたもの。黄色で針のような形をしている。水でもどし、炒め物、スープに用いる。

枸杞（クコ）

　ナス科の落葉低木。小さくて甘酸っぱい赤い果実で、乾燥したものを使う。水や老酒につけてもどし、スープ、デザートに加えて色を添える。

搾菜（ザーツァイ）

　茎と葉柄基部が肥大する中国・四川省特産のカラシ菜。日本ではその漬け物を輸入している。中国料理でよく用いる。

じゅんさい

　スイレン科の植物で、きれいな清水豊かな池沼に自生している。食用にしている茎の頂部と茎はゼリー状の多糖類におおわれていて、独特の食感を有する。

もやし、スプラウト

　もやしは光をさえぎったところで発芽させた子葉を食用としている。種子のときにはほとんどない栄養素が、発芽によって急増する。ビタミンC、ビタミンB群、カルシウムなども含まれている。安価で栄養価が高い野菜として注目されている。スプラウトは、貝割菜やアルファルファ、ソバの芽のように発芽

して双葉が開いた状態を示す総称。ブロッコリーやレッドキャベツ、クレス（クレソン）、マスタードなどが売られている。それぞれ色や香りに特徴があり、ビタミン類の含量が多い。サラダやサンドイッチの具、トッピングなど彩りのアクセントに使われる。

第6節 乳・乳製品・卵

1. 乳・乳製品・卵の特徴

　乳及び乳製品並びにこれらを主要原料とする食品は、食品衛生法に基づき、乳及び乳製品の成分規格等に関する省令（「乳等省令」）により規格基準が定められている。乳等省令では、「乳」とは、「生乳、牛乳、特別牛乳、生山羊乳、殺菌山羊乳、生めん羊乳、成分調整牛乳、低脂肪牛乳、無脂肪牛乳及び加工乳をいう」と定義され、水牛の乳は含まれない。牛乳を遠心分離機にかけると、比重の軽い部分（生クリーム）と重い部分（脱脂乳）に分かれ、生クリームからバターやアイスクリームなどがつくられる。また、牛乳を乳酸菌や酵母のはたらきによって発酵させたものがヨーグルトであり、酵素や乳酸で乳タンパクを凝固させたのち、熟成させたものがチーズである。鶏卵を代表とする卵は、完全栄養食品といわれるほど栄養価が高い。

2. 乳・乳製品・卵の分類

牛乳

　生乳だけを使用し成分を調整していないものを牛乳、生乳だけを使用しているが、無脂肪・低脂肪など成分調整した牛乳は、成分調整牛乳といわれる。脱脂粉乳やバターなど乳成分から調整したものが加工乳。カルシウムや鉄分などの栄養素を添加したものや、コーヒーや果汁で風味づけを行ったものは乳飲料という。

ヨーグルト

　牛乳に加えるヨーグルト菌も種類が多く、整腸作用がある。海外では水牛乳

なども使われる。

生クリーム

生乳のみでつくったものが生クリームである。マーガリンがバターの代用品として植物性脂肪でつくられたのと同様に、ホイップクリームをつくる際など動物性クリームでは分離しやすいという性質を補うために、生乳と植物性脂肪を混合させて新しくつくられたものもある。これらの製品はコンパウンドクリームと呼ばれ、生クリームとは区別されている。また、コーヒーフレッシュは植物性脂肪を乳化させたものであり、乳製品ではない。

バター

原料乳を乳酸菌によって発酵させてつくる発酵バターと、そのままの原料乳からつくる無発酵バターがある。さらに塩を添加するかどうかによって有塩バターと食塩不使用バターに分けられる。

チーズ

チーズのはじまりは定かではない。一説によると、古代アラビアの牧畜民が山羊の乳汁を乾燥した羊の胃袋に詰めてもち運んだところ、乳汁が白く凝固しているのを発見したことがはじまりと伝えられている。これがヨーロッパに伝

■タイプ別ナチュラルチーズ（表2-1）

	タイプ	説明	おもなチーズ名
1	フレッシュタイプ	熟成させていないチーズ	カッテージチーズ、クリームチーズ、マスカルポーネ、モッツァレッラ、リコッタ
2	白カビタイプ	白いカビで表面がおおわれているチーズ	カマンベール、ブリー、ヌフシャテル
3	青カビタイプ	青カビを混ぜて熟成させたチーズ	ロックフォール、スチルトン、ゴルゴンゾーラ、ダナブルー、ブルー・ド・ブレス
4	ウォッシュタイプ	チーズの外皮を水や地酒で洗いながら熟成させるチーズ	マンステールジェロメ、マロワール、ヴァシュラン・モン・ドール、ポン・レヴェック
5	シェーブル(山羊)タイプ	山羊乳のチーズ	ピラミッド、サント・モール、クロタン・ド・シャヴィニョール
6	半硬質タイプ	水分の少ないセミハードタイプのチーズ	ゴーダ、マリボー、サムソー
7	硬質タイプ	半硬質タイプよりも水分を少なくしたハードタイプのチーズ	パルミジャーノ・レッジャーノ、チェダー、エダム、エメンタール、グリュイエール

えられ、古代ギリシャでは神からの授かりものと考えられ、嗜好品として広まっていった。時を経た今日では、「一村にひとつのチーズがある」といわれるほど各地でつくられ、その数、世界ではじつに1000種類を超えると想像される。

ナチュラルチーズ

牛乳や山羊乳などの乳に乳酸菌や凝乳酵素を加えて固めたもの、またはそれを熟成させたもの。

おもなナチュラルチーズ

・モッツァレッラ（イタリア）：以前は水牛乳からつくられていたが、現在では牛乳からつくられるものが多い。非熟成タイプなので、フレッシュでマイルドなクリーミーさがあり、甘味も感じる。熱をかけると、よく糸を引く。トマトとともにピッツァにも最適な素材。

・ロックフォール（フランス）：羊の乳からつくられ、青カビで熟成させたチーズ。世界三大ブルーのひとつ。ちなみにほかの2つはスチルトン（イギリス）、ゴルゴンゾーラ（イタリア）。舌を刺すようなピリッとした風味がある。塩分

■ 牛乳の加工品（図2-4）

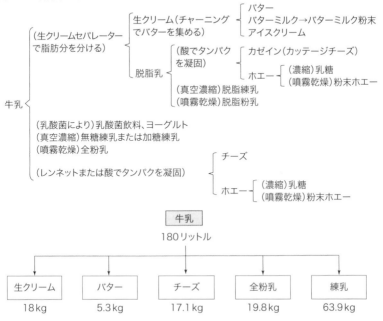

が強いので、生クリームや無塩バターと一緒に食するとよい。

・エメンタール（スイス）：重さ70kgもあるチーズ。マイルド、おだやかで芳醇な味わいがあり、ナッツのような甘味を感じる。大きな穴のあるチーズ。フォンデュに使われる。

・ゴーダ（オランダ）：日本でつくられるプロセスチーズの原料となっていたチーズ。口あたりがおだやか。チーズサンドイッチ、チーズトーストなどに最適。

・パルミジャーノ・レッジャーノ（イタリア）：2年以上熟成させたチーズ。厳重な検査を通って市場に出る。風味とこくのある味。砕いたりしてつまみにするほか、おろしてスパゲッティに、スライスしてカルパッチョに使う。

プロセスチーズ

20世紀のはじめ、スイス人の発明によって誕生した。ナチュラルチーズを加熱して液状に溶かし、乳化させてつくる。チーズのなかの菌の活動を止めることによって、長期保存が可能になった。

鶏卵

卵といえば鶏卵をさすほど、その生産も消費も多い。卵には、タンパク質、脂質、ミネラル及びビタミンCを除くすべてのビタミンが豊富に含まれている。このように栄養価が高いうえに消化吸収がよいことから、幼児から高齢者までに向く食品で、また料理法も幅広い。鶏卵のほかには、うずらの卵、烏骨鶏の卵などが知られている。

第7節 穀物

1. 穀物の特徴

大部分はイネ科の種子で、コメ、コムギ、オオムギ、タデ科のソバなどである。穀物はデンプンに富み、重要なエネルギー源である。タンパク質は10%前後、脂質は2%前後、無機質は1〜3%含まれている。

2. 穀物の分類

コメ

　コメは玄米として貯蔵され、糠層などを除いて多くは精白米（あるいは胚芽米）として利用されているが、大部分は粒食である。コメは丸みのある日本型（ジャポニカ）と細長いインド型（インディカ）に大別される。また、胚乳のデンプンの性質によって、うるち米ともち米に分類され、うるち米は飯用、もち米は粘りのある性質から餅やだんごに用いられる。近年、良品質米への嗜好が高まり、栽培しやすく食味のよいコシヒカリ、あきたこまちなどの作付け面積が増加している。古代米として赤米や黒米（紫黒米）など、玄米を使った米が商品としても流通するようになり、健康面からも注目されている。また、加工用米の生産が進み、米粉製品が増えている。米粉パンは小麦アレルギーを気にすることなく、学校給食で提供することができるため、各自治体も米粉製品の開発に取り組んでいる。

輸入米

　東南アジア、インドなどで栽培される。長粒種は「インディカ米」とも呼ばれ、炊飯すると独特の香りがある。粘りが少なくパラッとしているので炒飯に向いている。

コムギ

　広く栽培されているコムギには普通系のパンコムギ、パスタ用のデュラムコムギ、菓子用のクラブコムギなどがある。製粉して小麦粉として利用される。粉質の性状、グルテン（植物性タンパク質）の量によって硬質、中間質、軟質に分かれ、強力粉（硬質コムギ）、中力粉（中間質コムギ）、薄力粉（軟質コムギ）に大別される。

オオムギ

　オオムギは精白すると粒食に適するので、粗く砕いた挽き割りや、押し麦、切断麦にしてコメと混ぜて炊く。オオムギは、タンパク質、脂質の含量が多く、カルシウムや鉄、ビタミンB_1、ビタミンB_2も比較的豊富であり、精麦によって消化もよくなる。さらに、麦飯は米飯よりも粘りけが少ないため、とろろ汁によく調和し、麦とろとして親しまれている。

ソバ

　三角稜形で黒色の果皮に包まれているが、この種子を粗く挽いて外皮を除き、

製粉したものがそば粉である。これをこねてそばとする場合、そば粉だけでは粘弾性に乏しいので、小麦粉などをつなぎとして混合したものが主流となっている。

雑穀

おもにイネ科の穀類のなかでキビ、アワ、ヒエ、ハトムギなどを総称して雑穀と呼ばれている。ほかにアンデス原産のアマランサスやソバが含まれることもある。食物繊維やビタミン、ミネラルが豊富に含まれていることから、コメとともに使われることが多い穀類である。

第8節 酒・ドリンク類

1. 酒・ドリンクの特徴

酒類は、古代より祭りごとや祝いごとの席に欠かせない存在で、その成分も人の気持ちを高揚させる効果をもち、コミュニケーションの場を盛り上げてきた。土地の生産物により、発酵という微生物が引き起こすさまざまな化学反応のプロセスを経て、独自の酒を生み出してきた。

一方、生命の維持に欠かせない水を、人々はいろいろな方法で摂取してきた。砂漠のように水の少ない地域でも、果実または家畜の乳などから水分を補給するなどの工夫がなされてきた。また、止渇効果だけでなく、気分転換などの効果を求めて、茶の文化が生まれたり、さまざまな清涼飲料が生み出されている。ここではアルコール分の有無により、酒類とソフトドリンクに大別する。

2. 酒・ドリンクの分類

(1)ソフトドリンク

ソフトドリンクを大きく、嗜好飲料、炭酸飲料、果実野菜飲料、乳・乳飲料類、栄養ドリンク・健康飲料、水に分けて解説していく。

●嗜好飲料

コーヒー

　コーヒー豆を焙煎して粉状に挽き、湯（まれに水を使う場合もある）で抽出したもので、コーヒーのもつカフェインが大脳を刺激し、眠気を覚ます。また、コーヒーに加えた砂糖やミルクには疲れを癒す効果がある。地域によって淹れ方も飲み方も異なり、フランスのカフェ・オレ、イタリアのエスプレッソ、煮出して飲むトルココーヒーなどさまざまである。コーヒー豆は、熱帯から亜熱帯にかけての高地で生産されるが、その産地によって特徴ある風味をもつ。

ココア

　カカオ豆から脂肪分を取り除いたカカオパウダーを水や牛乳に溶いたもので、ほかの嗜好飲料に比べ、タンパク質、脂質、炭水化物の含量が多い。

茶

　茶は、どの言語においても「cha（チャ）」「thé（テ）」のどちらかで発音される事実からもわかるように、広くあまねく飲まれている飲料である。製法の違いにより、不発酵茶（緑茶）、全発酵茶（紅茶）、半発酵茶（烏龍茶）などに分類される。昨今、茶の効用が認められ、また砂糖を加えずに飲めることから、ヘルシー志向の高まりとともに量、種類ともに多くの茶系の飲料製品が開発されている。

・緑茶：茶の葉を発酵させず、葉緑素を残して緑色を保たせるように製造した茶の総称。生葉を蒸気で蒸して酸化酵素を不活性化させたのち、揉みながら乾燥を進め、最後に熱風で乾燥させたもので、玉露、ひき茶（抹茶）、煎茶、番茶、芽茶、粉茶などがある。このほか、ほうじて香ばしい香りを出したほうじ茶、蒸気で蒸す代わりに熱した釜で煎ってつくった中国式の釜煎り茶など、その種類は多い。

・紅茶：緑茶に対して浸出液の色が紅色であることから、この名がついている。欧米では製品の色から「ブラックティー」と呼ばれる。紅茶は緑茶とは反対に、茶葉を湿気の多い温かいところに置き、酸化酵素を十分に作用させて茶葉の緑色を褐色に変化させる。紅茶は産地別のほか、葉形の大小によってペコー、オレンジペコー、フラワーオレンジペコー、ブロークンオレンジペコー、ファニング、ダストの品質に分けられる。

・烏龍茶：緑茶と紅茶の中間に位置する半発酵茶。台湾及び中国・福建省の特産である。茶葉を日光にさらしてある程度発酵させたのち、釜で煎り、揉んで

乾燥させて仕上げる。

● 炭酸飲料

炭酸飲料は、コーラ、サイダー、ジンジャーエールのように炭酸ガスを含む発泡性飲料の総称である。コーラ炭酸飲料、透明炭酸飲料、果汁入り炭酸飲料、乳類入り炭酸飲料などがある。

● 果実野菜飲料

果実野菜飲料とは、果実や野菜を組成分とする材料を使った飲み物をさす。新鮮な果実や野菜を含む果実野菜飲料は、フレッシュでビタミン類や有機酸を多量に含み、疲労を回復させる効果とともに健康維持に有効である。天然果汁、果汁飲料、果肉入り飲料、果汁入り清涼飲料、果粒入り果実飲料、トマトジュース、野菜ジュース、果汁入り混合野菜飲料などがある。

● 乳・乳飲料類

乳の多くは牛乳をさすが、地域によっては馬、羊、山羊の乳を飲用に供するところがある。乳を使った飲料に乳飲料、発酵乳（ヨーグルト）、乳酸菌飲料、乳性飲料などがある。

● 栄養ドリンク・健康飲料

高まる健康志向を反映して種々の栄養ドリンク、健康飲料が店頭に並んでいるが、スポーツドリンク、栄養ドリンクにはじまり、ビタミンやカルシウム、鉄などを補給する目的のもの、食事代わりになるように栄養バランスのとれたものまで幅広く、従来の水分補給とは異なる役割を担うものとなっている。

● 水

ミネラルウォーターは、適度なミネラル分を含む水をさす。ミネラル分のおもなものは、カルシウム、マグネシウム、ナトリウム、カリウムなど地中の鉱物由来のもので、雨や雪が地下へ浸透、滞留する際に岩盤から水に溶け込む。最近では、水道の蛇口につける濾過装置、アルカリイオン水生成器やミネラルウォーター生成器などの器具も多く出まわり、水への関心が高まっている。

（2）酒類

　製造手法から大別すると、醸造酒、蒸留酒、混成酒の3つに分類でき、また酒税法上の関係から見ると一部の蒸留酒はスピリッツとしても捉えられる（表2-2）。

●醸造酒

　果実類や穀類を発酵させてつくるもので、果実原料のワイン、穀物原料のビール、日本酒などがある。

ワイン

　一般にはブドウの果汁に酵母を加えて発酵させてつくるものだが、広義においてはリンゴやナシ、イチゴなどでつくるものも含まれる。もともとブドウは酒精分を多く含んでいるため、古くより自然発酵の形でワインがつくられていたといわれ、紀元前5000年ごろの記録としてメソポタミア地方で発掘された粘土板にきざまれたギルガメッシュ物語という叙事詩にワインのことが書かれている。色では赤、白、ロゼに分類され、赤は黒ブドウ、白は白ブドウ、ロゼは黒白2種類のブドウの混合か、あるいは黒ブドウを発酵させる途中で果皮を除く方法、または白ワインに赤ワインの果皮を浸すなどの手法でつくられる。フランスワインの産地としては、ボルドー、ブルゴーニュ、コート・デュ・ローヌ、ロワール、アルザス、コート・ド・プロヴァンスなどがある。イタリアの進出もめざましく、ドイツの白ワインも名高い。また、アメリカや南米、オーストラリアなど、そのほかの大陸産や日本の勝沼産なども年々評価を高めつつある。

シャンパン

　発泡性ワイン（スパークリングワイン）の一種。フランスのシャンパーニュ地方でつくられるものに限り、その名で呼ぶことになっている。つくり方は、一度発酵させた白ワインに糖分と酵母を加えてビン詰めし、なかで二次発酵を起こさせる。そして熟成させたのち、特殊なリキュールを加える。このリキュールの度合いにより、エクストラ・ブリュット（特別辛口）、ブリュット（極辛口）、セック（辛口）、ドゥー（甘口）といった段階に分けられる。シャンパン以外の発泡性ワインは、フランスのみならず、世界各国でつくられている（フランス：ヴァン・ムスー、イタリア：スプマンテ、スペイン：エスプモーソ）。なお、

■ 酒の種類(表2-2)

分類	種類	定義
発泡性酒類	ビール	麦芽、ホップ、水を原料として発酵させたもの。 麦芽、ホップ、水及び麦その他政令で定める物品を原料として発酵させたもの。
	発泡酒	麦芽又は麦を原料の一部とした酒類で発泡性を有するもの。
	その他の発泡酒類	アルコール分が10度未満で発泡性を有するもの。
醸造酒類	清酒	米、米麹及び水を原料として発酵させてこしたもの。 米、米麹、水及び清酒かすその他政令で定める物品を原料として発酵させてこしたもの。
	果実酒	果実を原料として発酵させたもの。 果実に糖類を加えて発酵させたもの。
	その他の醸造酒	穀類、糖類等を原料として発酵させたもの。
蒸留酒類	連続式蒸留焼酎	アルコール含有物を連続式蒸留機により蒸留したもの。
	単式蒸留焼酎	アルコール含有物を連続式蒸留機以外の蒸留機により蒸留したもの。
	ウイスキー	発芽させた穀類及び水を原料として糖化させたアルコール含有物を蒸留したもの。
	ブランデー	果実もしくは果実及び水を原料として糖化させたアルコール含有物を蒸留したもの。
	原料用アルコール	アルコール含有物を蒸留したもの(アルコール分45度超)。
	スピリッツ	上記のいずれにも該当しない酒類でエキス分が2度未満のもの。
混成酒類	合成清酒	アルコール、焼酎または清酒とブドウ糖その他政令で定める物品を原料とした酒類で、性状が清酒に類似するもの。
	みりん	米、米麹に焼酎又はアルコールを加えてこしたもの。
	甘味果実酒	果実酒に糖類又はブランデー等を混和したもの。
	リキュール	酒類と糖類等を原料とした酒類でエキス分が2度以上のもの。
	粉末酒	溶解してアルコール分1度以上の飲料とすることができる粉末。
	雑酒	上記のいずれにも該当しない酒類。

資料)国税庁ホームページ(https://www.nta.go.jp)をもとに作成

スペインでも瓶内二次発酵方式の発泡性ワインがカタルーニャ地方を中心につくられており、カバと呼ばれている。

ビール

　古代メソポタミア地方でシュメール人たちによって農耕が行われ、人々は収穫したムギを粉にし、水を加えて粥状にして食していたが、それが自然発酵し

てできたのがビールといわれている。もっとも古い記録としては、紀元前3000年ごろ、栽培したムギから麦芽をつくり、それを使った麦芽パンを原料としてビールがつくられたとされる。また、同じころに古代エジプトでも同様にしてビールがつくられ、ピラミッドづくりの代価の代わりを果たしていた。その後、ホップが使われはじめる一方、エジプトでは容器を密閉して、発生した炭酸ガスを閉じ込めたものがつくられたという。本格的なビールは、12世紀ころのドイツにはじまりを待つ。ビールの本場はドイツといわれる所以である。現在日本では、発泡酒や第3のビールといわれる大豆などを原料とした発泡性酒類、ノンアルコールビールが増えている。

日本酒

　712年に編纂された『古事記』によると、コメを使った酒づくりは紀元390年ごろ応神天皇の時代に中国から朝鮮半島の百済を経て伝わったとされている。つくり方については、まず、コメを蒸して麹をつくる。そして、これをさらに蒸したコメにふりかけ、菌を増殖させる。次いで蒸しゴメと麹に水を加えて酛（もと）というものをつくるが、この酵母の培養が進むともろみができる。もろみは容器のなかで発酵と糖化が進み、次第に酒になっていく。次いでこれを圧搾して滓（かす）を取り除く。こうしてつくられたのが、生酒や新酒と呼ばれるもので、搾り滓の残っているものがにごり酒である。なお、このままでも飲まれているが、一般には火入れと称して一度加熱し、樽に貯蔵して熟成させてからビンや樽に詰められ、出荷される。

● 蒸留酒

　発酵によってできた酒をさらに蒸留してつくるアルコール度数の高い酒である。果実原料のブランデー、穀物原料のウイスキー、ジン、焼酎などがある。

ウイスキー

　オオムギの麦芽を主原料としているが、そのほかにコムギ、ライムギ、トウモロコシなどでもつくられている。起源については、スコットランドともアイルランドともいわれているが定かではない。ちなみに前者はスコッチ、後者はアイリッシュと呼ばれている。スコッチは、ピートと呼ばれる泥炭で燻（いぶ）して、スモーキーフレーバーをつけたオオムギの麦芽を原料としている。アイリッシュはピートで燻すことはせず、したがってスモーキーフレーバーはない。このほかに、バーボンと呼ばれる、トウモロコシを主原料とするアメリカ産のウ

イスキーがある。バーボンは西部開拓時代につくられたものだが、今は広く世界にファンをもつまでに成長した。

ブランデー

　果実からつくった酒を蒸留して製造した酒類の総称である。一般的にはブドウを原料とするものを単にブランデーといい、それ以外の果実をもとにしてつくるものをフルーツブランデーとして区別している。つくり方は、まず白ワインを蒸留して蒸留液を得る。次にこれを樫（かし）の樽に詰めて5〜10年、長いもので50年以上も熟成させる。そして、この原酒をほかの原酒と混合して、種々の特徴をもつブランデーをつくる。品質基準については、熟成させる期間によって表示が変わってくる。たとえば若い順に三つ星、VO、VSO、VSOP、XO、そしてもっとも熟成期間の長いもの、すなわち最上級品にはEXTRAやNAPOLEONといった名がつく。VはVery、OはOld、SはSuperior、PはPaleの略。なお、Pale（青い）は、時を重ねて色が青みをおびて落ち着いたという意味である。そして、XはExtra。ブランデーの起源は12〜13世紀ごろとされているが、本格的に手がけられるようになったのは、16世紀になってからといわれている。日本には、幕末にオランダ人によって伝えられたが、本格化するのは第二次世界大戦以降のことである。

コニャックとアルマニャック

　世界を代表するブランデーの産地、フランスのコニャック地方とアルマニャック地方でつくられたもの。格付けに関しては、それぞれブドウの品種、蒸留法、熟成表示など、きちんと規格が定められている。

カルヴァドス

　フランス北西部のノルマンディー地方の素晴らしいリンゴを使ってつくられるブランデーである。リンゴからつくられる酒にシードルがあり、このシードルを蒸留して樽に詰め、熟成させたものがカルヴァドスである。コニャックやアルマニャックと同様、熟成の度合いによって格付けがなされている。

キルシュヴァッサー

　ドイツ語でキルシュはサクランボ、ヴァッサーは水のことで、キルシュヴァッサーはサクランボでつくったブランデーを意味する。同じものをフランスでは単にキルシュといったり、オー・ド・ヴィ・ド・キルシュ（命の水）と呼んでいる。つくり方は、サクランボの実を桶のなかで発酵させたのち、蒸留する。通常はアルコール度数40度ほどで、食前酒（アペリティフ）のほか、製菓用

としても多用されている。

焼酎

　コメやムギ、サツマイモ、ソバなどのデンプン質、あるいは黒糖などの糖質を原料としてアルコール発酵させ、これを蒸留してつくる酒である。醸造酒と違って不純物が取り除かれており、身体によいとのことで近年需要が伸びている。酒税法では、連続式蒸留によって得られるアルコール分36度未満のものを連続式蒸留焼酎、単式蒸留で得られるアルコール分45度以下のものを単式蒸留焼酎と分類している。ホワイトリカーなどの連続式蒸留焼酎は、梅酒をはじめ果実酒として使われ、単式蒸留焼酎には芋焼酎、そば焼酎、沖縄の泡盛などが含まれる。

　アルコール度数の高い蒸留酒をスピリッツとも呼んでいるが、以下に、日本の酒税法上では別扱いにされているウイスキーやブランデー、焼酎を除いたものを取り上げる。ちなみにジン、ウォツカ、ラム、テキーラは4大スピリッツと認識されている。

ジン

　トウモロコシやオオムギ、ライムギなど穀物を原料とした蒸留酒に、利尿効果があるジュニパーベリー（Juniper Berry／杜松の実）で香りをつけたもの。オランダに起源があるともいわれ、はじめはジュニエーブル（Genievre）の名で利尿や解熱用を目的として薬局で売られていたが、やがて海を渡ってイギリスに伝わり、ジンと呼ばれるようになった。辛口のものはとくにドライジンと称されており、今やこれが主流となっている。

ウォツカ

　ロシアを代表する蒸留酒。アルコール分は50度前後と高い。古くから農民たちの間で、ライムギや蜂蜜などを原料につくられてきたといわれている。今日では、ジャガイモやトウモロコシも使われている。

ラム

　サトウキビや糖蜜を原料につくる蒸留酒。16世紀初頭にはスペインの探検家によって西インド諸島のプエルトリコで、17世紀はじめにはカリブ諸島のひとつバルバドス島に移り住んだイギリス人によってサトウキビによる蒸留酒づくりが行われたといわれている。風味の点からは一番重いヘビーラム、軽いライトラム、中間のミディアムラムに分けられている。また、色別で濃い順に

ダーク、ゴールド、ホワイトに分けられ、香味もその順で濃厚、中間、ライトに仕立てられている。

テキーラ

メキシコの蒸留酒で、アガベ（Agave）と呼ばれる竜舌蘭の株を原料につくる。株を割って蒸留釜に入れて熱すると、デンプン質が糖類に変化し、甘い液を得る。これを発酵させたのちに蒸留するとテキーラの原酒ができる。これをオーク材の樽に詰めて2〜3週間熟成、アルコール度数を調整して製品化する。

● 混成酒

醸造酒原料のヴェルモット類と蒸留酒原料のリキュールがある。

醸造酒原料のものはベースのワインに薬草や果実などの香味成分を加えてつくられる酒である。たとえば、ニガヨモギなど数十種類の薬草を配合してつくられるヴェルモット、オレンジやレモンの果汁などを加えてつくるサングリアや、キナ皮をブレンドしてつくられるデュボネなどがある。

一般にリキュールとは、ベースとなるスピリッツ（蒸留酒）に薬草、果実、花などの香味成分と、糖類、色素などを加えてつくられる酒である。配合される香味成分の種類によって、薬草・香草系（ハーブ・スパイス系）、果実系（フルーツ系）、種子系（ビーンズ・ナッツ・カーネル系)、その他（クリーム系など）の4つに分類される。

その一例として、16世紀はじめにフランス・ノルマンディーのベネディクト派修道院で生まれたベネティクティン（27種類の薬草・香草類を使用）、18世紀後半にフランス・グルノーブルのシャルトリューズ修道院で生まれたシャルトリューズ（130種類の薬草・香草類を配合）があり、イタリア・ミラノ産のカンパリなども薬草・香草系のリキュールである。オレンジの果皮を香味成分の主原料とするホワイトキュラソーの名品コアントローや、オレンジキュラソーの逸品グラン・マルニエ、カシス（黒すぐり）風味のクレーム・ド・カシスは、果実系リキュールの代表。これに対し、種子系リキュールでは、アンズの核を香味成分の主原料とし、アーモンドをしのばせる香りをもったイタリア産のアマレットの元祖ディサローノ・アマレット、クリーム系リキュールではオランダ原産のエッグ・ブランデーなどがある。

第9節 調味料・香辛料

(1)調味料

　調味料は食品にほどよく味をつけ、嗜好性を高めたり、風味を引き立てたり、食感を変化させるなどのはたらきをする。また、食欲を増し、消化液の分泌を促して食べ物の消化吸収を助ける。

砂糖
　現在、家庭で使用されている砂糖の半分以上が上白糖である。グラニュー糖は、結晶が上白糖より大きく、クセのない淡白な甘さをもつ。角砂糖はグラニュー糖を固めたもの。

塩
　日本では、岩塩や塩湖などがないため、海水を資源として塩はつくられる。そのほか、輸入した天日塩から食卓塩や精製塩などがつくられている。

醤油
　「むらさき」「おしたじ」とも呼ぶ。醤油には、濃口、淡（薄）口、たまり醤油、再仕込み醤油、白醤油がある。

食酢
　原料別には、穀物酢、米酢、醸造酢に大別される。米酢はコメだけを原料とした酢で、穀物酢はコメやそのほかの穀物をブレンドしてつくったもの。醸造酢には、ブドウやリンゴなどからつくる果実酢などがある。

味噌
　原料別には、麦味噌、米味噌、豆味噌に分けられる。信州味噌、仙台味噌など地域によっても、その原料や味わいが異なる。

ソース類
　日本では、ウスターソースをソースと呼んでいる。JAS規格では、粘度によってウスターソース、中濃、濃厚ソースに分けられている。

トマト加工品
　トマトの加工品には、トマトジュース、トマトピュレ、トマトペースト、トマトケチャップ、トマトソースなどがある。

ドレッシング

狭義では、油と食酢を混ぜ合わせてつくったソース・ヴィネグレットをさすが、広義ではマヨネーズなども含まれる。

油類

大豆油、ゴマ油、オリーブオイル、コーン油、キャノーラ油などの植物性油と、バターやラードなどの動物性油がある。

うま味調味料

グルタミン酸ナトリウム、イノシン酸ナトリウム、グアニル酸ナトリウムなどの旨味成分を主成分とする調味料。

輸入されているおもな調味料

・オイスターソース：カキを塩漬けにし、発酵させ、上澄みをとったもの。炒め物などに少量加えるだけで風味がよくなる。

・XO醤：干し貝柱、干しエビに赤トウガラシ、ニンニクを加えて煮つめたもの。そのままたれとしても使える。

・豆板醤〔トウバンジャン〕：蒸したそらまめを発酵させ、赤トウガラシ、小麦粉などを加えて熟成させたもの。

・甜麺醤〔テンメンジャン〕：小麦粉でつくる甘味噌のこと。北京ダックなどで使われ、こくのあるまろやかな甘味が特徴。

・芝麻醤〔チーマージャン〕：白ゴマをすりつぶしてつくる練りゴマ。蒸し鶏のたれに使われる。

・ナムプラー：タイ料理には欠かせない調味料。魚醤油のこと。魚を塩漬けにして発酵させて得た上澄み液。ベトナムの「ニョクマム」、日本の「しょっつる」も魚醤油で、独得のにおいがある。英訳は「フィッシュソース」。

・バルサミコ酢：イタリアのエミリア・ロマーニャ州のモデナとレッジョエミリアを中心とする地域で、古くから生産されている酢の一種である。褐色のシロップ状で、まろやかな甘味をもつ。酸味はおだやか。煮つめたブドウ液が主材料で、これにワインビネガーを加えて酢酸発酵させ、長期間熟成させてつくる。発酵と熟成は木製の樽で行い、異なる材質の樽に移し替えることで、酢に複雑な味わいと香りが加わっていく。オードブル、メインディッシュの仕上げ、ソースなどに利用される。

（2）香辛料

　香辛料は、材料の臭みを消したり芳香を付加したりすると同時に、味にアクセントと彩りを添える。使用することで風味がよくなり、食欲が増進し、消化吸収が高まる。食の多様化にともない、さまざまなスパイスやハーブが供給されるようになり、フレッシュなものが容易に手に入る。生のまま、または乾燥品、乾燥粉末、フリーズドライ、油溶品として用いる。調理における香辛料の基本的作用を表2-3に示した。

エストラゴン

　キク科ヨモギ属の香草。さわやかな甘い香りをもつ。ソース、オムレツ、ゼリー寄せなどに用いる。葉を乾燥させたもののほか、酢漬けにしたものもある。

オレガノ

　強い香りと適度な苦味が特徴である。イタリア料理によく用いる。トマト、チーズと相性がよく、ピッツァ、パスタのソースに加える。

ガラムマサラ

　インド料理に用いるミックススパイス。ブラックペパー、クローブ、クミン、シナモン、カルダモン、ナツメッグ、コリアンダーなどを合わせたもの。

クローブ

　日本名は丁字。形状は針に似ている。強い香りと少し刺すような風味が特徴。タマネギに刺して使うほか、ハム料理に用いる。

コリアンダー

　実を乾燥させて用いる。かすかな甘さと渋さを併せもっている。カレー粉、ピクルス、菓子、クッキー、パンなどに用いる。中国名は香菜。

サフラン

　クロッカスの一種の花のめしべを乾燥させたもの。高価なスパイスのひとつ。独特の香りとほのかな苦味があり、料理を黄色に着色する効果がある。ブイヤベース（フランス料理）、パエリア（スペイン料理）には欠かせない。

セージ

　イタリア料理でよく使われる。清涼感のある強い香りと渋み、苦味がある。肉のローストや煮込み、ソーセージの製造に用いる。臭み消しのはたらきがあるが、入れすぎるとほかの風味まで消すので注意を必要とする。

■ 調理における香辛料の基本的作用（表2-3）

	基本的な作用	香辛料名
矯臭作用（臭み消し）	肉や魚の臭みを消したりマスキングする効果。	ガーリック、ジンジャー、ベイリーフ、タイム、オニオン、セージ、オレガノ、キャラウェイ、ローズマリー
賦香作用（香りづけ）	肉料理の素材に合わせて香りをつける効果（少なくとも3種以上をブレンドする）。	オールスパイス、アニス、バジル、セロリ、キャラウェイ、カルダモン、クローブ、ミント、シナモン、コリアンダー、ディル、ナツメッグ、メース、セージ、フェンネル、パセリ、クミン、八角、バニラ
食欲増進作用（辛味づけ）	ほとんどのスパイスには辛味、ほろ苦さとかなりの呈味性があり、この辛味には唾液促進作用があり、その芳香とともに食欲を増進させる効果がある。	ブラックペパー、ホワイトペパー、レッドペパー、ジンジャー、マスタード、ガーリック、オニオン、わさび、山椒
着色作用（色づけ）	実際には色づけを目的として使われていたわけではないが、永年の間に、その料理の色づけの特徴となっている。	ターメリック（黄色）、マスタード（黄色）、パプリカ（赤橙色）、サフラン（黄色）、カレー粉（黄色）

第10節 加工食品

1. 加工食品の特徴

　加工食品は本来、生鮮食品の保存性及び流通性を高めるためのものである。素材そのものを塩蔵、砂糖漬け、乾燥させただけの素材加工品から、発酵などの過程を経て複雑な自然の風味が出た発酵食品、調理の手間を省く目的で開発された調理済み加工食品まで幅広くあり、現代の食生活に欠かせない存在である。現代では、さらに付加価値を高め、嗜好性を向上するための技術開発が進んでいる。ここではおもなものとして冷凍食品、レトルト食品、缶詰・ビン詰を紹介する。最近では、無菌充填包装、膜利用、含気調理など種々の新しい技術開発が進んでいる。

2. 加工食品の分類

●冷凍食品

　食品の味、風味、食感をそのまま保存するという目的で、冷凍食品が生まれた。身近なところでは「ホームフリージング」。家庭でも食材をたくさん買ったとき、料理を多めにつくったときに冷凍庫で食品を冷凍することがあるだろう。日本冷凍食品協会では「・前処理済みのもの・急速冷凍されたもの・包装された規格品・マイナス18℃以下で流通されるもの」と冷凍食品の自主基準を設けている。

●レトルト食品

　レトルト食品とは、アルミ箔やPETを主体とした袋に調理済み食品を包装し、加圧加熱殺菌したもので、常温で保存がきき、軽量でかさばらないことが特徴である。また、短時間の加熱で簡便に食することができるので、今ではコンビニエンスフードとして食生活に大きく寄与している。種類としては、カレー類、シチュー類、ハンバーグ類、ソース類などがある。

●缶詰・ビン詰

　缶詰・ビン詰は、食品を缶やビンに詰めて密封して加熱殺菌したもので、保存性が高く、常温で長期保存できるのが特徴である。水煮、シロップ漬け（果実など）、ソース、シチューなど調理済み食品の缶詰・ビン詰がある。

●インスタント食品

　インスタント食品とは、加温、加熱、冷却などの処理をするだけで、または熱湯を加えたり牛乳を注ぐだけで食べられるものをいう。日本では古くより、干し飯や焼米などがあり、明治以降には即席カレー、くず湯、懐中しるこなどが売り出されていた。インスタント食品が一般化したのは、昭和30年代になってインスタントコーヒーや即席ラーメンが人気を得てからである。インスタント食品が発達した背景には、食品加工技術の発達や食生活の多様化、電化製品の普及、女性の社会進出などの社会的要因があった。

デンプンを糊化した食品：デンプン性食品を糊化したもの。油で揚げるか、80℃以上の蒸気で加熱してデンプンを糊化し、乾燥させた食品で、湯で復元

する。インスタントラーメン、即席ご飯などがある。

粉末食品・凍結乾燥食品：液状食品を粉末化した食品。インスタントティー、インスタントコーヒー、インスタントミルク、インスタント味噌汁などがある。また、野菜などを凍結乾燥した食品には、インスタントマッシュポテトや各種の乾燥野菜がある。いずれも長期間の保存が可能。水または湯で復元して賞味する。

調理済み冷凍食品：工場で加工調理し、冷凍した半調理品（フライなど）と調理済み品（焼き飯、ピラフ、ピザ、ハンバーグ、シチュー、スープ類、シューマイ、ケーキなど）がある。

〈参考文献〉
1）現代フランス語事典　白水社
2）ラルース料理百科事典　三洋出版貿易
3）オールフォト食材図鑑　全国調理師養成施設協会
4）魚の科学　鴻巣章二監修　1994年　朝倉書店
5）外食用語辞典　日経レストラン編　1994年　日経BP社
6）食材図典　小学館
7）新調理師養成教育全書 食品と栄養の特性　全国調理師養成施設協会
8）新ダイエティシャン・コーディネート第6巻　食材とTQC　1989年　国際情報社

第**3**章
調理方法と調理機器

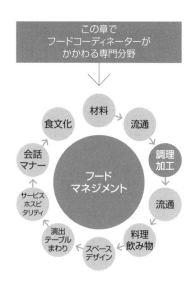

第1節 概説

　フードビジネスが大きな産業として発展していくなか、フードコーディネーターもまた食を巡るあらゆる分野での活躍が期待されている。しかし、業界が拡大するスピードが速まれば速まるほど、調理そのものをあまり理解していないフードコーディネーターが出現するに至っているのもまた事実である。

　本協会が育成しようとしているフードコーディネーター像には、調理の基礎を理解しているということがしっかりとある。なぜなら、将来、第一線の料理人と打合せをしなければならないかもしれないからだ。また、店舗開発をするにしても、メニュープランニングをするにしても、どんな場面でも調理の基礎を知っていることは、非常に重要なことである。

　調理そのものは奥が深く、一生を通しての勉強となるであろう。本章で学ぶことは、調理器具から調理の下ごしらえまで、ベーシックな知識のみである。フードコーディネーターとしての心得として、「はじめの第一歩」であると本章を捉えていただきたい。

第2節 調理器具

1. 調理器具の基本的知識

(1) 包丁

　包丁には両刃と片刃とがある。両刃では切る際に両側に押し分ける力がはたらくので、組織がしっかりしたジャガイモなどの野菜を切るときには、両刃のほうが切りやすい。一方、刺身のようにやわらかいものを端から切っていく場合は、残った部分に圧力が加わらない片刃のほうがよい。

　薄刃包丁には例外的に両刃のものもあるが、和包丁はほとんどが片刃包丁である。洋包丁では「骨すき」「鶏さばき」と呼ばれるものは片刃だが、ほかは両刃がほとんどである。

■包丁の種類（図3-1）

[おもな和包丁]

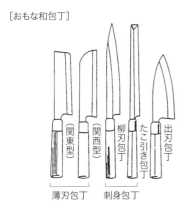

（関東型）（関西型）

薄刃包丁

柳刃包丁　たこ引き包丁　出刃包丁

刺身包丁

[おもな洋包丁]

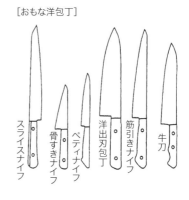

スライスナイフ　骨すきナイフ　ペティナイフ　洋出刃包丁　筋引きナイフ　牛刀

[中華包丁]

ダオ
刀

資料）『調理師教科全書』（全国調理師養成施設協会編）をもとに作成

(2)鍋

鍋の熱効率は、丸底よりも平底のほうがよい。しかし、それは材質や仕様によって異なる。調理材料をあおり返しする鍋には、ふちが丸みをもつフライパンなどがある。ゆで鍋にはアルミ鍋、ホットケーキなどの洋風のものには熱の伝わりが早くてしかも均等な銅鍋がある。

(3)日本料理の調理器具

日本料理で用いる器具や道具は、ほかの国の料理に比べて多い。調理器具の良し悪しは仕事の能率に関係するばかりでなく、料理のできばえにも大きく影響する。

■日本料理に用いるおもな器具（図3-2）

雪平鍋　両手鍋　玉杓子　セイロ　すりこぎ　すり鉢　蒸し器　おろし金　揚げ鍋　飯台　目ざる　盆ざる（角）　盆ざる（丸）

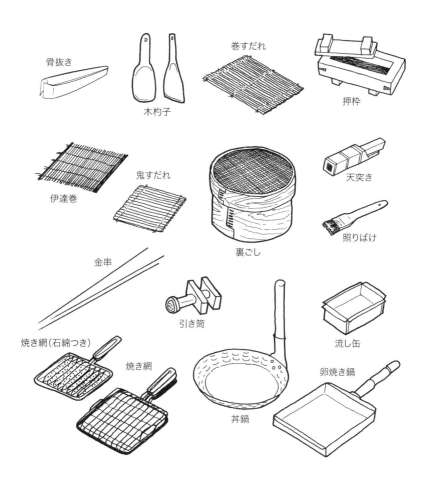

骨抜き

木杓子

巻すだれ

押枠

伊達巻

鬼すだれ

裏ごし

天突き

照りばけ

金串

引き筒

流し缶

焼き網（石綿つき）

焼き網

丼鍋

卵焼き鍋

（4）西洋料理（フランス料理）の調理器具

■ 西洋料理に用いるおもな器具（図3-3）

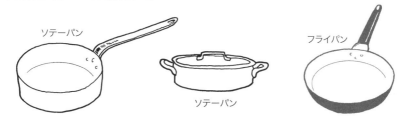

ソテーパン

ソテーパン

フライパン

ポアソニエール

ソースパン

パソワール

シノワ

チーズ切り

スケッパー

ゴムベラ

パイ車

フライバスケット

麺棒

チーズおろし器

(5)中国料理の調理器具

中国料理は料理法の種類が多く複雑なわりに、その器具の種類は少ない。

■中国料理に用いるおもな器具（図3-4）

鐵鏟 ティエチャア

鐵勺 ティエシャオ

炸鏈 チャーリェヌ

鍋子 グォツ

蒸籠 チョンロン

北京鍋

竹刷子（ササラ）デュゥシュア ズ

菜刀 ツァイダオ

菜墩子 ツァイドゥヌズ

資料)『調理師教科全書』（全国調理師養成施設協会編）をもとに作成

第3節 調理の基本

1. 肉・魚・野菜の下ごしらえの基礎知識

(1)材料の選び方

①どのような目的で、どのような対象に、どのような方法でつくるかを考える。
　それに応じて仕込みをすれば無駄がない。
②季節の食材を利用する。「旬」の食材ならば、出まわりの最盛期であるから
　味も最高によく、料理に大切な季節感を出せる。
③新鮮な食品を選ぶ。

(2)下ごしらえ

　調理における食材の下ごしらえは、最終的にその料理のできばえに大きく影
響する。下ごしらえの段階で切り方が悪いと、どんなに上手に煮ても焼いても
料理としてのできばえは思わしくなく、盛付けもうまくできない。
　食材を切った形は美しく芸術的でなければならないが、加熱やそのほかの操
作により、形をくずすおそれがあるので注意したい。先や端のとがった食材な
どはとくに注意が必要である。

【魚のおろし方】

基本的な魚の下準備を説明しよう。

■ 魚のおろし方・手順（図3-5）

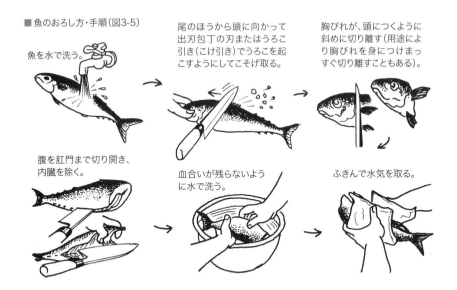

魚を水で洗う。

尾のほうから頭に向かって出刃包丁の刃またはうろこ引き（こけ引き）でうろこを起こすようにしてこそげ取る。

胸びれが、頭につくように斜めに切り離す（用途により胸びれを身につけまっすぐ切り離すこともある）。

腹を肛門まで切り開き、内臓を除く。

血合いが残らないように水で洗う。

ふきんで水気を取る。

魚のおろし方は、魚種によって、また料理によっても異なる。

■ 魚のおろし方・種類（図3-6）

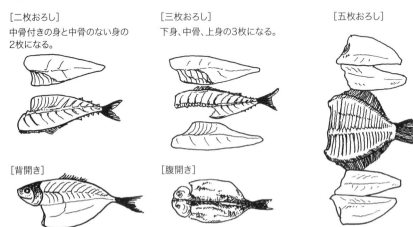

［二枚おろし］
中骨付きの身と中骨のない身の2枚になる。

［三枚おろし］
下身、中骨、上身の3枚になる。

［五枚おろし］

［背開き］

［腹開き］

【鶏のおろし方】

■ 鶏のおろし方・手順（図3-7）

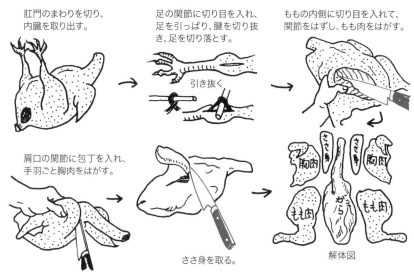

肛門のまわりを切り、内臓を取り出す。

足の関節に切り目を入れ、足を引っぱり、腱を切り抜き、足を切り落とす。

引き抜く

ももの内側に切り目を入れて、関節をはずし、もも肉をはがす。

肩口の関節に包丁を入れ、手羽ごと胸肉をはがす。

（ささ身は胴体のほうに付いている）

ささ身を取る。

ささ身　胸肉　胸肉　ささ身

もも肉　がら　もも肉

解体図

資料）『調理師教科全書』（全国調理師養成施設協会編）をもとに作成

【野菜の切り方】

■ 基本的な切り方──日本料理の場合(図3-8)

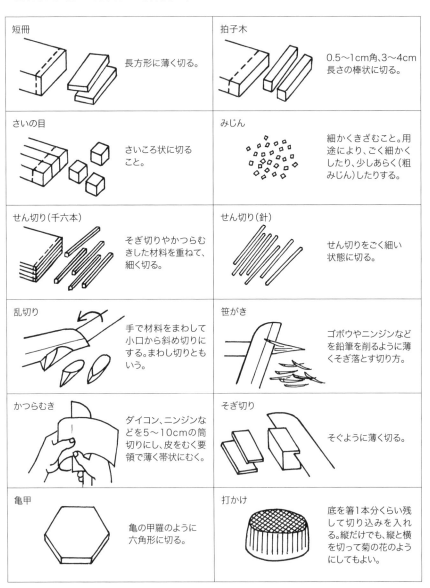

短冊 長方形に薄く切る。	**拍子木** 0.5〜1cm角、3〜4cm長さの棒状に切る。
さいの目 さいころ状に切ること。	**みじん** 細かくきざむこと。用途により、ごく細かくしたり、少しあらく(粗みじん)したりする。
せん切り(千六本) そぎ切りやかつらむきした材料を重ねて、細く切る。	**せん切り(針)** せん切りをごく細い状態に切る。
乱切り 手で材料をまわして小口から斜め切りにする。まわし切りともいう。	**笹がき** ゴボウやニンジンなどを鉛筆を削るように薄くそぎ落とす切り方。
かつらむき ダイコン、ニンジンなどを5〜10cmの筒切りにし、皮をむく要領で薄く帯状にむく。	**そぎ切り** そぐように薄く切る。
亀甲 亀の甲羅のように六角形に切る。	**打かけ** 底を箸1本分くらい残して切り込みを入れる。縦だけでも、縦と横を切って菊の花のようにしてもよい。

輪切り 切り口が円形のものを小口から一定の厚さで切る。料理によって薄くまたは厚く切る。	**小口切り** 端から順に切る切り方。用途によって厚さを調節する。
斜め切り ネギ、ニンジン、ゴボウなどを形を揃えて斜めに切る。	**半月** 円筒形の材料を縦に半分に切ってから、小口切りにする。輪切りを半分に切ってもよい。
銀杏（いちょう） 円筒形の材料を縦4等分に切って、小口切りにする。いちょうの葉に似ている。	**櫛形** 球形の材料を櫛（くし）の形になるように均等に切る。
地紙 地紙（扇などに張る紙）のような形に切る。慶事に用いることが多い。	**色紙** 和歌などを書く色紙のように正方形に薄く切る。

■ 基本的な切り方——日本料理の場合・飾り切り（図3-9）

よりうど ①ウドをかつらむきして、1cm幅で斜めに切る。　②水に放す。	**花形切り** ①正五角形に切って、切り込みを入れる。 ②五弁の花のように形づくる。
ねじ梅 花形切りの表面に切り込みを入れ、花びらを立体的に見せる。	**折れ松葉** 柚子の皮などでつくり、椀や煮物などに天盛りして香りを添える。
たづな切り 	**末広切り** タケノコの先　　　ニンジン
茶せんなす ①ナスに切り込みを入れる。　②ねじる。 	**花れんこん**
矢羽根れんこん 	**いかり防風** 針で先を裂く。 おもに造りのあしらいに用いる。

■西洋料理（フランス料理）の切り方（図3-10）

①ロンデル（rondelle）／輪切り	②デ（dé）／1cm角のさいの目
③ブリュノワーズ（brunoise）／小さいさいの目	④アッシェ（haché）／みじん切り
⑤ポン・ヌフ（pont-neuf）／拍子木切り	⑥アリュメット（allumette）／マッチ棒状の細切り
⑦ジュリエンヌ（julienne）／せん切り	⑧リュバン（ruban）／かつらむきに相当するむき方
⑨シャトー（château）／5〜6cm位の主に俵型に面取りする	⑩コルネ（cornet）／角笛形
⑪ペイザンヌ（paysanne）／色紙切り	⑫エマンセ（émincé）／薄切り

2. 日本料理の調理の基本

（1）だしの取り方

　だしは、汁物、煮物、麺類などにより、材料も取り方も違う。それぞれの料理に合わせただしを取るよう心がけたい。だしは取ってから時間をおくと風味が悪くなるので、料理をはじめるときに取るようにすることが大切である。

一番だし

　最初に取っただしのこと。一般にカツオ節の削り節とコンブを合わせて引いただしについていう。おもに吸い物に用いる。

■ カツオ節とコンブのだしのつくり方（下図）

　材料（できあがり約1リットル）

　　①水……………1.1リットル

　　②だしコンブ……15cm角程度1枚

　　③カツオ節………30g

■一番だし手順（図3-11）

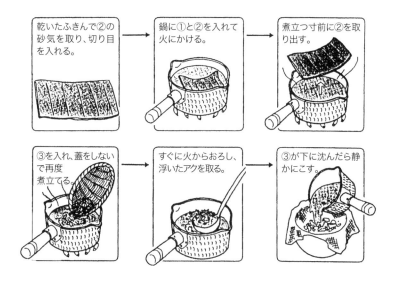

二番だし

　一番だしを取っただしがらを再び煮出して取っただしのこと。一番だしに比べて香りや味は劣るが、煮物や材料の下煮用に用いる。煮物だしともいう。

煮干しだし

　煮干しで取っただしのこと。味が濃厚なため、味噌汁、煮込み物、麺類などに用いる。水から加熱して旨味を出す方法（煮出し）と、煮干しを水につけるだけの方法（水出し）がある。

鶏がらだし

　鶏がらで取った濃厚なだし。鍋物や汁物などに用いる。

精進だし

　植物性の材料から取っただし。おもに精進料理に用いる。コンブ、干しシイタケ、カンピョウなど乾物を使う。

(2)料理の内容

●汁物

　汁物は、材料の旨味成分を抽出した汁を主体にしたもので、食欲増進の作用がある。日本料理のなかでは、とくに季節感を重んじる料理である。

●飯物

　飯物は日本人にとって主食である。味つけ飯の場合は、ほかの主菜や副菜よりやや薄めに調味しなければならない。

●刺身

　刺身は、魚の鮮度と包丁の切れ味が命である。作り身、お作（造）りともいい、料理の名前に「○○作り」とあるのはすべて刺身のことである。一般的に鮮度のよい魚を使うが、魚にはそれぞれ食べごろがあり、かならずしも活き作りが理想というわけではない。マグロのような大きな魚は、むしろ多少日数をおいたほうがよい。また、魚の肉質やかたさ、味を知り、魚に合ったつくり方をする。

●酢の物

　季節感を重んじた材料は、そのもち味を生かすように下処理する。一般に貝類は生のまま、魚は塩や酢で締めてから用いる。野菜、キノコ、海藻はゆでたり、焼いたり、塩もみして色や風味をよくし、余分な水分を除く。また、酢の物は色が悪くなるので、あまり早くから調味液をかけず、供する直前にかけるとよい。

●和え物

　一般に和えて時間が経つと素材から水分が出てまずくなるので、酢の物と同様に供する直前に和える。また、素材はかならず冷ましてから和えることが大切である。

●浸し物

　ゆで方が大切である。材料は、ゆでてから合わせ調味料と混ぜ合わせてしばらくおき、味をなじませる。しかし、長時間そのままにすると色が悪くなるので注意する。

●焼き物

　焼き物は調理法が簡単なため、素材のもち味を生かす要領をしっかり覚えておくこと。火加減や火の通りを考えた串の打ち方、魚に合った焼き方が大切である。

●煮物

　素材のもち味のうえに調味料を生かして調味しなければならない。香りのある素材は香りを失わないように、また旨味のある素材は、その味わいを失わないようにつくらなければならない。煮るときは、加熱ムラをなくし、煮くずれを防ぐために材料の大きさ、形を揃えて切る。また、小さな鍋に何段にも重ねて材料を入れない。火の通る程度に煮汁を入れて、材料が踊らないように火力調節し、必要に応じて紙蓋、落とし蓋を用いる。調味料は砂糖、塩の順に入れ、醤油や酢のように香りや風味が揮発性のものは後で加える。

●揚げ物

　精製度の高いサラダ油は、酸化が遅いので揚げ物全般に適する。てんぷらなどでは香りや味を重視してゴマ油など、ほかの植物性油を配合する場合もある。揚げ物は油の温度次第で上手下手が決まる。材料がやわらかいものやゆでたもの、形の小さいものなら少し温度を高く、また火の通りにくいものや形の大きいものなら低めの温度で揚げる。一度にたくさんの材料を油に入れると油温度が下がってしまうので一度に入れないこと。

●飲み物

　日本古来の飲料はおもに緑茶である。緑茶には玉露、煎茶、番茶、ひき茶（抹茶）などがある。おいしい茶をいれるには、まず緑茶の種類を見きわめて、種類に合った湯の温度、浸出時間、茶葉に対する湯量などを、おおむね知っておくことが大切である。

■緑茶のいれ方（図3-12）

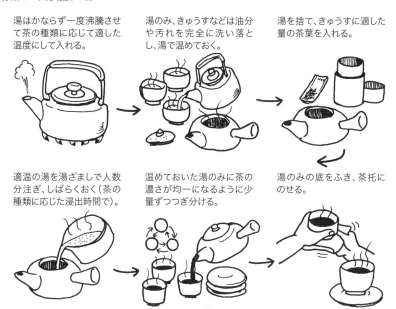

湯はかならず一度沸騰させて茶の種類に応じて適した温度にして入れる。

湯のみ、きゅうすなどは油分や汚れを完全に洗い落とし、湯で温めておく。

湯を捨て、きゅうすに適した量の茶葉を入れる。

適温の湯を湯ざましで人数分注ぎ、しばらくおく（茶の種類に応じた浸出時間で）。

温めておいた湯のみに茶の濃さが均一になるように少量ずつつぎ分ける。

湯のみの底をふき、茶托にのせる。

3. 西洋料理（フランス料理）の調理の基本

（1）ブイヨンの種類

　ブイヨンは煮だし汁のことで、日本のだしにあたる。すべてのスープの基本になるもの。ブイヨンに使われる材料は、脂肪の少ない牛肉、鶏肉、魚、野鳥獣肉、それらの骨、筋などがある。香味野菜は使用する料理の主材料に合わせて、ニンジン、タマネギ、セロリ、パセリなどが使われる。

ブイヨン・ド・ブフ
　牛の骨やすね、筋から煮出したブイヨン。おもに肉料理に使われる濃厚な味。
ブイヨン・ド・ヴォライユ
　鶏がらから煮出したブイヨン。淡白で一般的によく使われる。
ブイヨン・ド・レギューム
　野菜のブイヨン。魚などを煮込む料理に用いられる。
二番ブイヨン
　最初のもと汁を取り、鍋に残っただしがらに、水やミルポワ（香味野菜）などを加えて弱火で煮続け、二番ブイヨンを取る。煮込みなどに用いる。

（2）ソースの種類

　西洋料理（とくにフランス料理）の決め手はソースにあるといわれる。ソースの種類は変化に富み、数百種類以上あるが、これらのソースはすべて基本となるいくつかのソースから派生している。

●フォン

　フォンとはソースをつくるときに必要なだしのこと。フォンの良し悪しは、用いる材料（骨、くず肉、ミルポワなど）の鮮度と、それらの材料と水のバランスがとれているかどうかによる。澄んでいて、味のよいものがよい。フォンはブイヨンより味と香りが強く、ブイヨンの代用としては使えない（表3-1）。

■フォンの分類（表3-1）

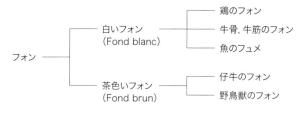

●ルー

　小麦粉と油、バターなどを混ぜ合わせて炒めたもので、ソースの濃度をつけ、風味を増すために用いる。目的とするソースによって、3種類のルーを使い分ける。

ルー・ブラン：白色のルー。バターを鍋に溶かし、同量の小麦粉を加えて、終始ごく弱火で色づけないように炒める。

ルー・ブロン：白色のルーと同じ方法で炒め、火を少し強めて軽く色づけし、淡黄色に仕上げる。

ルー・ブラウン：茶色のルー。途中から火を少し強め、茶色になるまで炒める。油脂はサラダ油かヘット（牛脂）を用いる。

●リエゾン

　ソースやスープに適度な濃度をつけたり、つなぎの役目をするもの。

ブール・マニエ：小麦粉と同量のバターを練ったもの。即座に濃度をつけるときに用いられる。

リエゾン・ドゥーフ：卵黄に牛乳（生クリーム、だしでもよい）を加えて混ぜ、熱いソースなどにかき混ぜながら加える。

リエゾン・ド・フェキュール：ジャガイモデンプンかコーンスターチを水（だし、牛乳、生クリームでもよい）で溶き、煮立てた材料に流し入れて濃度をつける。

リエゾン・ド・サン：生血（おもに鶏）と酢（洋酒でもよい）を混ぜ、凝固しないようにかき混ぜながら温かいソースに加える。

(3) 基本の調理法

● ポシェ

　水、だし、クールブイヨンなどを沸騰寸前の状態に保ち、このなかで材料を
ゆでる方法。

● ブレゼ

　少量の液体を加え、蓋をしてゆっくりと火を通す方法。

● フリール

　たっぷりの油で、材料の芯まで火が通るように揚げる方法。

● グリエ

　肉や魚、野菜などを網焼きにする方法。

● グラティネ

　グラタン皿に材料を入れ、ソースをかけてオーブンまたはサラマンダーで表
面をこんがりと焼き上げる方法。

● ムニエル

　小麦粉をまぶし、バターあるいはバターとサラダ油両方を使って焼き上げる
方法。

● ポワレ

　液体を加えずに、油脂（一般にバターあるいは油）で素材をフライパンで焼
く方法。

● ロティール

　おもに獣鳥肉をオーブンで焼き上げる方法。または、串焼き（直火）にする
方法。

(4)料理の内容

●オードブル

日本語では前菜、英語ではアペタイザー。オードブルは食前に供され、食欲を増進して次の料理の味を引き立てるのが目的。冷製と温製があるが、後の料理にさしさわりのないように量も少なく、料理によっては形を小さくつくり、色彩、味、香り、形などを工夫する。フランスでは昼の食事にオードブルを供することが多く、夜はポタージュからはじまるのが一般的だったが、最近では夜のポタージュの習慣が失せて軽いオードブルやサラダなどを食べる場合が多い。

●ポタージュ

フランス料理のポタージュは、濃いスープ、クリーム状のスープ、澄んだスープ、野菜のスープ、これらすべての総称である。ポタージュにはもと汁が必要で、このもと汁をブイヨンまたはコンソメ・ブラン・サンプルという。

●ポワソン(魚介料理)

魚の基本的な調理法には、ポシェ、ブレゼ、フリール、グリエ、グラティネ、ムニエルなどがある。

●アントレ(肉料理)

アントレとは獣鳥肉料理を主とした料理の呼び名で、もっとも大切な料理。温製と冷製に分けられる。肉の基本的な調理法には、ブレゼ、ソテー、グリエ、ポワレ、フリール、ロティール、グラティネなどがある。

●サラダ

サラダは野菜を主体とした料理で、食事の終わりに口直しに食べるもの、食前に食べるもの(オードブル)、そのほか一品料理として食べるものがある。ポイントは、彩りよくきれいに、ぱりぱりとした食感を生かす、冷たくの3点。

●アントルメ

食後に供する甘味料理のこと。材料は牛乳、卵、果物、砂糖、洋酒類などで、消化のよい仕立てが主。前の料理の味や調理法などを考慮して決めたい。

4. 中国料理の調理の基本

(1)だしの取り方

　中国料理も各国の料理と同様、だしやスープが料理の土台となっており、大事な役割をもっている。中国料理店では、おのおのの原湯^{ユワヌタン}（もとになるスープ）を決めている。種々のスープをつくるときは做湯（原湯）に具になる材料を入れてつくる（表3-2）。

■ 做湯の種類（表3-2）

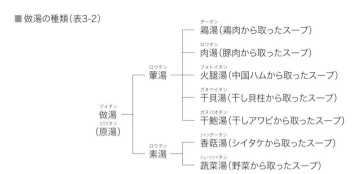

(2)料理の内容

●前菜

　前菜は宴席などで乾杯用に供する小菜である。また、主菜料理の間につまむもので、主菜料理の価値を左右する大事な料理である。

冷盆^{ロンペヌ}、**冷菜**^{ロンツァイ}、**涼菜**^{リャンツァイ}：冷たい前菜。香辛料を少なく、材料の種類を多く用い、盛り付け方も拼盤^{ピヌパヌ}といって鳳凰、蝶、龍などに造形し、見た目が美しく色彩がよいのが特徴。

熱盆^{ルオペヌ}、**熱炒**^{ルオチャオ}：温かい前菜。とくに魚、肉、内臓などの生臭いものを材料に用いたものは熱葷^{ルオフヌ}といい、香辛料に蒜^{ソワヌ}（ニンニク）、姜^{ジャン}（ショウガ）、辣椒^{ラージャオ}（トウガラシ）などを多く使う。

● 炒菜（炒め物）

チャオツァイ

　中国料理の基本である。もっとも広く使われる、簡単で合理的な調理法である。下ごしらえのときに味つけを行うことが多い。酒などを使って材料を軟化させたり、粉を使って素材のもち味が流出するのを防いだりといった心遣いが見られる。

● 炸菜（揚げ物）

チャーツァイ

　中国料理の揚げ物の総称。たっぷりの油で揚げる。蒸したり煮たりしたのちに揚げる場合や、二度揚げをする場合もある。揚げる前に材料に適した下味をつけることが多い。肉類には醤油、魚介類には塩を用いる。また、酒やショウガ汁などで各素材のクセを中和して、味を生かすための下味をつける。

● 蒸菜（蒸し物）

チョンツァイ

　ほかの調理法に比べて、形、香り、旨味などを保持しながら内部まで加熱できるので、素材のもち味を生かすのに適している。材料の硬軟（種類）などによって適温と蒸し時間が違うので、火加減や加熱時間に注意することが大切だ。

● 燉菜（煮物）

ドゥヌツァイ

　中国料理では、一度材料を炒めてからスープで煮たり、魚介類は一度熱湯に通してから煮るなどの料理が多い。煮物料理は、弱火で長時間じっくり煮込むのが基本。

● 烤菜（焼き物）

カオツァイ

　焼き物料理は、材料や焼き方に応じた下ごしらえを十分にすること、火加減及び焼き時間が非常に重要である。

● 溜菜（あんかけ）

リウツァイ

　中国料理では、揚げ物、蒸し物、煮物など仕上がった料理にどろりとしたあんをかけたり、からめたりする料理が数多くある。土台となる料理の火の通り具合や味が完全であることが大切。

● 湯菜<ruby>湯菜<rt>タンツァイ</rt></ruby>（スープ）

　おいしい湯菜をつくるには、スープのもとを上手に取ることが大切である。またどんなスープにするかは、気候に合わせたり、前の料理が濃厚な場合にはさっぱりしたものに、料理数の少ないときには身のあるボリュームのあるものに、といった具合に献立全体のなかで考えたい。

● <ruby>点心<rt>ティエンシン</rt></ruby>

　点心は、甘くない鹹点心と甘い甜点心に大別される。

鹹点心：麺類、<ruby>餃子<rt>チャオズ</rt></ruby>、<ruby>焼売<rt>シャオマイ</rt></ruby>、<ruby>肉包子<rt>ロウパオズ</rt></ruby>、<ruby>炒飯<rt>チャオファン</rt></ruby> など

甜点心：<ruby>八宝飯<rt>パーパオツァイ</rt></ruby>、<ruby>豆沙包子<rt>トウシャーパオズ</rt></ruby>、<ruby>元宵<rt>ユエンシャオ</rt></ruby>、<ruby>杏仁豆腐<rt>シンレンドウフ</rt></ruby> など

● 飲み物

　中国茶は、発酵、半発酵させたものが多い。

全発酵茶：紅茶、プーアール茶 など

半発酵茶：青茶、烏龍茶、鉄観音茶 など

不発酵茶：緑茶、<ruby>龍井茶<rt>ロンジンチャ</rt></ruby> など

第4節 菓子及びパン

　菓子やパンは料理のような少量手づくりの面をもつ一方で、量産品という性格も兼ね備えている。よって手作業に必要な器具類のほか、料理では見られない大型の機械類も便利に用いられている。それぞれの作業にあたって、それに必要とされる機器類を整理して以下に記す。

(1)洋菓子・パン調理の基礎用語

● はかる

菓子やパンづくりでは、材料を計量することはもっとも基本的な作業である。なお、「計る」に関しては重量のみならず、さまざまな場面がある。

重量は…はかり

容量は…計量カップ、計量スプーン

温度は…温度計

濃度は…比重計、糖度計、粘度計

時間は…タイマー

●混ぜる

泡立て器（ホイッパー）、木杓子（きじゃくし）、ミキサー、フード・プロセッサー及びステファン（超高速粉砕機）

●ふるう、こす

粉ふるい、こし器、茶こし、シノワ（円錐形をした目の細かいこし器）

●搾る、おろす

果汁搾り、おろし金、ミンチ機、すり鉢

●開ける、抜く

缶切り、栓抜き、種抜き

●のばす

麺棒：木製、金属製、ローラー式、模様付き、厚み調整式（両端のリングを交換することによってのばす生地の厚みを変えることができる）、マーブル台（大理石の台）、リバースシートまたはパイローラー（パイのばし機）

●焼く、煮る、揚げる

オーブン：電気、ガス、コンベクション式（熱風吹きつけ式、レンジ兼用、回転式、トンネル式）、ガス台、コンロ

加熱に使う道具類：天板、フライパン、鍋（雪平鍋、銅鍋、揚げ鍋、両手鍋）、ベーキングシート、耐油紙、重石（パイ生地などの浮き止め用）、こて（直火式、電気ごて）、霧吹き、厚手ミット、シャベル、フライヤー

●切る、むく、削る、はさむ

包丁（手刀、薄刃、波刃、小型包丁）、はさみ、砥石、包丁とぎ、等分用カッター、網カッター、パイカッター、クロワッサン用カッター、パイブレンダー、皮むき器、しん抜き器、ピンセット、くり抜き器、バターカーラー（バターを削って丸くするもの)、モルダー（パン生地の分割器）

●ぬる、はらう、すくう、移す

パレットナイフ、三角パレット、スケッパー、波歯三角カード、ゴムベラ、ブラシ、お玉、カード、はけ、じょうご

●容器、台

ボウル（ステンレス、耐熱ガラス)、密封容器、バット、ケーキクーラー、網台、まな板

●型

焼き型：スポンジ型、マンケ型、タルト型、タルトレット型、タルトレット・フール型、ブリオッシュ型、バルケット型、パイ皿、フィナンシエ型、マドレーヌ型、トイ型、テュイール型、レーリュッケン型、セルクル型、プリン型、サバラン型、クグロフ型、コルネ型、パウンド型

冷菓用型：ゼリー型、シャルロット型、スフレ型

抜き型：丸型、菊型、ハート型、ドーナツ型、葉型、アルファベット型、数字型

●仕上げる

口金（丸、菊、バラ、帯、モンブラン用ほか)、絞り出し袋、回転台、マジパンスティック、葉脈づけ、すり込み板、等分器、おだ巻き

●チョコレート用の型及び機器

各種ひと口チョコレート菓子用型、各種催事用型（復活祭、ポワソンダブリール、クリスマス、ハート、動物ほか)、ボンボン用押し型、チョコレート用フォーク（丸、三本歯ほか)、湯煎器、ドロッパー、スプレーガン（噴霧器)、マジフルール（銅製花等型取り器)、ケトル（溶解器)、テンパリングマシン（自動温度調節機)、クーリングトンネル（冷却機）

■ 洋菓子の調理器具（図3-13）

①計量カップ　　⑩スケッパー　　　⑱パイカッター　　㉖パウンド型
②計量スプーン　⑪パレットナイフ　⑲麺棒　　　　　　㉗マドレーヌ型
③はかり　　　　⑫木ベラ　　　　　⑳穴あけローラー　㉘タルトレット型
④粉ふるい　　　⑬はけ　　　　　　㉑スポンジ型　　　㉙ハート型
⑤ボウル　　　　⑭絞り出し袋　　　㉒抜き型　　　　　㉚ゼリー型
⑥泡立て器　　　⑮口金　　　　　　㉓蛇の目型　　　　㉛マフィン型
⑦クレープパン　⑯しん抜き器　　　㉔パイ型　　　　　㉜プリン型
⑧片手鍋　　　　⑰くり抜き器　　　㉕タルト型　　　　㉝ケーキクーラー
⑨カード

●アイスクリーム用の型及び機器

各種型（フルーツ、丸、四角、人形）、アイスクリームディッシャー、アイスクリーム用シャベル、パステライザー（加熱殺菌機）、フリーザー

●飴細工用器具

赤外線白色ランプ、アルコールランプ、葉型、送風ポンプ、かごあみ台

●工芸菓子用の型及び器具

クロカンブッシュ用型、シュー積み上げ用型、その他各種部品用型、ウェディングケーキ用台及び柱

●その他の機器

番重、取り板、ラック、作業台、コールドテーブル、シンク、ローラー、ホイロ、冷蔵庫、冷凍庫、ショックフリーザー（急速冷凍庫）、ストッカー、チョコレート削り機、食器洗浄機、製氷器、番重洗浄機、グリドル、足踏み式手洗い機、殺菌灯、殺虫灯、自動包装機、金属探知器、ショーケース、冷蔵ショーケース、冷凍ショーケース、保温ケース、冷蔵及び冷凍配送車

〈参考文献〉
1) 調理師養成教育全書4、5　全国調理師養成施設協会
2) 調理技術の基礎　東日本料理学校協会編纂
3) 洋菓子作りの器具と材料　吉田菊次郎　1987年　柴田書店

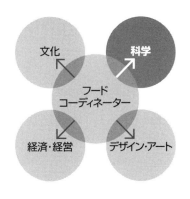

科学

健康と栄養と安全

　多くの情報が氾濫している現代社会において、健康な生活をしていくための栄養情報や食の安全性など、フードコーディネーターとして学ぶべきことは数多くある。また、調理方法も時代とともに変わってきており、厨房機器・設備について深く理解し、タイムリーな知識を習得していくことが必要なのはいうまでもない。

　したがって、常に正しい情報を見きわめる力や、自身の得たものを表現していく方法も同時に身につけなくてはならない。現代のさまざまなニーズに応えていくための土台としての知識を得て、フードコーディネーターとしてそれらを実践に生かすことがこの章での目的といえる。

第**4**章

厨房の基礎知識

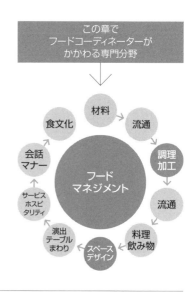

この章で
フードコーディネーターが
かかわる専門分野

材料
流通
調理加工
流通
料理飲み物
スペースデザイン
演出テーブルまわり
サービスホスピタリティ
会話マナー
食文化

フードマネジメント

第1節 概説

　おいしい料理を提供するにはよく計画された厨房が必要である。店舗設計のなかで軽視されがちだが大切な分野である厨房計画の基礎を学び、繁盛する飲食店の厨房づくりのポイントを学習する。

（1）厨房計画の重要性

　レストランにおける厨房は、メーカーの工場にあたる。工場が最新の技術と多くのお金を投入してつくられるのに対して、飲食店は客席優先で計画が進められ、厨房の計画が二の次になっていることが多いのが現実である。飲食店において厨房は店舗の要であり、こうした考えは安全性、生産性、労働環境の観点から見ても問題が多いといわざるを得ない。また、設備機器類が多く集中しているため、設備面においても十分な計画が必要である。暑く劣悪な厨房環境ではよい人材を集めることは到底無理な話であり、生産性の向上などは望めない。また、コストのかかる部分であるため、経営的な目線も大切である。ピーク時に適切な売上げを上げることができるか、投資回収ができるか、生産性を上げることができるかなど、収支を考えて十分に練られた経営計画でなくては

ならない。よい厨房がおいしい料理を生み出し、飲食店の繁栄の原点であることを認識する必要がある。

(2)フードコーディネーターの役割

厨房計画においてフードコーディネーターの果たす役割は大きい。前述したように厨房には多くの厨房機器が集まり、それにともなう設備機器も多数配置され、そうした点では客席以上に専門性の必要とされるゾーンである。一方で設計士を含め厨房計画の知識が不足している場合が多く、そのなかでクライアントの希望に沿って具体化していくには、厨房の専門家、設備の専門家、衛生の専門家など多くのスタッフの参加が必要となる。フードコーディネーターは参加メンバーをとりまとめ、与えられた条件のなかでベストな厨房をつくっていくことが大切である。

(3)安全性、衛生面への配慮

厨房区画は店舗のなかでも一番事故が起こりやすいゾーンである。したがって安全対策には十分な配慮が必要とされる。足元が滑らずしっかりしている、機器の角で怪我をしない、火傷をしないなど、細かな配慮が必要になる。また、客の口に入る商品をつくるわけであるから衛生面への対応も重要である。とくに、高齢化社会になっていく日本では、客の抵抗力も弱くなっていくと考えられるので、いっそうの配慮が必要とされる。

第2節 前提条件・基本方針の決定

厨房計画に着手するに際し、前提条件、基本方針のとりまとめが必要になる。

(1)業種・業態の確定

厨房を設計するにあたり、まず必要なのは業種・業態の決定である。どのよ

■ 業態別厨房面積比率（表4-1）

業態	厨房の割合
ファミリーレストラン	35〜40%
イタリアンレストラン	25〜30%
居酒屋	20〜25%
焼肉店	15〜30%
和食店	20〜30%

うな商品をどういう形で提供するかを決めなくてはならない。これにより、厨房面積のめど、スタイル、レイアウトは決まってくる。各業態の一般的な厨房面積比率は表4-1のようになる。

(2)コンセプト、メニュー計画

　次に店舗のコンセプトを確認しておく必要がある。基本コンセプト、商品コンセプト、サービスコンセプト、空間のコンセプト、これらがすべて厨房づくりにかかわってくる。また、メニューはなかなか決まらないのが現実であるが、少なくとも主力商品は決めておかないと厨房のレイアウトは定まらない。

(3)客席数、客単価、販売数予測

　飲食店の調理は予想される商品数量を、決められた時間内に、一定の品質の商品として提供することが重要である。ピークタイムに何人の客が来て、どれだけの量の商品を販売するかを明確にしておくことが必要である。これをもとに厨房の設備を計画しなくてはならない。

(4)要員計画

　何人で作業するか、社員、パートの人数を想定することが必要である。ピーク時の要員数が基本であるが、繁閑時の要員数との差も考慮する必要がある。

（5）厨房のスタイル

　厨房のスタイルを決める必要がある。厨房のスタイルは、客にキッチンを見せるオープンキッチンと、厨房を見せないクローズドキッチンに大別される。それぞれにメリット、デメリットがあり、コンセプト、メニュー計画を考慮して決定していく。

第3節 厨房の基本レイアウト

　厨房は業種・業態によっていくつかの基本レイアウトがある。以下にその例を紹介する。どの基本レイアウトを採用するにせよ、方針を決め、それに沿って厨房レイアウトを確定する必要がある。

（1）アメリカンスタイル

　背面に加熱ラインがあり、並行してフロントに盛り付けなどを行うディッシュアップラインがある。大型店舗になると、バックには仕込みラインを有している。ファミリーレストランなどで使われるもっとも一般的な厨房スタイル。

■アメリカン（バックバー）スタイル（図4-1）

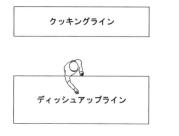

（2）ヨーロピアンスタイル

フランス料理のように熱源を中心に構成するタイプ。

■ヨーロピアンスタイル（図4-2）

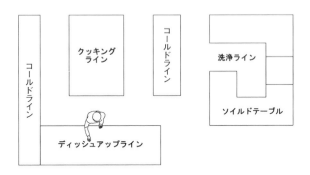

（3）アイランドスタイル

高級な和食店で見られる、商品ごとに調理の島を構成するタイプ。

■アイランドスタイル（図4-3）

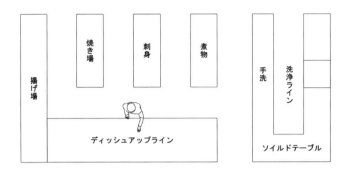

第4節 厨房の生産システム

(1) 厨房の生産システム

調理場を設計する際、生産システムの確認も必要である。一般的には表4-2のシステムがある。

■ 厨房の生産システム（表4-2）

生産システムの種類	内容
クックサーブシステム	注文が入ってから料理をつくるスタイル。
アッセンブルシステム	注文が入ってから一次加工してあった商品を集め、提供するスタイル。
セントラルキッチンシステム	自社の工場で加工してもち込むスタイル。
アウトソーシング	外部食品メーカーから加工品を仕入れるスタイル。

これらの生産システムのどれを採用するかによって、厨房計画は変わってくる。具体的な例を挙げると、ハンバーグという商品を「クックサーブシステム」で考えると食材として肉と野菜が納品されるが、「セントラルキッチンシステム」であれば成形されたハンバーグが冷凍で納品される。当然、保管方法、調理方法が変わるため、冷蔵庫、加熱機器の種類や数も変わることになる。

(2) 新調理システムの検討

最近、新調理システムという言葉がよく聞かれるが、1980年代に登場したこのシステムは、調理にかかわる作業を温度と時間を中心とした数字に置き換える、無駄のないシステムである。具体的な方法としては、真空調理法やクックチルなどがあるが、生産性の向上、人手不足の問題、本格的な導入がはじまったHACCPなどに対応するうえで、非常に高い効果が望まれるといわれている。これからの厨房づくりには、この考え方を取り込んでいく必要がある。

第5節 厨房の設計

前節までに解説した項目をとりまとめて厨房計画の方針を決定していく。とりまとめた内容をもとに設計業務に入る。

(1)厨房位置の決定

基本設計時に厨房をどこに配置するか、よく検討して決定する。納品のルート、客席との関係を考慮して設定する。ビルインの場合は厨房の位置が最初から指定される場合があるので、確認が必要である。

(2)厨房作業の流れ

厨房作業の流れは一般的に図4-4のようになる。これらの作業が交錯しないのが理想である。

■厨房の作業の流れ(図4-4)

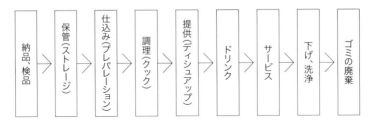

納品、検品 → 保管(ストレージ) → 仕込み(プレパレーション) → 調理(クック) → 提供(ディシュアップ) → ドリンク → サービス → 下げ、洗浄 → ゴミの廃棄

(3)ゾーニング

厨房作業の流れに沿って、区画内で、まず全体の大きなゾーニングを検討し、それが決まったらそれぞれのゾーンの関連性について考える。作業動線はよいか、作業の連携はうまくいくか、スタッフの人数の増減への対応はよいか。これらを十分に検討したうえでゾーニングが決定したら、それぞれのゾーンのなかで必要な調理機器を並べていく。

■ゾーニングの概略図（図4-5）

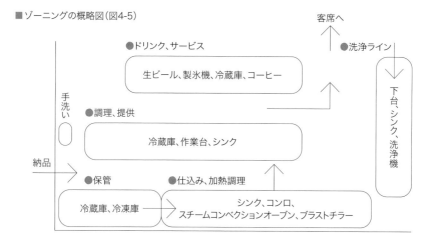

第6節 厨房機器の種類と特徴

　厨房機器には多くの種類があるが、目的に応じて各ゾーンに配置していくことが重要である。そのためには、それぞれの機器の特性をよく理解し、機器を選定しなければならない。ゾーンごとに必要な機器の種類を次頁の表4-3に示した。また、以下に機器の種類と特徴を紹介する。

（1）冷蔵庫、冷凍庫

　納品された食材や一次加工された商品の保管など、厨房内においては目的に応じて種々の冷蔵庫と冷凍庫が配置される。

冷蔵庫：食品を0〜10℃の温度領域で保管する機器。
冷凍庫：食品を−20〜−15℃の温度領域で保管する機器。
氷温庫：食品を−2.5〜−0.5℃（氷温帯）で保管する機器。
チルド庫：食品を0℃前後の温度領域で保管する機器。
恒温恒湿庫：乾燥を防止したい食品（そば、うどん、刺身など）を−5〜15℃の温度領域で保管する機器。

■ゾーンごとに必要な厨房機器(表4-3)

保管	プレハブ冷蔵庫		提供	炊飯機能
	リーチイン型縦型冷蔵庫			各種ウォーマー
	リーチイン型縦型冷凍庫			各種ディスペンサー
	乾物庫			食器棚
仕込み	コンロ(ガス、IH)			備品置
	スチームコンベクションオーブン			各種冷蔵庫
	炊飯器		サービスステーション	ショーケース型冷蔵庫
	作業台			テーブル型冷蔵庫
	シンク			リーチイン型冷蔵庫
	各種冷蔵庫、冷凍庫			食器棚
	ブラストチラー			備品置
	真空包装機			おしぼり機能
調理	コンロ(ガス、IH)		ドリンク、デザート	ショーケース型冷蔵庫
	オーブン			テーブル型冷蔵庫
	フライヤー			リーチイン型冷蔵庫
	焼き台			ワイン用冷蔵庫
	グリドル			アイスクリーム用冷蔵庫
	ゆで麺機			コーヒーマシン
	スチームコンベクションオーブン			ドリンク用ディスペンサー
	温蔵庫			生ビールディスペンサー
	電子レンジ			製氷機
	ドロワー式冷蔵庫、冷凍庫			作業台
	テーブル型冷蔵庫、冷凍庫			シンク
	リーチイン型冷蔵庫、冷凍庫			グラス用洗浄機
	作業台			グラス用棚
	シンク		洗浄	洗浄機
	食器棚			グラス用洗浄機
				シンク
				下げ台
				仕分け台
				食器棚

(2)冷蔵庫の形状・姿図

縦型冷蔵庫(収納量・中):扉が上段と下段で分かれており、それぞれ食材を収納できる縦に長い冷蔵庫。リーチイン型、パススルー型、カートイン型などがある。

横型冷蔵庫(収納量・小):トップテーブルを作業台として使用でき、作業台の下部が冷蔵庫になっているもの。コールドテーブル、ドロワーテーブル、コー

■代表的な冷蔵庫の姿図(図4-6)

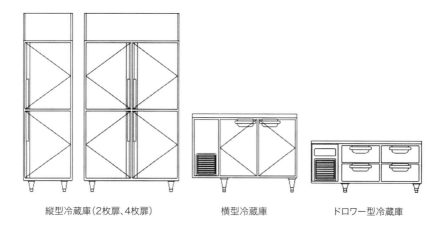

縦型冷蔵庫(2枚扉、4枚扉) 　　横型冷蔵庫 　　ドロワー型冷蔵庫

ルドベースなどがある。

プレハブ冷蔵庫（収納量・大）：断熱パネルを必要に応じた広さ（0.5坪以上）に組み立てて、箱体として冷蔵する冷蔵庫。ウォークイン型、カートイン型、リーチイン型などがある。

(3)加熱機器

　調理をするために多くの加熱機器が用いられる。焼く、揚げる、ゆでる、蒸すなど調理目的によって種々の機器が使用される。それぞれの機器の特徴を理解して選択することが重要である。また、日本では従来、熱源はガスが主力であったが、発熱の少なさ、調理作業の管理のしやすさから、現在は電気を熱源とする加熱機器も増えてきている。それぞれの長所と短所を理解して機器を選定していくことが求められている。

コンロ：鍋や調理道具を使用して、焼く、煮る、蒸す、炒めるなどあらゆる調理が可能な機器。ガステーブル、ガスレンジ、IHテーブル、ローレンジ、卓上コンロなどがある。

フライヤー：油を加熱し、そのなかに食品を入れて調理する機器。自立式、卓上式、圧力式、コンベア式などがある。

オーブン：密閉された空間内で食品全体を高温の熱で包み、調理する機器。スチームコンベクションオーブン、コンベクションオーブンなどがある。

焼き物器：解放された空間でバーナーの熱で食品を調理する機器。上火式、下火式、両面式などがある。

炊飯器：コメを調理する専門の機器。丸形炊飯器、立体炊飯器、連続炊飯器などがある。

(4)その他の機器

ディスペンサー：ドリンク類、味噌汁以外にも簡単な操作で抽出ができるディスペンサー類は、最近、生産性向上のために多く利用されている。

冷却機器：冷蔵庫以外にも製氷機、アイスクリームディスペンサーなどの冷却機器がある。

作業台、シンク：機器類以外に作業台、シンクの設置が必要となる。

収納機器：食器、食材を収納する棚、機器が必要となる。

(5)洗浄設備

　食事後の食器、グラス類を洗浄する作業が必要となる。洗浄作業は厨房作業のなかでも軽視されがちだが、洗い場の作業が滞ると下膳ができなくなる、食器類の補充ができなくなるなどの弊害が生じ、店舗全体のオペレーションが機能しなくなる。店舗規模に合った洗浄設備を設置することが重要である。

〈洗浄機の種類〉

ドアタイプ：扉を上下して洗浄する箱型の機器。

アンダーカウンタータイプ：台下に置いて使用する機器。

■ 代表的な洗浄機の姿図(図4-7)

・ドアタイプ　ソイルドテーブルから洗浄ラックをスライドさせてセットするタイプの洗浄機。

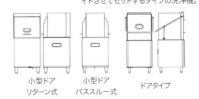

小型ドア　　　小型ドア
リターン式　　バススルー式　　ドアタイプ

・アンダーカウンタータイプ　作業台下に収納可能なタイプ。スペースが狭小で洗浄するものが少ないスタンドや小規模店に有効。

アンダーカウンタータイプ
(W600mm)

・コンベアタイプ　大容量で病院やホテル、社員食堂など大型店に有効。

ラックコンベア式
(W1180〜1960mm)

フードタイプ：パススルー式、リターン式などがある。

コンベアタイプ：ラックコンベア式、フライトコンベア式などがある。

第7節 厨房図面の作成

（1）機器の配置・寸法

　これらの機器を配置していくが、厨房機器の奥行きは600mmまたは750mmが一般的で、いずれかを選択してラインを構築していく。基本的には主力商品、売れ筋の商品をつくるための機器を中心に配置する。店の大きさにもよるが、保管、洗浄などの機能はバックキッチンあるいは袖側に配置するのが一般的である。

（2）図面の見方

　図面は、平面図と器具表（図4-8、表4-4）の組合せが標準だが、設備の部分までかかわるなら厨房の設備図面も添付してもらう。平面図が決定したら、展開図（図4-9）、器具のそれぞれの単品図を用意して細かくチェックする。最近は3Dソフトも発達しており、これがあるとより確認がしやすくなる。

■厨房図面の例

・厨房平面図（図4-8）

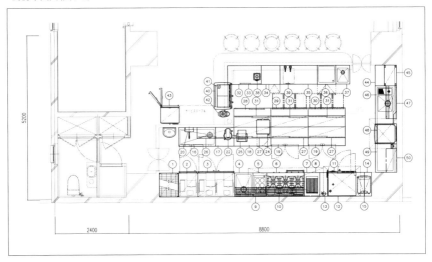

・厨房展開図（図4-9）

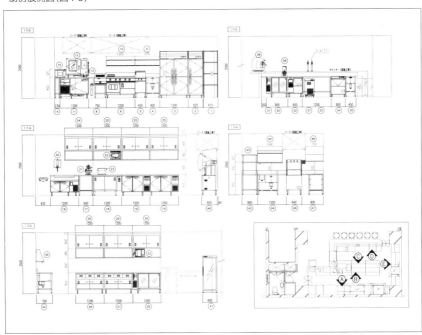

・厨房器具表(表4-4)

No.	品　名	形　式	台数	W	D	H	給水	給湯	間接排	設備側	口径A	kW	単相100V	単相200V	三相200V	フード	備　考
-	< 　 >																
1	シェルフ	SC-762LxSCP-1900	1	760	610	1900											棚板数:4段
2	冷凍庫	HF-63A	1	625	800	1910			#26	50			0.37				定格内容積:493L
3	冷凍冷蔵庫	HRF-120A3	1	1200	800	1910			#30	50					0.594		定格内容積:986L(冷蔵757L,冷凍229L)
4	一槽シンク		1	600	750	850	15	15	40	50							
5	ガスフライヤー	FQSB457506	1	450	750	865	15		25		25	13.4				電	H:850mm台座
6	ガスレンジ	RGR-1275XC	1	1200	750	850					25	68.6	0.074			電	H:850mm台座
7	チャーブロイラー	RCB-057TB	1	500	750	300					15	6.98				電	
8	ワークテーブル		1	750	750	850/550											架台収納
9	パイプシェルフ		1	1050	300	250											
10	パイプシェルフ		1	1200	300	250											
11	ブラストチラー&ショックフリーザー	HBC-6TB3	1	750	750	850			#37	50					0.92		H:850mm台座, 定員6台
12	スチームコンベクションオーブン	MIC-6SA3-1-L	1	900	770	750	15x2		#38	50					10.1	電	
13	給水器	HK-55RS	1	150	123	495	15										
14	ワークテーブル		1	230	750	850											
15	真空包装機	HPS-300A	1	420	565	325							0.92				
16	両槽シンク付コールドテーブル	RW-120SNCG-RML	1	1200	600	800	間接		#30,#38.5	50x2			0.194				
17	ワークテーブル		1	600	600	850											
18	電気ディッシュウォーマーテーブル	MEWD-126	1	1200	600	850			25	50					1.03		H:850mm台座
19	テーブル形冷蔵庫	RT-120SNG-RML	2	1200	600	800			#30x2	50x2			0.328x2				定格内容積:245L, H:850mm台座
20	電解水生成装置WOX	WOX-40WA	1	285	145	335	15		#6x2	50x2			0.17				
21	次亜																
22	キッチンエイド・ミキサー	KSM7WH	1	300	370	420							0.4				
23	大釜																
24	電子レンジ	HMN-18C	1	422	476	337								2.8			
25	電動パスタマシン	RMN-220	1	370	370	280							0.2				スピード調整なし 各種刃付
26	両戸棚+平棚		1	1200	350	600/380											
27	両戸棚+平棚		3	1200	350	600/380											
28	テーブル形冷蔵ショーケース	RTS-120SNB2	1	1200	600	800							0.183				定格内容積:270L
29	引出付キャビネットテーブル		1	1200	600	850											
30	引出付キャビネットテーブル		1	600	600	850											
31	両戸棚+平棚		3	1200	350	600/380											
32	テーブル形冷蔵ショーケース	RTS-90STB2	1	900	450	850							0.163				定格内容積:150L, H:850mm台座
33	天板		1	1100	800	42											
34	チップアイスメーカー	CM-100K	1	600	600	850	15		20x2	50x2			0.482				H:850mm台座
35	ドリンクテーブル		1	1200	600	850											
36	食器洗浄機	JWE-400TUB3	1	600	600	800	15		#38.5x2	50x2					4.535	電	
37	一槽シンク		1	450	600	850	15		40	50							
38	パワフル・ブレンダー	MX-1200XTP	1	220	220	405							1.1				[渦巻式]
39	生ビールディスペンサー		1										0.32				
40	エスプレッソマシン	M39TE-DT/2(TS)	1	855	570	565	15		#18	50					3.8		
41	軟水式浄水器	HK-10GH	1	120	122	362	15										
42	エスプレッソ専用ミル	ENEA(OD)	1	195	370	510							0.24				
43	ワインセラー	ST-NV271G	1	608	562	1513							0.234				収納本数:70本
44	下棚台		1	660	700	850											下棚三方枠
45	オーバーシェルフ		1	660	500	800											
46	ソイルドテーブル		1	1550	700	850	15x2	15	40x2	50x2							
47	ワークシェルフ	HRS-1035W-A	1	1040	350	520											
48	食器洗浄機	JWE-680UB	1	640	655	1432	15		#38.5x2	50x2					7.3	電	
49	クリーンテーブル		1	900	700	850											
50	パックシェルフ		1	750	350	300											
	合　　計											88.98	5.706	2.8	28.279		

第8節 建築・設備面における厨房計画

　厨房は熱機器や水まわりの設備も多く、厨房機器だけではなく建築・設備面においての配慮も重要事項となる。技術的にも専門性の高い内容が多くあり、専門家を交えて作業を進める必要がある。以下、重要な項目について述べる。

(1)建築的な配慮

●寸法

　建築においては寸法を押さえておく必要がある。作業面では通路幅の確認が大切である。作業性、安全性から適切な通路幅を決定する。設備面にもかかわるが、天井高も重要なチェックポイントになる。防水のための床上げ、天井内

の機器設置で高さが必要になるが、ビルインの場合、天井高があまり確保できないことがある。熱気は上部に集まるため、天井が低いと厨房温度が上昇するので、その場合は設備業者も含めて改善策を講じる必要がある。

●防水工事

ビルインあるいは戸建てでも多層階の店舗は床の防水工事が必要である。開業してから水漏れが起きると営業を止める事態となる場合もあり、細心の注意が必要である。

●キッチンのドライ化

キッチンは乾燥した状態を維持するため、水はけがよく、乾燥した空間にする必要がある。建築的には水勾配、床材に考慮して水はけのよい床をつくらなくてはいけない。

●仕上げ材

厨房内の仕上げ材は安全性、衛生面を考慮して選択する。コストの問題があるが、床はノンスリップタイル、壁面はタイルまたは化粧ケイカル板のような水に強く清掃しやすいものが適している。

■厨房内装仕上げ材の例(表4-5)

床	通路:厨房専用タイルノンスリップ仕様
	器具下:合成樹脂系塗床　平滑仕上げ
壁	化粧ケイ酸カルシウム板貼　一部ステンレス
	巾木　サニタリーコーナー仕上げ
天井	ケイ酸カルシウム板VP塗装仕上げ

(2)設備的な配慮

厨房区画は設備関係が集中しており、設備設計を十分に吟味して計画しなければならない。

●空調計画

厨房は夏には40℃近くになる場合もあるが、衛生上、労働環境的に考えても、

これからは「暑くて当り前」という計画は認められない。今後はオフィス並みの25℃台が維持できる計画を立てなくてはならない。厨房では空調された空気が次々に排気されてしまうため、大きな冷却能力を必要とする。そのため、給排気とのバランスを考えた計画が求められ、機器の位置、吹き出し方法をよく検討することが大切になる。また、厨房の空調機の吹き出し口は結露が起きやすく、十分な対策が必要とされる。

●給排気計画

　空調機と同様、厨房の給排気は容量が大きく、空調機とのバランスを考えて綿密な計画が必要になる。とくに加熱ラインの排気は、熱、煙も多く、速やかに排気フードから排出することが大切で、この際、空調と連携した計画が求められる。においや煙が客席に漏れないように排気を少し強くするのが一般的であるが、容量が足りないと客席ににおいが漏れ、油煙が飛んで客席の環境が悪くなる。機器の容量を計算し、適切に設置することが大切である。給気は外気をそのまま取り込むと、熱い、寒いの問題が起きるため、外気熱処理機で外気を処理するか、吹き出し方法、位置に十分に注意することが重要である。

●給水・給湯計画

　給水と給湯は必要な箇所へ行うが、天井内で配管してから各ポジションに送るのが基本である。万一、漏水があったときに原因を突き止めやすく、また引き直しがしやすいことがその理由である。機器の配置を変更するときも便利である。蛇口の形状は混合水栓か単水栓かを各ポジションの作業内容に応じて決め、カランの長さも選定する。

●排水計画

　厨房排水は速やかに厨房外へ排出することが基本である。油分を取り除く機能をもったグリーストラップは衛生上、屋外に置くことが望ましいが、ビルインの場合は店内設置が原則なので、その際は洗い場などのダーティゾーンに設置することが望ましい。キッチンのドライ化を考える際も、床の水を速やかに集めることが重要である。建築工事と連携を図って、排水計画を作成する必要がある。

●電気計画

　電気配線は天井配管が基本。コンセントは目に見える位置に配置することが望ましい。また、厨房は水がかかって漏電する可能性があるので 低い位置にコンセントを設けることは避けたほうがよい。

●照明計画

　照明器具は現在、LED蛍光灯タイプが多用されている。一体型の清掃しやすいものが衛生上適切だと思われる。照度の観点では、異物混入を防ぐ意味でも、作業場と同様の800〜1000ルクス程度の明るさが必要とされる。

●情報システム

　現在の厨房は、オーダーエントリーシステム、オーダーの画面表示など種々の情報システムが設置されることが多く、これらの配置、そのために必要な電気などの工事も必要になる。生産性の向上にも重要な設備で、今後いっそうの普及が進むと想定されるため、一般的な知識をもっておくこと。また、外部の専門家に協力をお願いできる体制をとっておくことも重要である。

memo

第5章

健康と栄養

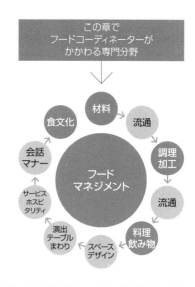

この章で
フードコーディネーターが
かかわる専門分野

材料
食文化
流通
会話
マナー
調理
加工
フード
マネジメント
サービス
ホスピ
タリティ
流通
演出
テーブル
まわり
料理
飲み物
スペース
デザイン

第1節 概説

　世界保健機関（WHO）は「健康とは、病気ではないとか、弱っていないということではなく、肉体的にも、精神的にも、そして社会的にも、すべてが満たされた状態にあること」（日本WHO協会訳）と定義している。また日本国憲法第25条では、「すべての国民は、健康的で文化的な最低限度の生活を営む権利を有する」とし、健康はすべての国民が有する権利であると示されている。

　厚生省（現厚生労働省）は健康寿命の延伸・生活の質（QOL/クオリティ・オブ・ライフ）の向上を実現するため、健康増進法にもとづき、健康づくりや疾病予防を積極的に推進する「健康日本21」を展開し、さらに改善、強化するために、平成25年（2013年）に「健康日本21（第二次）」を公表した。健康日本21（第二次）の基本方針は、次の5項目である。①健康寿命の延伸と健康格差の縮小　②生活習慣病の発症予防と重症化予防の徹底　③社会生活を営むために必要な機能の維持及び向上　④健康を支え、守るための社会環境の整備　⑤栄養・食生活、身体活動・運動、休養、飲酒、喫煙及び歯・口腔の健康に関する生活習慣及び社会環境の改善。

　健康の維持・増進は「栄養」「運動」「休養」のバランスの上に成り立っており、「栄養」はもっとも重要な要素である。栄養とは、生物が生命の維持・活

動のために体外から必要な物質を取り込み、代謝し、健全な生命活動及び生活活動を営むことであり、栄養素はこのときに取り込まれる物質と定義される。つまり、食べ物に含まれているさまざまな物質のうち、私たちの毎日の身体活動に必要不可欠な成分である栄養素を食事として補給している。

　フードコーディネーターとして、食の最前線で活躍したいと願っている者にとっては、「健康と栄養」という側面から正しい視点をもち合わせておく必要がある。この章では、そのための基礎的な知識をまとめてある。

第2節 栄養素のはたらき

　私たちの身体の約60％は水分でできており、続いて脂質、タンパク質、無機質（ミネラルともいう）、ビタミンなどで構成されている。栄養素には、体をつくるもとになるはたらき、エネルギーのもとになるはたらき、体の調子を整えるはたらきがある。栄養素のなかで、タンパク質、脂質、炭水化物（糖質）、ビタミン、ミネラルの5つを「五大栄養素」という。

(1)タンパク質

　タンパク質とは、体重の約5分の1を占め、血液や筋肉、臓器などの組織をつくる主要な成分であるとともに、酵素やホルモン、免疫細胞など生命維持に欠かせない多くの成分を含んでおり、生きていくうえで非常に重要な栄養素である。肉や魚、卵類、乳類の動物性食品のほか、大豆などの植物性食品にも含まれ、エネルギーの供給源として1gあたり4kcalのエネルギーを発生する。

　タンパク質はアミノ酸の集合体であり、そのアミノ酸には体内でほかの栄養素（糖質、脂質）によって合成されるものと、されないものがある。体内で合成されない9種類のアミノ酸を必須アミノ酸といい、食品を食べることによって必須アミノ酸を摂取しなければ生命維持ができない。タンパク質の質は、タンパク質の栄養価で判断され、必須アミノ酸を多く、バランスよく含んでいる動物性食品の乳、卵、魚、肉などは良質タンパク質という。

(2)脂質

　脂質は体脂肪の構成要素であり、生体膜やホルモンなどの材料になる。エネルギーの供給源として1gあたり9kcalのエネルギーを発生する。ビタミンA、D、Eなどの脂溶性ビタミンの吸収を助ける作用があり、代謝の際にビタミンB_1を必要とせず、B_1の節約作用がある。また胃のなかにとどまる時間が長く、腹もちがいいが、とりすぎると体脂肪などとなって体内に貯蔵される特徴がある。

　脂質の重要な構成要素である脂肪酸には、体内でほかの栄養素(アミノ酸、糖質)から合成されるものと、されないものがある。体内で合成されない脂肪酸を必須脂肪酸といい、必須脂肪酸を含む食品をとらないと生命維持ができない。必須脂肪酸のリノール酸、リノレン酸、アラキドン酸は植物性油脂(大豆油、米ぬか油、ゴマ油、綿実油、トウモロコシ油など)に多く含まれる。

(3)炭水化物

　炭水化物は、体内で消化・吸収されてエネルギー源になる糖質と、消化・吸収されない食物繊維の総称である。穀類やイモ類、砂糖類に多く含まれ、1gあたり4kcalのエネルギーを発生する。

　炭水化物は、消化酵素などによって最小限に分類される単糖の数により、単糖類(ブドウ糖、果糖、ガラクトース)、少糖類(おもに二糖類など)、多糖類(デンプン、デキストリン、グリコーゲン)がある。デンプンは体内で分解されてブドウ糖になり、小腸で吸収されて血液に入る。一部はそのまま燃料となって消化され、一部は肝臓や筋肉に貯蔵されるグリコーゲンとなって一定量ずつ血液中に溶けて全身に運ばれ、ブドウ糖にもどって燃焼してエネルギーになる。ブドウ糖が燃焼してエネルギーになる際には、ビタミンB_1が必要なので、ビタミンB_1を多く含む食品とともにとることが望ましい。

(4)ビタミン

　ビタミンは微量で体内のさまざまな代謝を調節する成分である。一部のビタミンは体内で腸内細菌によって合成できるが、基本的には食品から摂取する必要がある。ビタミンは化学的性質により、水に溶けやすい水溶性ビタミンと油

■ 五大栄養素とそのはたらき（表5-1）

栄養素名	主なはたらき	はたらき	多く含む食品
タンパク質	体をつくる	筋肉・内臓・皮膚・爪・毛髪など人の体のいろいろな部分をつくるのに欠かせない栄養素で、主としてアミノ酸からできている。「動物性タンパク質」と「植物性タンパク質」の2つに分類できる。体内で1gあたり4kcalのエネルギーを発生する。	肉類、魚介類、卵、乳製品、豆類、穀類 など
脂質	エネルギーになる	体を動かすエネルギー源として使われるほか、体のなかで神経組織、細胞膜、ホルモンなどをつくるのに欠かせない成分である。体脂肪はエネルギーが不足するとエネルギー源として使われる。体内で1gあたり9kcalのエネルギーを発生する。	バター、マーガリン、植物油、肉の脂身、ラード、コーン油、大豆油 など
炭水化物	エネルギーになる	消化吸収されるもの（糖質）とされないもの（食物繊維）がある。糖質は、主として脳や体を動かすエネルギーになる。脂質に比べて燃焼が早いので、体に吸収されるとすぐにエネルギーになる。糖質は体内で1gあたり4kcalのエネルギーを発生する。	ご飯、パン、麺、イモ、砂糖、果物 など
ビタミン	体の調子を整える	体の調子を整えるのに欠かすことのできない栄養素である。13種類あり、体のなかのはたらきは種類によって異なる。水に溶ける「水溶性ビタミン」（ビタミンB_1、B_2、B_6、B_{12}、C、ナイアシン、パントテン酸、葉酸、ビオチンの9種類）と、水に溶けず脂に溶ける「脂溶性ビタミン」（ビタミンA、D、E、Kの4種類）に大きく分けられる。	緑黄色野菜、果物、レバー など
ミネラル（無機質）	骨や歯をつくる。体の調子を整える	カルシウム、鉄、ナトリウム、塩素、銅、亜鉛などがある。骨などの体の組織を構成したり、体の調子を整えたりするはたらきがある。	海藻、牛乳、乳製品、小魚 など

資料）農林水産省ホームページ（http://www.maff.go.jp）をもとに作成

脂に溶けやすい脂溶性ビタミンに分類される。健康食品やサプリメントであってもビタミンをとりすぎると脂溶性ビタミンは排出されにくく、過剰症につながりやすい。一方、水溶性ビタミンは尿中に排出されるため、過剰症は少ない。

（5）ミネラル（無機質）

　ミネラルは、体内の含有量は微量だが、骨や歯、生体膜といった体の構成成分となり、生体機能を調節するはたらきがある。体内で合成できないので、食品から摂取する必要があり、不足するとさまざまな症状や病気を引き起こす。もっとも多いのはカルシウムで、リン、カリウム、ナトリウム、マグネシウムなど多量ミネラルと、鉄や亜鉛など微量ミネラルに分類される。

■ ビタミンについてのまとめ（表5-2）

	名称	食品中の性質	生理作用	欠乏症
水溶性ビタミン	B$_1$（チアミン）	水に溶けやすい。アルカリ（重曹など）を加えると分解。酸性で比較的安定。	糖代謝と分岐差アミノ酸代謝に関与。	脚気、ヴェルニッケ・コルサコフ症候群
	B$_2$（リボフラビン）	光に不安定で分解されやすく、種々の反応を引き起こす。アルカリにも不安定。酸や熱にはやや安定。水に少し溶ける。	エネルギー代謝に関与。酸化還元反応を触媒。動物の発育促進。	成長障害、口内炎、口角炎、脂漏性皮膚炎
	ナイアシン（ニコチン酸＋ニコチンアミド）	熱や空気、光に安定。アルカリにも安定。水に溶けやすい。	ATP産生、脂肪酸合成、ステロイドホルモン合成に関与。酸化還元反応を触媒。	ペラグラ（皮膚炎、下痢、精神神経症状）
	B$_6$（ピリドキシン、ピリドキサール、ピリドキサミン）	酸性や熱に安定。光に不安定。	アミノ酸代謝、グリコーゲン代謝に関与。	皮膚炎、口角炎、舌炎、うつ症状、痙攣発作
	B$_{12}$（コバラミン）	熱に安定。弱酸性で最も安定。強アルカリ性や強酸性では徐々に分解。光により分解。	奇数鎖脂肪酸代謝、アミノ酸代謝、核酸代謝、葉酸代謝に関与。	巨赤芽球性貧血、末梢神経障害
	葉酸（プテロイルモノグルタミン酸）	光に不安定。	アミノ酸代謝、核酸代謝に関与。赤血球の成熟。	巨赤芽球性貧血、神経障害、胎児の神経管閉塞障害（無脳症、二分脊椎、髄膜瘤など）、高ホモシステイン血症
	パントテン酸	酸、熱、アルカリに不安定。	糖代謝、脂肪酸代謝に関与。	ヒトの欠乏症はまれ成長障害、疲労、手足のしびれ、食欲不振
	ビオチン	水によく溶ける。酸、アルカリ、光に比較的安定。	糖代謝、糖新生に関与。	ヒトの欠乏症はまれ皮膚炎、食食不振、脱毛

※ビタミンB群：ビタミンC以外の水溶性ビタミン
（B$_1$、B$_2$、ナイアシン、B$_6$、B$_{12}$、葉酸、パントテン酸、ビオチン）

おもに含まれる食品	備考
豚肉、豆類、種実類、精製されていない穀類など。 豚ヒレ肉、タラコ、ウナギ、ボンレスハム、大豆（乾）、玄米ごはん、ひらたけ	チアミナーゼ（B_1分解酵素）が生の二枚貝、甲殻類、淡水魚、ワラビなどのシダ植物などに含まれる。 脂質はB_1節約作用がある。 体内の貯蔵量が少なく、代謝回転が速いため欠乏を起こしやすい。 補酵素型はThDP。
肝臓（レバー）、魚、牛乳・乳製品、卵などの動物性食品、きのこや納豆など。 豚レバー、うずらの卵、ウナギ、カレイ、糸引き納豆、アーモンド（乾）	B_2は成長因子として発見され、ビタミンGともいわれていた。 補酵素型はFMN、FAD。
肉や魚などの動物性食品に多い。 カツオ、マグロ類、タラコ、レバー（牛、豚）、鶏ささみ、ひらたけ、落花生	肝臓において必須アミノ酸の一つであるトリプトファン60mgから1mgの割合でナイアシンが生合成される。 補酵素型はNAD、NADP。
肉や魚のほか、種実類、野菜などにも多く含まれる。 マグロ（赤身）、サンマ、シロサケ、鶏ささみ、レバー（牛、鶏）、くるみ、赤ピーマン	血漿PLP濃度は、体内組織のB_6貯蔵量を反映し、タンパク質摂取量あたりのB_6量と相関する。 ピリドキシンの大量摂取は、感覚性ニューロパチーを引き起こす可能性がある。 補酵素型は、PLP、PMP。
魚介類、肉、乳類など動物性食品に含まれる。 アサリ、シジミ、サンマ、ワカサギ、レバー（牛、豚、鶏）、牛乳	吸収には胃液の内因子が必要であり、胃全摘出等で胃液が出なくなると、欠乏症になるおそれがある。 供給源が動物性食品であるため、菜食主義者では不足に注意が必要。 コバルトを含み、結晶は赤色をしている。 補酵素型は、MeCb1、AdoCb1。
肝臓（レバー）や緑の葉野菜、あまのりに多い。 レバー（牛、豚、鶏）、菜の花、モロヘイヤ、ブロッコリー、ほうれん草、アスパラガス、枝豆、焼きのり	妊娠初期に母体の葉酸栄養状態を良好に保つことで、胎児の神経管閉塞障害、口唇・口蓋裂、先天性心疾患の発症リスク低減が期待される。 厚生労働省は特に妊娠を希望している女性に対し、プテロイルモノグルタミン酸として400μg/日の摂取を推奨。プテロイルモノグルタミン酸には、多量摂取による健康被害（神経症状の発現・悪化）がある。 高ホモシステイン血症は血管系疾患の発症リスクを高めることが報告されている。
動物性食品にも植物性食品にも多く含まれる。特に鶏肉やきのこなど。 レバー（牛、豚、鶏）、鶏ささみ、子持ちカレイ、納豆、ひらたけ、カリフラワー、アボカド	パントテン酸の語源はギリシャ語の「どこにでもある酸」という意味。 細胞内では補酵素Aとして存在。
肝臓（レバー）、種実類、豆類、卵（鶏卵）など。 レバー（牛、豚、鶏）、落花生、アーモンド、大豆（乾）、卵黄、マガレイ、まいたけ、アサリ	卵白に含まれるアビジンはビオチンと結合して吸収を妨げる。 抗炎症物質生成によるアレルギー症状の緩和作用がある。 薬理量摂取による高血圧改善などが期待されている。 ビオチン欠乏は免疫不全症、I型およびII型糖尿病の発症リスクを高める可能性がある。

	名称	食品中の性質	生理作用	欠乏症
水溶性 ビタミン	C（アスコルビン酸）	還元型は水に溶けやすい。 熱、空気、アルカリ、酵素に不安定。 pH4以下の酸性条件下では比較的安定。 銅イオンや鉄イオンの共存により酸化が促進。	コラーゲン合成、骨形成、鉄吸収、生体異物代謝、抗酸化作用に関与。	壊血病（疲労倦怠、出血）
脂溶性 ビタミン	A（レチノール、レチナール、レチノイン酸）	光、熱、空気、金属イオンに不安定。 酸化を受けやすいがビタミンEやその他の抗酸化剤との共存で安定度を増す。	視覚作用、上皮組織（皮膚、粘膜）の保持、細胞増殖・分化の制御、生殖作用、免疫作用に関与。	夜盲症、角膜乾燥症、皮膚や粘膜上皮の角質化
	D（エルゴカルシフェロール：D_2、コレカルシフェロール：D_3）	光、空気に不安定。	カルシウムとリンの吸収・代謝、骨形成の促進に関与。	くる病（乳幼児、小児） 骨軟化症（成人）
	E（トコフェロール、トコトリエノール）	光、空気に不安定。	抗酸化作用、細胞内情報伝達の調節、生体膜の安定化に関与。	ヒトの欠乏はまれ。 溶血性貧血（未熟児） 運動失調症（遺伝性疾患）
	K（K_1：フィロキノン、K_2：メナキノン）	空気と熱に安定。 アルカリや光に不安定。	血液凝固因子の活性化、骨形成の調整、動脈の石灰化抑制作用に関与。	血液凝固時間の延長 新生児の出血性疾患（消化管出血、頭蓋内出血）

おもに含まれる食品	備考
野菜、じゃが芋、果実など。 赤ピーマン、ブロッコリー、菜の花、カリフラワー、じゃが芋、甘柿、キウイフルーツ、 いちご、アセロラジュース	還元型（アスコルビン酸）と酸化型（デヒドロアスコルビン酸）がある。 ニンジン、キュウリなどにはアスコルビン酸酸化酵素が多い。 ダイコンとニンジンの「もみじおろし」の場合、1時間くらいまではCの酸化はあるが、分解は10％程度。 喫煙者や受動喫煙者では、非喫煙者に比べてCの必要性が高い。
レチノールは肝臓（レバー）、魚介類などに、β-カロテンは緑黄色野菜に多い。 レバー（牛、豚、鶏）、アンコウの肝、ギンダラ、ホタルイカ、モロヘイヤ、にんじん、かぼちゃ、ほうれん草、豆苗	一部のカロテノイドはプロビタミンとして、生体内で必要に応じてAに転換される。 B-カロテンは、プロビタミンのうち最もA活性が高い。 一般にリコペンなどのカロテノイドは抗酸化作用、免疫賦活作用を有し、一部のがんの発症を抑制することが報告されている。 サプリメント、レバーの大量摂取により過剰症を引き起こす場合がある。
おもに魚に含まれる。 サケ類（シロサケ、ベニザケ、ギンザケ）、マイワシ、サンマ、ウナギ、ちりめんじゃこ、アンコウの肝、きくらげ	D_2供給源は、酵母やきのこ類。 D_3供給源は、動物性食品。 紫外線（UV-B）を受けてプロビタミンD_3を皮膚で産生する。 過剰症として高カルシウム血症、腎障害、軟組織の石灰化などが知られている。
おもに種実類、魚卵、植物油など。 アーモンド（乾）、落花生（乾）、スジコ（イクラ）、タラコ、ひまわり油、ウナギ、モロヘイヤ、西洋かぼちゃ	Eには同族体として、4種のトコフェロールと4種のトコトリエノールがあり、メチル基の数でα、β、γ、σに区別される。 同族体のうち、肝臓はα-トコフェロールを優先的に取り込み、代謝する。
納豆や葉野菜に多い。 納豆、モロヘイヤ、あしたば、つるむらさき、ほうれん草、豆苗、抹茶、わかめ	K_1供給源は、植物性食品（特に緑黄色野菜）。 K_2供給源は、納豆。 腸内細菌の合成したK_2を吸収利用できる。 抗血栓薬のワーファリン（※）服用時は、納豆、クロレラ、青汁が禁忌となる。

※ワーファリン：血栓を防ぐための薬

科学

第5章

健康と栄養

■ 無機質についてのまとめ（表5-3）

名称	人体内の所在	生理作用
カルシウム（Ca）	体重の1～2%を占める。99%はリン酸塩・炭酸塩・フッ化物として骨・歯の成分となっている。残りは、血液、組織液、骨や歯以外の組織中に主としてカルシウムイオンとして存在している。血液中のカルシウム濃度は、8.5～10.4mg/dLに維持されている。	骨・歯などの硬組織の形成。筋肉の収縮と拡張。神経細胞の情報伝達。免疫反応の調節。
リン（P）	約85%はリン酸塩として骨や歯の成分となっている。約14%がリン酸エステルとして軟組織や細胞膜に存在する。リン酸は、細胞内液の主要な陰イオンとして存在している。	骨・歯などの硬組織を形成。リン脂質、核酸、リンタンパク質などを形成。ATPの形成。
鉄（Fe）2価鉄と3価鉄が存在する。	70～75%は機能鉄として存在している。このうち、60%～70%がヘモグロビン、残りがミオグロビンや鉄含有酵素の構成成分である。25～30%は貯蔵鉄として肝臓、膵臓、骨髄などでおもにフェリチンとして存在している。	ヘモグロビンや各種酵素を形成。
ナトリウム（Na）	大部分は、細胞外液中にナトリウムイオンとして存在する。細胞内液中の存在量はわずかである。胆汁、膵液、腸液などの構成材料としても存在する。	細胞外液量の維持。浸透圧調整。酸・塩基平衡。神経の刺激伝達。動物細胞膜上におけるナトリウムイオン・カリウムイオンによる交換的能動輸送。
カリウム（K）	大部分は、細胞内液中にカリウムイオンとして存在する。細胞外液中の存在量はわずかである。	浸透圧調整。酸・塩基平衡。神経の刺激伝達。酵素の活性化。動物細胞膜上におけるナトリウムイオン・カリウムイオンによる交換的能動輸送。抗高血圧作用。
ヨウ素（I）	70～80%は、甲状腺ホルモン（チロキシン）として存在する。	甲状腺ホルモンの構成元素（生殖、成長、発育などの生理的プロセスを制御、エネルギー代謝の亢進）。
マグネシウム（Mg）	骨に50～60%。残りは筋肉や脳、神経組織などに存在する。血清中には1.8～2.3mg/dLで維持され、多くはマグネシウムイオンとして存在する。	骨・歯などの硬組織の形成。酵素の補因子。神経の興奮。筋肉収縮。
マンガン（Mn）	約25%は骨に存在する。残りは、生体内組織や臓器にほぼ均等に分布する。	酵素の構成元素。骨代謝、糖代謝、脂質代謝、抗酸化ストレス作用などに関与。
銅（Cu）	約65%は、筋肉で骨、約10%は肝臓に分布する。	酵素の構成元素。エネルギー産出。鉄代謝（造血作用、貯蔵鉄増員作用）。骨代謝。細胞外マトリックスの成熟。神経伝達物質の産出。抗酸化ストレス作用などに関与。

欠乏症状	おもに含まれる食品
骨軟化症、骨粗鬆症、高血圧、動脈硬化などを招く場合がある。	牛乳・乳製品、小魚、大豆・大豆製品のほか、緑黄色野菜や乾物にも多く含まれる。 牛乳、プロセスチーズ、ヨーグルト、丸干しイワシ、シシャモ、小松菜、モロヘイヤ、水菜、切り干し大根、ひじき
通常の食事で欠乏することはまれ。 二次性欠乏症として、骨軟化症、くる病など。	おもに動物性食品に含まれる。 プロセスチーズ、キンメダイ、ウナギ、シシャモ、レバー（豚、牛、鶏）、ボンレスハム
鉄欠乏性貧血（さじ状爪、異食症）。 運動機能や認知機能等の低下。	レバー、赤身の肉や魚、貝類、緑黄色野菜などに多く含まれる。 レバー（豚、鶏）、牛ヒレ肉、カツオ、シジミ、小松菜、菜の花（花蕾）、がんもどき、納豆
通常の食事で欠乏することはまれ。 下痢や嘔吐による低ナトリウム血症で錯乱、昏睡、痙攣など。 大量発汗によるナトリウム損失で吐き気、筋肉痛、食欲不振など。	調味料や加工食品に多く含まれる。 食塩、みそ、しょうゆ、固形コンソメ、イカの塩辛、タラコ、佃煮、漬け物
通常の食事で欠乏することはまれ。 下痢や嘔吐、利尿降圧剤の長期間使用などによる低カリウム血症で筋力減退、無気力、食欲不振、吐き気など。	幅広く食品に含まれるが、野菜、芋、果実などに多い。 ほうれん草、枝豆、小松菜、バナナ、キウイフルーツ、里芋、納豆、サワラ、メカジキ、カツオ
甲状腺腫。妊娠中のヨウ素欠乏は死産、流産、胎児の先天異常や先天性甲状腺機能低下症を引き起こす可能性がある。	海藻、魚介類に多く含まれる。 ひじき、わかめ、焼きのり、マダラ、アワビ、昆布だし
低マグネシウム血症による、悪心、嘔吐、食欲不振、筋肉の痙攣など。	さまざまな食品に含まれる。種実類、葉野菜、未精製の穀類に特に多く含まれる。 アーモンド、落花生、ほうれん草、つるむらさき、玄米ごはん、大豆（乾）
通常の食事で欠乏することはまれ。 実験動物では、成長障害、骨格異常、妊娠障害など。	野菜、穀類、大豆などの植物性食品に多い。 モロヘイヤ、せり、玄米ごはん、そば、大豆（乾）、油揚げ、松の実、干し柿
銅貧血（鉄投与の無反応）、白血球の減少、脊髄神経系の異常、発達期の骨形成障害など。 先天的な銅代謝異常としてメンケス病がある。	イカ、タコ、レバーなどに特に多い。 イイダコ、シャコ、ホタルイカ、レバー（牛、豚）、種実類、きな粉

名称	人体内の所在	生理作用
コバルト（Co）	ビタミンB$_{12}$の構成元素であり、肝臓ほか、ほとんどの組織に存在する。	骨髄の造血機能。
塩素（Cl）	塩素イオンとして細胞外液中に存在する。胃液中の塩酸に含まれる。	浸透圧調整。 酸塩基平衡。胃液の塩酸の構成元素。
亜鉛（Zn）	おもに骨格筋・骨・肝臓などに分布している。	酵素の構成元素。 酵素の活性化。 細胞分化。たんぱく質合成。免疫機能。骨代謝の調節。解毒作用。 抗酸化ストレス作用などに関与。
セレン（Se）	グルタチオンペルオキシダーゼなど、含セレンタンパク質として存在する。	酵素の構成元素。 甲状腺ホルモン代謝。 抗酸化ストレス作用などに関与。
クロム（Cr）	肝臓・腎臓・肺などに存在する。 インスリンの作用を増強するクロモデュリンと呼ばれる物質には、4つの三価クロムイオンが結合している。	糖代謝（インスリン作用を増強）。 コレステロール代謝。
硫黄（S）	おもに含硫アミノ酸としてタンパク質中に含まれる。	含硫アミノ酸、補酵素、ビタミンB$_1$、ビオチン、グルタチオンなどの構成元素。
フッ素（F）	95％が骨、歯に存在する。	骨、歯などの硬組織の形成。
モリブデン（Mo）	肝臓、腎臓などに存在する。	酵素の構成元素。 硫酸・亜硫酸代謝、アミノ酸代謝、尿酸代謝に関与。

資料）『食品成分表2022資料編』（女子栄養大学出版部）をもとに作成

欠乏症状	おもに含まれる食品
貧血（ウシ、ヒツジ：食欲不振、体重減少、小細胞高色素性貧血など）	肝臓、魚介類、乳製品、もやし、納豆などに多い。
低塩素性アルカローシス。胃液の酸度低下に伴う食欲不振・消化不良	おもに食塩から供給される。
皮膚炎、味覚障害、成長遅延、免疫機能障害、創傷治癒遅延	動物性食品に多く含まれる。カキ、ホタテガイ、ホヤ、イイダコ、豚レバー、牛もも肉（赤身部分）、ラム肩肉、卵（卵黄）、油揚げ
克山（ケシャン）病、カシン・ベック病	魚介類に多く含まれる。マガレイ、カツオ、アマダイ、マサバ、ズワイガニ、アンコウの肝、タラコ
耐糖能異常、体重減少	幅広く食品に含まれる。青のり、刻みこんぶ、がんもどき、サザエ、じゃが芋、ミルクチョコレート、黒砂糖
通常の食事で欠乏することはない。	魚介類、肉類、鶏卵などの動物性食品に多く含まれる。
虫歯発生リスクの上昇。	魚介類や緑茶（葉）に多く含まれる。
通常の食事で欠乏することはまれ。	食品中に含まれるのは微量だが、豆類や穀類に比較的多く含まれる。大豆、緑豆、糸引き納豆、枝豆、オートミール

第3節 6つの基礎食品群

　「6つの基礎食品群」は栄養成分の類似している食品を6群に分類することにより、バランスのとれた栄養を摂取するために、具体的にどんな食品をどのように組み合せて食べるかを誰もがわかるようにしたものである。栄養素のはたらきに着目した「三色食品群」と合わせて、これらを活用して栄養素をバランスよくとるには、いろいろな食品を上手に組み合わせた食事が大切である。

第1群「魚、肉、卵、大豆」

　良質タンパク質が多く、肉や血液となるものであり、毎日の食事で主菜となるものである。同時にとれる栄養素としては、脂肪、カルシウム、鉄、ビタミンA、ビタミンB_1、ビタミンB_2があり、これらの給源としても、大きな役割を果たす。

第2群「牛乳、乳製品、骨ごと食べられる魚」

　カルシウムが多く、骨や歯をつくる牛乳、乳製品は、比較的多くの栄養成分を含み、タンパク質、ビタミンB_2の給源としての役割も大きい。小魚類は、タンパク質、カルシウムを多く含み、鉄、ビタミンB_2の給源にもなる。

第3群「緑黄色野菜」

　野菜は、一般的に緑黄色野菜（ニンジン、ホウレン草、カボチャ、小松菜など）と、そのほかの野菜（キャベツ、レタス、キュウリ、ハクサイなどの淡色野菜）に区別される。

　緑黄色野菜は、β-カロテン当量が600μg以上の野菜と定義され、主としてカロテン（ビタミンA）の給源となるが、ビタミンCおよびカルシウム、鉄、ビタミンB_2の給源としても大きな役割を果たす。

第4群「その他の野菜、果物」

　主としてビタミンCの給源として重要である。そのほか、カルシウム、ビタミンB₁、ビタミンB₂の給源としての役割も大きく、第3群以外の野菜及び果実類が含まれる。

第5群「コメ、パン、麺、イモ」

　糖質性エネルギー源となる食品である。コメ、オオムギ、コムギなどの穀類と、その加工品及び砂糖類、菓子類などがある。イモ類は、糖質のほかにビタミンB₁、ビタミンCなども比較的多く含む。

第6群「油脂」

　脂肪性エネルギー源となる食品で、大豆油、コメ油などの植物油、バター、ラードなどの動物脂及びマヨネーズ、ドレッシングなどが含まれる。

■食品分類法（表5-4）

三色食品群	6つの基礎食品群		
	群	栄養的特徴	食品の類別
おもに体をつくるもとになる（赤）	第1群	タンパク質が多く、おもに筋肉や血液になる。	魚、肉、卵、大豆
	第2群	カルシウムが多く、骨や歯をつくる。	牛乳・乳製品、海藻、小魚
おもに体の調子を整えるもとになる（緑）	第3群	色の濃い野菜で、ビタミン、ミネラルが多い。	緑黄色野菜
	第4群	色の薄い野菜や果物で、ビタミン、ミネラルが多い。	淡色野菜、果物
おもにエネルギーのもとになる（黄）	第5群	穀類やイモ類で、糖質が多い。	穀類、イモ類、砂糖類
	第6群	油脂製品で、脂質が多い。	油脂類、脂肪の多い食品

資料）厚生労働省ホームページ（https://www.mhlw.go.jp）をもとに作成

第4節 食生活と健康づくり

1. 食生活の変化と健康状態

　栄養を実際にどのように摂取すれば健康的な生活を送ることができるのかは、食事摂取基準を参考に考えることができる。

(1)日本人の食事摂取基準

　国民の健康の保持・増進、欠乏症、生活習慣病、過剰摂取による健康障害などの予防を目的に、厚生労働省が健康増進法にもとづき、食事によってとりたいエネルギー量や各種栄養素の摂取量の基準を定めている。それが「日本人の食事摂取基準」で、5年ごとに改定される。

　食事摂取基準は、年齢別、性別、身体活動レベル別、妊婦・授乳婦別に算出されている。エネルギーの指標として推定エネルギー必要量は、1日の基礎代謝量に身体活動レベルを乗じて算出される。エネルギー摂取の過不足の回避を目的に、摂取エネルギー量と消費エネルギー量のバランスの指標として目標BMI*（Body Mass Index）を重要視している（表5-5）。

■目標とするBMIの範囲（表5-5）

年齢（歳）	目標とするBMI（kg/m²）
18〜49	18.5〜24.9
50〜69	20.0〜24.9
70以上	21.5〜24.9

＊BMIの求め方：BMI＝体重（kg）÷［身長（m）×身長（m）］
資料）厚生労働省「日本人の食事摂取基準（2015年版）」

（2）栄養状態の現状

　国民の栄養素の摂取状況と身体状況は、厚生労働省が毎年実施する国民健康・栄養調査によって明らかにされている。

　近年の状況について、エネルギー摂取量の推移は、戦後いったん増加し、1970年代後半以降は減少傾向である。エネルギーやタンパク質摂取量は、男女とも60歳代がもっとも多く、年齢が高いほど、タンパク質は肉類より魚介類から摂取している割合が高い。魚介類、豆類、乳類、野菜類、果実類といった食品群の摂取量は、60歳以上の世代に比べ、若年世代は少ない。食塩摂取量は平成7年（1995年）より減少傾向が続いているが、「日本人の食事摂取基準（2020年版）」では、男性7.5g/日未満、女性6.5g/日未満を目標量としている。

2. 望ましい食生活の実現に向けて

（1）食生活指針

　「食生活指針」（表5-6）は、ひとりひとりの健康増進、生活の質（QOL）の向上、食料の安定供給の確保などを図ることを目的として、平成12年（2000年）3月に当時の文部省、厚生省、農林水産省が策定した。近年、日本の食生活は、飽食ともいわれるほど豊かになっているが、脂質をとりすぎるなどの栄養バランスの偏りや、食料資源の浪費などの問題が生じている。食生活指針は、食料生産・流通から食卓、健康へと幅広く食生活全体を視野に入れ、作成されていることが大きな特徴である。その内容は、生活の質の向上を重視し、バランスのとれた食事内容を中心に、食料の安定供給や食文化、環境にまで配慮したものになっている。

（2）食事バランスガイド

　「食事バランスガイド」（図5-1）は、1日に「何を」「どれだけ」食べたらよいかを考える際の参考になるよう、食事の望ましい組合せとおおよその量をイラストでわかりやすく示したものである。「食生活指針」を具体的に行動に結びつけるものとして、平成17年（2005年）6月に厚生労働省と農林水産省が

■食生活指針（表5-6）

食生活指針	食生活指針の実践
食事を楽しみましょう。	● 毎日の食事で、健康寿命をのばしましょう。 ● おいしい食事を、味わいながらゆっくりよく噛んで食べましょう。 ● 家族の団らんや人との交流を大切に、また、食事づくりに参加しましょう。
1日の食事のリズムから、健やかな生活リズムを。	● 朝食で、いきいきした1日をはじめましょう。 ● 夜食や間食はとりすぎないようにしましょう。 ● 飲酒はほどほどにしましょう。
適度な運動とバランスのよい食事で、適正体重の維持を。	● 普段から体重を量り、食事量に気をつけましょう。 ● 普段から意識して身体を動かすようにしましょう。 ● 無理な減量はやめましょう。 ● とくに若年女性のやせ、高齢者の低栄養にも気をつけましょう。
主食、主菜、副菜を基本に、食事のバランスを。	● 多様な食品を組み合わせましょう。 ● 調理方法が偏らないようにしましょう。 ● 手づくりと外食や加工食品・調理食品を上手に組み合わせましょう。
ごはんなどの穀類をしっかりと。	● 穀類を毎食とって、糖質からのエネルギー摂取を適正に保ちましょう。 ● 日本の気候・風土に適している米などの穀類を利用しましょう。
野菜・果物、牛乳・乳製品、豆類、魚なども組み合わせて。	● たっぷり野菜と毎日の果物で、ビタミン、ミネラル、食物繊維をとりましょう。 ● 牛乳・乳製品、緑黄色野菜、豆類、小魚などで、カルシウムを十分にとりましょう。
食塩は控えめに、脂肪は質と量を考えて。	● 食塩の多い食品や料理を控えめにしましょう。食塩摂取量の目標値は、男性で1日7.5g未満、女性で6.5g未満とされています。 ● 動物、植物、魚由来の脂肪をバランスよくとりましょう。 ● 栄養成分表示を見て、食品や外食を選ぶ習慣を身につけましょう。
日本の食文化や地域の産物を活かし、郷土の味の継承を。	● 「和食」をはじめとした日本の食文化を大切にして、日々の食生活に活かしましょう。 ● 地域の産物や旬の素材を使うとともに、行事食を取り入れながら、自然の恵みや四季の変化を楽しみましょう。 ● 食材に関する知識や調理技術を身につけましょう。 ● 地域や家庭で受け継がれてきた料理や作法を伝えていきましょう。
食料資源を大切に、無駄や廃棄の少ない食生活を。	● まだ食べられるのに廃棄されている食品ロスを減らしましょう。 ● 調理や保存を上手にして、食べ残しのない適量を心がけましょう。 ● 賞味期限や消費期限を考えて利用しましょう。
「食」に関する理解を深め、食生活を見直してみましょう。	● 子供のころから、食生活を大切にしましょう。 ● 家庭や学校、地域で、食品の安全性を含めた「食」に関する知識や理解を深め、望ましい習慣を身につけましょう。 ● 家族や仲間と、食生活を考えたり、話し合ったりしてみましょう。 ● 自分たちの健康目標をつくり、よりよい食生活をめざしましょう。

※文部省、厚生省、農林水産省決定　平成28年6月一部改訂
資料）厚生労働省ホームページ（https://www.mhlw.go.jp）をもとに作成
（注）厚生労働省「日本人の食事摂取基準」（2020年版）より

決定した。

　食事バランスガイドのコマには、バランスのとれた食事の組合せが、おおまかな量で示されており、コマのなかにはバランスのとれた1日分の料理と、その組合せが示されている。コマは5つの料理グループ（主食、副菜、主菜、牛乳・乳製品、果物）に分けられ、それぞれ目安となる料理とその分量がひとつまたはサービングサイズ（SV）の単位で示されている（表5-7）。年齢、性別、身体活動量によってコマの大きさは異なるので、アピールする対象によって全体量を変える必要がある。バランスが悪いとコマは倒れてしまうが、1食あたりのバランスが悪いからといって、すぐに食事バランスが悪いと判断する必要は

■食事バランスガイド（図5-1）

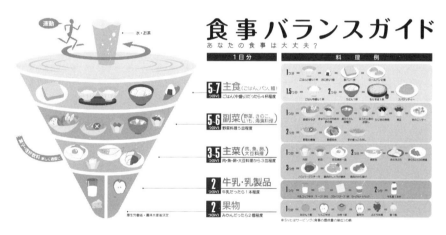

資料）農林水産省ホームページ（http://www.maff.go.jp）

■食事バランスガイド ひとつ（SV）の基準（表5-7）

区分	料理の量
主食	ごはん、パン、麺などの主材料に由来する炭水化物がおおよそ40g
副菜	主として各種ビタミン、ミネラル及び食物繊維の供給源となる野菜などに関して、主材料の重量がおおよそ70g
主菜	肉、魚、卵、大豆などの主材料に由来するタンパク質がおおよそ6g
牛乳・乳製品	主材料に由来するカルシウムがおおよそ100mg
果物	主材料の重量がおおよそ100g

資料）農林水産省ホームページ（http://www.maff.go.jp）をもとに作成

なく、一定期間を目安として食生活のバランスをチェックするように説明されている。

(3)食育

　食育は、生きるうえでの基本であって、知育、徳育、体育の基礎となるものであり、さまざまな経験を通じて「食」に関する知識と「食」を選択する力を習得し、健全な食生活を実現することができる人間を育てることである。平成17年（2005年）に制定された「食育基本法」は、生涯にわたって健全な心身を培い、豊かな人間性をはぐくむため、食育に関する施策を総合的かつ計画的に推進し、健康で文化的な生活と豊かで活力ある社会の実現に寄与することを目的として、以下の7つの基本理念を示している。

①国民の心身の健康の増進と豊かな人間形成
②食に関する感謝の念と理解
③食育推進運動の展開
④子どもの食育における保護者、教育関係者などの役割
⑤食に関する体験活動と食育推進活動の実践
⑥伝統的な食文化、環境と調和した生産などへの配意及び農山漁村の活性化と食料自給率の向上への貢献
⑦食品の安全性の確保などにおける幅広い食育の役割

　これらの基本理念をもとにひとりひとりが食生活に関する適切な知識や判断力を養い、健康的な食生活を実践する力を身につけることが必要である。

〈参考文献〉
1）新調理師養成教育全書　食生活と健康　全国調理師養成施設協会
2）新調理師養成教育全書　食品と栄養の特性　全国調理師養成施設協会
3）調理師読本　日本栄養士会編
4）三訂栄養と健康　日本フードスペシャリスト協会編
5）七訂食品成分表　女子栄養大学出版部
6）平成29年国民健康・栄養調査

第6章

食の安全

第1節 概説

　食物は、生命の維持、身体の発育、健康の維持・増進のために必要なものであり、衛生的かつ安全であることが重要である。不衛生な食物を飲食した場合、健康障害を引き起こし、死に至ることもある。食物に対する消費者の要望はきわめて多様であるが、安全は基本的な必要条件である。食物の安全性が確保され、安心して消費できることが、食の楽しさや喜びの前提となる。

　食品衛生は、世界保健機関（WHO）によると、「食品の生育、生産、製造から消費されるまでのあらゆる段階において、食品の安全性と有益性、健全性を保持するために必要なすべての手段を意味する」と定められている。日本ではBSE（牛海綿状脳症）の発生と、それに続いて多発した食品表示偽装事件などによって、食品の安全性について消費者の信頼性が揺らいだことを背景に、平成15年（2003年）に食品衛生法と食品安全基本法を基本として抜本的に見直された。

　ここでは「食の危険」について考察し、さらにこれらにどのように対抗し、「食の安全」を図っていくかを講ずる。

第2節 衛生微生物

微生物とは、ウイルス、細菌、カビなどが含まれるが、人や動物の体内に侵入して病原性を発揮する微生物を衛生微生物という。微生物の増殖に必要な要素は、栄養素、水分及び温度で、それに時間がかかわる。ほかにも微生物の種類によって、酸素の有無、pH（ピーエッチまたはピーエイチ。水素イオン指数、水素イオン濃度指数、水素指数などと訳される）、酸化還元電位、塩類濃度、浸透圧なども影響する。

●栄養素
細菌のおもな栄養素として、糖などの炭素源、アミノ酸などの窒素源、ビタミン類、ミネラルなどが必要である。

●水分
水は微生物に75〜85％含まれており、その増殖に水分が重要な役割を果たしている。水分が多い食品ほど微生物が増殖しやすく、乾燥や塩漬けなど、微生物が利用できる食品の水分を少なくすることで貯蔵性を高めることが可能である。

●温度
微生物は、種類によって増殖温度帯が異なるが、人に健康危害を及ぼす大部分は至適増殖温度30〜40℃である。

●酸素
細菌と酸素との関連については、細菌の種類によって異なる。
①好気性菌：酸素を絶対必要とするもの。(例)カビ
②微好気性菌：少量(5〜15％)の酸素を必要とするもの。(例)カンピロバクター
③通性嫌気性菌：酸素があってもなくてもよいもの。(例)大腸菌などの多くの微生物
④偏性嫌気性菌：酸素を全く必要としない。(例)ボツリヌス菌、ウェルシュ菌

●pH／水素イオン指数　※pH7が中性、7より大がアルカリ性、7より小が酸性。

　一般に、細菌は中性から弱アルカリ性を好み、酸性では菌の増殖が阻害される。しかし、カビは酸性でも増殖できるものが多い。

第3節 経口伝染病とその他の病気

　病原体となる微生物（細菌、ウイルスなど）が宿主（しゅくしゅ）となる生物に侵入・定着し、増殖することを感染といい、感染のために引き起こされる疾病を感染症というが、人から人へ直接または間接的に伝播する病気の場合には、伝染病ともいう。

　経口感染症（消化器感染症ともいう）は、飲食物により媒介される感染症であり、感染症の定義や届け出などが規定されている感染症法における原因細菌には、赤痢菌、コレラ菌、チフス菌、パラチフスA菌がある。感染源は患者や保菌者の排泄物（糞便と尿）で汚染された飲食物を摂取したときや、汚染された河川の水や井戸水を飲むことによって感染する。第4節に記すほかの細菌性食中毒菌と違って少量の菌量で発病し、人から人へ感染し、潜伏期間は一般的に長い。そのため、感染経路の遮断や感染源の除去、抵抗力の増強などが必要となる。予防方法としては、水質検査の定期的な実施、患者・保菌者の早期発見、手洗いの励行、ハンドタオルの共用を避ける、食器・器具は洗浄・消毒を行って清潔に保管する、媒介するネズミ・ハエ・ゴキブリの駆除、などが挙げられる。

　一方、私たちが口にする家畜や家禽のような動物も、細菌やウイルス、寄生虫などの感染に対し、人間と同様の条件におかれている。

　人畜共通の病気は世界で約200種類といわれ、このうち動物から人間に感染し、人間の衛生に影響を及ぼす重要なものは約90種類といわれている。人畜共通の病気に人間が感染するのは、病気にかかった動物の肉、卵、乳を摂取するか、これらの病気にかかった動物に接触することによる。

第4節 食中毒

食中毒とは、汚染された食物や、有毒物を含む食物を食べることで、病原微生物に感染、またはそれが産生する毒素や有毒物質などにより、一定の潜伏期間を経て嘔吐、腹痛、下痢、神経症状といった健康障害を起こすことである。重篤に陥るケースも少なくなく、ときには死に至ることもある。

食中毒にはいろいろな種類があり、その病因物質によって表6-1のように大別できる。

食中毒の発生件数は年間1000〜1500件程度、患者数は2万人程度と幅が広い。病因物質別で細かく見ると、発生件数、患者数ともノロウイルスが多いのが最近の傾向で、ノロウイルスの発生件数は冬季から春季に多い。細菌性食中毒の場合は件数、患者数ともカンピロバクターが多く、サルモネラ属菌、ブドウ球菌などが続く。日本の気候も変化しており、梅雨時期だけでなく、高温多湿な期間が長期化する傾向にある。春や秋は他の時期に比べて自然毒による発生も多く、食中毒は年間を通し発生していることから、日頃から予防を心がける必要がある。

■ 食中毒の分類（表6-1）

細菌性食中毒	感染型	細菌が腸管内で増殖して症状を起こすもの。 感染侵入型(例)サルモネラ、カンピロバクター 感染毒素型(例)腸炎ビブリオ、ウェルシュ菌
	毒素型	細菌が食品中で産生する毒素によるもの。 (例)黄色ブドウ球菌、ボツリヌス菌
ウイルス性食中毒	感染型	ウイルスが腸管内で増殖して症状を起こすもの。 (例)ノロウイルス、A型肝炎ウイルス など
自然毒食中毒	動物性	フグ毒、貝毒 など
	植物性	毒キノコ、ジャガイモの芽 など
化学性食中毒		有毒な化学物質によるもの。 (例)水銀、ヒ素、ヒスタミン など

食中毒の原因となった食品は、魚介類、次いで弁当・調理パン・惣菜などの複合調理食品の順で多い。食中毒の原因施設としては、飲食店がもっとも多く、次いで家庭が多い。

食中毒の発生件数の多い細菌性食中毒のうち、感染型は腸管内に入った病原菌が増殖して健康障害を起こすが、細菌が増殖して細胞や組織に侵入して発症する「感染侵入型」と、細菌が体内で増殖するときに産生した毒素によって発症する「感染毒素型」に分類することがある。毒素型食中毒は原因細菌が食品中で大量に増殖し、その際に産生された毒素を食品とともに摂取することによって発病する。発病までの時間が短いのが特徴である（表6-2）。

ウイルス性食中毒は、ほとんどがノロウイルスによるもので、感染者との接触、飲料水やカキをはじめとする貝類などの経口、感染者の排泄物からの飛沫により感染する。予防には生食を避け、十分に加熱するほか、塩素消毒も有効である。

■ 細菌性食中毒の特徴（表6-2）

	型	病因	感染源	原因食品	潜伏期	主な症状	予防方法・特徴
感染型	感染侵入型	サルモネラ属菌	家畜やネズミや昆虫などの保菌動物、保菌者 など	鶏卵、鶏肉、牛肉、乳・乳製品 など	6〜72時間（12〜24時間が多い）	発熱、下痢（水溶性）、腹痛、吐き気	十分に加熱する、ネズミやハエ、ゴキブリなどを駆除する。
		カンピロバクター	鶏、牛などの家畜、ペットの犬、猫、野鳥 など	鶏肉、水、糞便による汚染食品	2〜7日間（2〜4日が多い）	下痢、腹痛、発熱、まれにギランバレー症候群	食肉の生食は避け、十分に加熱する。熱、塩、乾燥に弱い。
	感染毒素型	腸炎ビブリオ	近海海水、海底泥土	生食用近海産魚介類（あじ、いかなど）及び加工品、浅漬け	8〜20時間（12時間程度が多い）	上腹部痛、下痢、発熱	真水による流水洗浄、加熱後の低温保存。酸に弱い。
		ウェルシュ菌	土壌、下水、人や動物の腸内	肉を使用した大量調理食品（カレー、シチュー）、めんつゆ	8〜22時間（12時間程度が多い）	下痢、腹痛	耐熱性のA型が多い。加熱調理後の低温保存。
		病原性大腸菌	人や動物の腸内、土壌、下水	牛肉、水、生野菜、水産食品	8〜30時間（10〜15時間が多い）	頭痛、発熱、嘔吐、下痢、腹痛、血便 など	十分な加熱。乳幼児や高齢者では重症化しやすい。
毒素型		黄色ブドウ球菌	人間の手指の化膿巣、乳房炎の牛の乳	握り飯、乳製品、シュークリーム、弁当	1〜6時間（3時間前後が多い）	吐き気、激しい嘔吐、下痢、腹痛 など	低温で保存。手指、顔に傷のある者は調理を行わない。
		ボツリヌス菌	土壌、水底土、魚類、動物	いずし、からしれんこん、ハム・ソーセージ（欧州）	2時間〜8日（12〜36時間が多い）	頭痛、めまい、吐き気、神経麻痺、呼吸困難	十分に加熱。毒性が強く致死率が高い。乳児にはちみつは使用しない。

第5節 寄生虫

寄生虫はほかの生物に寄生して生活する動物で、寄生先（宿主）の栄養をとって生息する。寄生虫は魚介類を宿主にするもの、肉類を宿主にするもの、野菜を宿主にするものに大きく分けられる。いずれの場合も、予防には十分な洗浄、加熱を心がけ、生食を避けることのほか、生の食材を扱った調理器具の消毒や手指の洗浄も大切である。寄生虫による健康障害は、衛生状態の改善で激減したが、最近はグルメブームによる魚介類や食肉の生食、海外渡航、輸入食材、有機野菜、ペットなどによって増加傾向にある。

● 魚介類から感染する寄生虫

海産魚類から感染するものに、アニサキス、クドア、旋尾線虫がある。アニサキスは、アジ、サバ、イカなどの体内で幼虫になり、これを生食すると胃や腸に幼虫が侵入し、急激な腹痛、吐き気、嘔吐を起こす。幼虫は加熱か、24時間の冷凍で死滅する。

淡水魚から感染するものに、顎口虫類、横川吸虫、肝吸虫、肺吸虫などがあり、加熱処理して食することが肝要である。

● 豚肉・牛肉から感染する寄生虫

豚肉や牛肉を生で食べることで付着していた寄生虫（有鉤条虫、無鉤条虫、旋毛虫、トキソプラズマ）に感染する。最近は、馬刺によるサルコシスティス（サルコシスティス・フェアリー）による食中毒が発生している。

● 野菜類や水などを感染源とする寄生虫

野菜類に付着する寄生虫の多くは、虫卵を産みつけている場合があり、体内でふ化して発症する。健康志向から有機野菜の人気が高まっているが、しっかりと洗浄、加熱することが大切である。

第6節 食品異物

(1)異物の種類

　食品中の異物は一般的に、動物性異物、植物性異物、鉱物性異物に分けられる。料理のなかに毛髪や虫が入っていたり、缶詰のなかに金属片が入っていたり、カビが生えていたなど、異物に関するトラブルは多い。これらの異物が人体に何らかの害を与えるものであれば、食品衛生法によって取り締まりの対象となる。

動物性異物：昆虫の破片、卵、幼虫、さなぎ、排泄物 など
　　　　　　　寄生虫の卵、動物の死骸、毛、排泄物、ダニ類 など
植物性異物：異種の植物種子、わら、種子の殻、カビ、紙片、木片、糸くず
鉱物性異物：土砂、ガラス片、金属片、陶磁器片、合成樹脂片 など

(2)異物混入の防止

　異物は、食品の種類、生産加工過程によって異なるので、常に食品を異物検査し、混入の発見とその原因究明に努める必要がある。
　調理に関する異物混入の防止対策としては、次のようなことを心がける。

①調理中は帽子などで頭をおおう。
②材料は厳選し、異物混入のおそれのあるものはふるい分け、ろ過、水洗いなどを行う。
③調理場の窓には網戸をつけ、昆虫やネズミが入らないようにしておく。
④調理終了後は、調理台や器具など使用したものを洗浄し、残りかすなどのないように清潔にしておく。
⑤調理場や戸棚などをよく清掃する。また、調理場は定期的に消毒をする。
⑥料理を入れる器具、容器などは、使用前に異物が付着していないことを確認する。

第7節 食品添加物

　食品の製造加工技術が進歩するにつれ、食品の種類や形態はますます多様化してきた。一方、加工食品やインスタント食品の普及や利用頻度の高まりにつれ、食品添加物の種類も、使用量も増加する傾向にある。これとともに、添加物の安全性について消費者の関心も高まってきた。

　食品衛生法では、「添加物とは、食品の製造過程、または加工もしくは保存の目的で、食品に添加・混和・浸潤その他の方法によって使用するもの」と定義されているが、日本では化学合成品については、人の健康に害のないものとして、薬事・食品衛生審議会の意見を聞いて定められた場合のみ、添加物として製剤及び食品を販売できる。規制の対象となるのは主として化学合成品である添加物で、令和3年（2021年）現在では表6-3のように認められている。

　食品添加物は、その使用目的によって以下のように分けられる。種類と用途例は表6-4に示す。

風味、外観をよくする：調味料、酸味料、甘味料、着色料、発色剤、漂白剤、光沢剤 など
保存性をよくし、食中毒を予防する：殺菌剤、保存料、防カビ剤、酸化防止剤 など
製造に必要：凝固剤、乳化剤、膨張剤 など
品質を向上させる：乳化剤、増粘剤、安定剤、ゲル化剤、糊剤、品質保持剤 など
栄養価を補充強化する：ビタミン、アミノ酸、無機質 など

■ 食品添加物の分類（表6-3）

分類	品目	概要
指定添加物	472	天然、合成の区別なく、すべて食品安全委員会による安全性の評価を受け、厚生労働大臣の指定を受けた添加物。 アスパルテーム、サッカリン、ソルビン酸 など
既存添加物	357	長年使用されており、厚生労働大臣が認め、名簿に記載されている天然添加物。 ステビア、コチニール色素、クチナシ色素 など
天然香料	約600	動植物から得た、食品の着香の目的で使用される天然添加物。 バニラ、レモン など
一般飲食物添加物	約100	一般に食品として供されるもので、添加物として使用される天然添加物。 果実飲料、寒天、青じそ など

資料）厚生労働省ホームページ（https://www.mhlw.go.jp）をもとに作成

■ 食品添加物の種類と用途例（表6-4）

種類	目的と効果	食品添加物例
甘味料	食品に甘味を与える。	キシリトール アスパルテーム
着色料	食品を着色し、色調を調節する。	クチナシ黄色素 食用黄色4号
保存料	カビや細菌などの発育を抑制し、食品の保存性をよくし、食中毒を予防する。	ソルビン酸 しらこたん白抽出物
増粘剤 安定剤 ゲル化剤 糊剤	食品に滑らかな感じや、粘り気を与え、分離を防止し、安定性を向上させる。	ペクチン カルボキシメチルセルロースナトリウム
酸化防止剤	油脂などの酸化を防ぎ、保存性をよくする。	エリソルビン酸ナトリウム ミックスビタミンE
発色剤	ハム・ソーセージなどの色調・風味を改善する。	亜硝酸ナトリウム 硝酸ナトリウム
漂白剤	食品を漂白し、白く、きれいにする。	亜硫酸ナトリウム 次亜硫酸ナトリウム
防かび剤 （防ばい剤）	柑橘類等のかびの発生を防止する。	オルトフェニルフェノール ジフェニル
イーストフード	パンのイーストの発酵をよくする。	リン酸三カルシウム 炭酸アンモニウム
ガムベース	チューインガムの基材に用いる。	エステルガム チクル

■ 食品添加物の種類と用途例（表6-4）つづき

種類	目的と効果	食品添加物例
かんすい	中華麺の食感、風味を出す。	炭酸ナトリウム ポリリン酸ナトリウム
苦味料	食品に苦味をつける。	カフェイン（抽出物） ナリンジン
酵素	食品の製造、加工に使用する。	β-アミラーゼ プロテアーゼ
光沢剤	食品の表面に光沢を与える。	シェラック ミツロウ
香料	食品に香りをつけ、おいしさを増す。	オレンジ香料 バニリン
酸味料	食品に酸味を与える。	クエン酸 乳酸
チューインガム 軟化剤	チューインガムを柔軟に保つ	グリセリン D-ソルビトール
調味料	食品にうま味などを与え、味をととのえる。	L-グルタミン酸ナトリウム 5'-イノシン酸ニナトリウム
豆腐用凝固剤	豆腐をつくるときに豆乳を固める。	塩化マグネシウム グルコノデルタラクトン
乳化剤	水と油を均一に混ぜ合わせる。	グリセリン脂肪酸エステル 植物レシチン
水素イオン濃度 調整剤（pH調整剤）	食品のpHを調節し、品質をよくする。	DL-リンゴ酸 乳酸ナトリウム
膨脹剤	ケーキなどをふっくらさせ、ソフトにする。	炭酸水素ナトリウム 焼ミョウバン
栄養強化剤	栄養素を強化する。	ビタミンC 乳酸カルシウム
その他の食品添加物	その他、食品の製造や加工に役立つ。	水酸化ナトリウム 活性炭、プロテアーゼ

資料）日本食品添加物協会ホームページ（https://www.jafaa.or.jp）をもとに作成

第8節 食品の腐敗

　食品の腐敗とは、おもに食品のタンパク質が分解して、徐々に単純な化合物となっていくことである。一方、変敗とは、食品の糖質や脂質が分解して風味が悪くなり、食用に適さなくなることである。微生物のはたらきによらず食品成分が変化していく現象、たとえば老化、褐変現象、油脂類の酸化などはおもに空気中の酸素や光（紫外線）のはたらきによるもので、これらも含めて変敗と呼ぶ。また変質とは、食品が徐々に鮮度を失って、乾いたり、色が変わったり、においが悪くなったりして、食用にならなくなった状態をいう。

　このような腐敗や変敗を防ぐためには、温度を低くし、水分を少なく、酸素濃度を低く保つことが条件として挙げられる。これらを利用して、古代よりさまざまな食品の保存方法が考え出されてきた。

第9節 食品衛生対策

（1）食品衛生の基本

●つけない、混入させない／清潔・洗浄
　汚染物質や有害物質、病原微生物、ガラスや金属片（ミキサーや包丁、缶詰蓋の破片）、ヘアピンなどを付着・混入させない。洗浄、消毒を適切に行う。

●増やさない／調理・配送・保管時の温度管理
　一般の食品には病原微生物が少量付着していることがあるので、これらが増殖するのを防ぐために温度管理を行う。細菌の増殖しやすい温度帯である30～40℃に食品を放置しないことが肝要である。温蔵庫や保温キャビネット（65℃以上）に収納するか、冷却保持（10℃以下、できるだけ5℃以下）にすることが望ましい。

●殺す（やっつける）／的確な加熱

　加熱可能な食品については付着・混入する病原微生物の殺滅のため、的確な加熱を行う。

①一般的には中心温度が75℃で1分以上。

②ノロウイルス汚染のおそれのある食品には中心温度85～90℃で90秒以上。

(2) HACCP

　HACCP（ハサップ）は、Hazard Analysis and Critical Control Pointの略であり、日本語では、「危害分析重要管理点」となる。原材料の入荷から最終製品の出荷、商品の販売・メニューの提供までの各工程ごとに、微生物による汚染や異物の混入などの危害要因（ハザード）を予測した上で、危害の防止につながる特に重要な工程を連続的・継続的に監視し、記録することにより、製品の安全性を確保する衛生管理手法である。令和3年6月1日から、原則としてすべての食品等事業者（食品の製造・加工、調理、販売等）にHACCPに沿った衛生管理が義務付けられた。

■HACCPの7原則（表6-5）

原則1	危害要因分析の実施（ハザード）	工程ごとに原材料由来や工程中に発生しうる危害要因を列挙し、管理手段を挙げていく。
原則2	重要管理点（CCP）の決定	危害要因を除去・低減すべきときに重要な工程を決定する（加熱殺菌、金属探知など）。
原則3	管理基準（CL）の設定	危害要因分析で特定したCCPを適切に管理するための基準を設定する（温度、時間、速度など）。
原則4	モニタリング方法の設定	CCPが正しく管理されているかを適切な頻度で確認し、記録する。
原則5	改善措置の設定	モニタリングの結果、CLが逸脱していたときに講ずるべき措置を設定する。
原則6	検証方法の設定	HACCPプランにしたがって管理が行われているか、修正が必要かどうかを検討する。
原則7	記録と保存方法の設定	記録はHACCPを実施した証拠であると同時に、問題が生じた際には工程ごとに管理状況をさかのぼり、原因追及の助けとする。

資料）日本食品衛生協会ホームページ（http://www.n-shokuei.jp）をもとに作成

第10節 食品の品質表示制度

食品の多様化とともに食品の品質及び安全性や健康に対する消費者の関心が高まったことを受け、食品を摂取する際の安全性及び一般消費者の自主的かつ合理的な食品選択の機会を確保するため、平成25年（2013年）に食品表示法が成立した。食品衛生法（衛生上の危害発生防止を目的）、JAS法（品質に関する適正な表示を目的）、健康増進法(国民の健康の増進を目的)の食品の表示に関する規定を統合して、食品の表示に関する包括的かつ一元的な制度として実施された。加工食品は2020年までに栄養成分の表示が義務づけられている。

食品の表示については、消費者庁のホームページを参考に、常に新しい情報を手に入れることが望ましい。

■ 現状の食品表示に関する法律（図6-3）

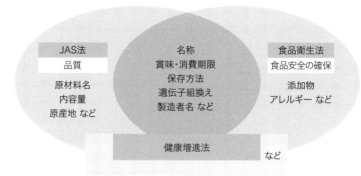

資料）消費者庁ホームページ（https://www.caa.go.jp）をもとに作成

第11節 食物アレルギー

近年、乳幼児から成人に至るまで、食物アレルギーの症状を起こす人が増え、なかには重篤なアナフィラキシーショック症状を起こし、対応の遅れから死に至る人もいる。そこでアレルギー物質に関する情報提供の重要性が指摘され、アレルギー症状が起こるのを避けるため、「特定原材料（表示を義務づける7品目）」と「特定原材料に準ずるもの（可能な限り表示するよう努める21品目）」が表示されることになった（表6-6）。さらに、平成27年（2015年）4月からは、食品原材料ごとにアレルギーの特定原材料を原則的に個別表示することになった。たとえば、原材料名の欄に「マヨネーズ」を記すのであれば、「マヨネーズ（卵を含む）」などと表記するようになった。

■表示されるアレルギー物質（表6-6）

特定原材料 （表示を義務づける7品目）	えび、かに、小麦、そば、卵、乳、落花生
特定原材料に準ずるもの （可能な限り表示するよう努める21品目）	アーモンド、あわび、いか、いくら、オレンジ、カシューナッツ、キウイフルーツ、牛肉、くるみ、ごま、さけ、さば、大豆、鶏肉、バナナ、豚肉、まつたけ、もも、やまいも、りんご、ゼラチン

資料）厚生労働省 ホームページ（https://www.mhlw.go.jp）をもとに作成
※くるみは特定原材料として2025年4月から表示義務化

〈参考文献〉
1）新調理師養成教育全書　食品の安全と衛生　全国調理師養成施設協会
2）三訂食品の安全性　第2版　日本フードスペシャリスト協会編
3）四訂フードスペシャリスト論　第5版　日本フードスペシャリスト協会編
4）日本食品衛生協会　http://www.n-shokuei.jp/index.html

特定保健用食品（略称トクホ）

食品のもつ特定の保健の用途を表示して販売される食品。特定保健用食品として販売するためには、製品ごとに食品の有効性や安全性について国の許可を受ける必要がある。

機能性表示食品

消費者庁長官に届け出た安全性や機能性に関する一定の科学的根拠にもとづき事業者の責任において表示を行うもの。特定保健用食品（トクホ）とは異なり、消費者庁長官の個別の許可を受けたものではない。

生産情報公表JAS

トレーサビリティ（次頁参照）システムの導入など「食卓から農場まで」顔の見える仕組みの整備の一環として、新しいタイプのJAS規格である「生産情報公表JAS規格」が導入されている。これは、事業者が自主的に食品の生産情報（生産者、品種、出荷日など）を消費者に正確に伝えていることを、第三者機関である登録認定機関が認定する。

BSE

牛海綿状脳症（Bovine Spongiform Encephalopathy）は牛の脳の組織にスポンジ状の変化を起こし、起立不能の症状を示す、遅発性かつ悪性の中枢神経系の疾病。1986年に英国で発見されたのが最初。日本では平成13年（2001年）9月21日にはじめてBSE感染牛が発見されている。平成14年（2002年）6月に「BSE（牛海綿状脳症）対策特別措置法」が制定されている。

スローフード

標準化、画一化されたファストフードとは異なる伝統ある食事文化を示す。イタリア・ローマにファストフード店のマクドナルドが出店したことから、1986年にイタリアのピエモンテ州ブラでスローフード運動としてスタートし、世界へ広がっている。活動の主旨は、以下の3点である。

①消えゆくおそれのある伝統食材や、質のよい食品、酒を守ること。
②質のよい素材を提供する小生産者を守ること。
③子どもたちを含め、消費者に味の教育を進めること。

用 語 解 説

発酵食品・醸造食品

　カビ・酵母・細菌などの発酵微生物が、有機化合物を分解してアルコール類・有機酸類・二酸化炭素などを生成する発酵反応を利用した食品が発酵食品。一方、醸造食品とは、発酵・熟成によってつくる食品のことである。具体的には、味噌、醤油、酢などの調味料、清酒、ビール、ワイン、焼酎、ウイスキーなどの酒類、さらに漬け物、納豆、パン、チーズ、ヨーグルト、乳酸菌飲料など、多岐にわたっている。

食品安全基本法

　BSEなど食の安全を脅かす事故が相次いで発生したことなどから、平成15年（2003年）7月1日に施行された。この法律により、新たな食品行政を行っていくために、内閣府のなかに食品安全委員会が設置された。この食品安全委員会の役割には、①リスク評価　②リスクコミュニケーションの実施　③緊急事態への対応、がある。

ISO

　国際標準化機構（International Organization for Standardization）という国際機関の名称。現在世界100ヵ国以上が加盟している。ISO9001は、品質システムに関しての各国共通規格。ISO14001は、環境管理システムに関するもの。日本ではこれをJIS規格として1996年から採用している。

特別栽培農産物に係る表示ガイドライン

　農林水産省では「有機農産物」や「無農薬栽培」など独自の基準にもとづき表示されていた農産物の多様な表示の統一化を図るため、平成4年（1992年）10月に「有機農産物等に係る青果物等特別表示ガイドライン」を制定し、平成8年（1996年）12月に有機農産物とそれ以外の特別栽培農産物の区分を明確化するため、「有機農産物及び特別栽培農産物に係る表示ガイドライン」として改正した。その後、平成12年（2000年）1月20日に「有機農産物」及び「有機農産物加工食品」は特定JAS規格が定められ、平成13年（2001年）4月1日より、JAS法による表示規制を開始している。そして平成15年（2003年）5月26日に「特別栽培農産物に係る表示ガイドライン」が改正され、「無農薬栽培農産物」「減農薬栽培農産物」「減化学肥料栽培農産物」などは表示が禁止されている。

トレーサビリティ

　農林水産省は、食品安全対策の一環として、農畜産物の生産履歴を消費者にも情報開示するトレーサビリティシステムの導入をはじめている。コメ、青果物、食肉、養殖水産物の生産工程履歴のJAS規格化などを推進。平成15年（2003年）12月1日には牛トレーサビリティ法（「牛の個体識別のための情報の管理及び伝達に関する特別措置法」）が施行されている。

用　語　解　説

ファイトケミカル（フィトケミカル）

　植物性食品（野菜、豆類、イモ、海藻）に含まれる化学物質（色素、香り、アクの成分）のことをいう。体の生理機能を活性化させる「機能性成分」である。ほとんどのファイトケミカルには活性酵素を無害化するはたらきがあり、生活習慣病や老化を防ぐ。多種類の食品を組み合わせてとったほうがより効果的である。代表的なファイトケミカルに、カロテン類、ポリフェノール類、テルペン類、イオウ化合物、β-グルカンなどがある。

ポリフェノール

　ほとんどのポリフェノールには抗酸化作用があり、がんや動脈硬化の原因となる活性酸素を無害化し、酸化を防ぐ効果がある。

■ ポリフェノールのおもな成分と機能（表6-7）

成分	機能	含有食品
アントシアニン	視力回復、肝機能の向上	ブルーベリー、赤ワイン など
フェルラ酸	しみ予防	玄米 など
カカオマスポリフェノール	アレルギー抑制、疲労回復	ココア など
カテキン	殺菌作用、虫歯・口臭予防	緑茶 など
ルチン	血管強化、血圧降下	ソバ
イソフラボン	女性ホルモンのバランス調整、冷え性改善	大豆
クルクミン	肝機能強化、胆汁の分泌促進	ターメリック など
ショウガオール	殺菌作用、胃液の分泌促進	ショウガ

メタボリックシンドローム

　腹部のまわりの内臓に脂肪が蓄積した内臓脂肪型肥満に加え、高血糖、高血圧、脂質異常のうちいずれか2つ以上を併せもった状態を「メタボリックシンドローム（内臓脂肪症候群）」という。内臓脂肪型肥満に加え、高血糖、高血圧、脂質異常が複数重なることによって動脈硬化を引き起こし、心臓病や脳卒中といった命にかかわる病気の危険性が急激に高まる。

※法令に関しては下記のホームページを参考にすること。
○農林水産省　JAS法、食品表示　http://www.maff.go.jp/j/jas
　　　　　　　トレサービリティ　http://www.maff.go.jp/j/syouan/seisaku/trace
○食品安全委員会　食品安全基本法　http://www.fsc.go.jp/hourei/index.html
○健康日本21　健康増進法　http://www.kenkounippon21.gr.jp/index.html

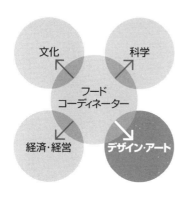

文化

科学

フード
コーディネーター

経済・経営

デザイン・アート

デザイン・アート

食環境デザインと
芸術的創造性

　国際社会はIT技術をベースに高度情報化経済へとボーダレスな加速をはじめた。結果、人々のライフスタイルは変化・変革を余儀なくされている。

　"衣・食・住"の各ジャンルにおいてもデザイン・アートをキーワードに、機能性や効率性、そして同時に快適性や安全性など、より人間としての安心感や充足感を重視する方向へと向かっている。

　一方、ボーダレスな国際社会は環境保全の流れがいっそう加速している。そのような厳しい状況下だからこそ、この章では「デザイン・アート」をキーワードに「食、及びフードビジネス」に重要な"食環境アメニティ"へのアプローチ、ブランド化などについて多面的にスタディする。

第**7**章

食空間の
あり方

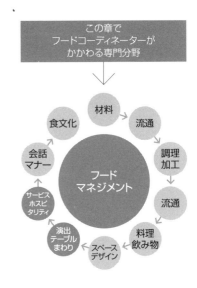

この章で
フードコーディネーターが
かかわる専門分野

食文化　材料　流通

会話
マナー　　フード
マネジメント　　調理
加工

サービス
ホスピ
タリティ　　流通

演出
テーブル
まわり　　スペース
デザイン　　料理
飲み物

第1節 食空間とは

1.「おいしい」とは何か

　食を提供するということは、生命維持のための栄養補給であると同時に、食
べる行為からくる精神的安らぎを満たすことでもある。「食べる」という行為
だけならどんな生物でも行っているが、「食を楽しむ」という行為は人間特有
のものであり、この「食の楽しみ」が満たされたとき、人は「おいしい」と表
現する。では、この「おいしい」にはどのような要因が含まれるのだろうか。

　「おいしさ」は、味覚、視覚、聴覚、嗅覚、触覚の五感で感じると昔からい
われているが、そのほかに温覚、冷覚、痛覚、圧覚なども加わった局所的感覚
の融合によるものである。なかでも、口にすることであるから「味覚」が重要
な要因なのは間違いないが、視覚の果たす役割も大きいことがわかっている。
さらに、おいしさに影響を及ぼす要因として、嗅覚、触覚、聴覚などが続く。
これらは、目隠しをして鼻をつまんで、ジャガイモとリンゴを食べ比べたとき、
味の区別ができなかったり、暗闇のなかでは何を食べているのかわからないと
いった事実や経験と一致する。

　私たちがリンゴを食べる場合、まずその形や色を見て、香りを嗅ぎ、持って

■「おいしさ」のメカニズム（図7-1）

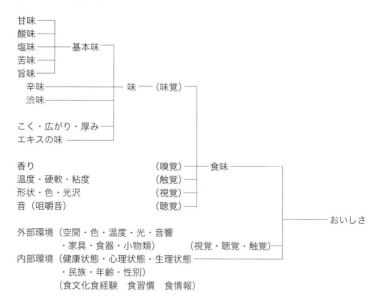

手ざわりや重さを感知し、脳の前頭葉に集まっている過去の記憶のなかから「リンゴ」というキーワードを取り出して認知した状態におく。リンゴが口に入ったら、味覚が甘い、酸っぱいなどの味を感知して識別する。そして過去の記憶を判断基準に、「リンゴは好き（嫌い）」「リンゴとしてはおいしい（まずい）」など感情として表現する。したがって、味覚は「味の良し悪し」を判断できても、視覚をはじめとするほかの感覚がはたらいてこそ「おいしい」と感じるのである。すなわち五感で感知し、過去の記憶のフィルターを通じて感情として表現されるというメカニズムである（図7-1）。

　では、直接的な感覚でのものの形や色の感知だけで、「おいしい」の感情が満たされるかといえばそうではない。味はよいけれど、まわりの景色が悪い（汚い）など、環境も「おいしさ」を左右する。食の視覚的環境を100％とすると、目の前の料理は5％の色面積で、食器類や小物などは30％前後、残りの65％の色面積を占めるのはまわりの景色であるとする識者もいる。

　それに加えて、食べる人の健康状態、精神状態、価値観、審美眼、過去の経験、人間関係、場の認識などが絡み合って「おいしい」感情が引き出される。

　「おいしさ」＝「食を楽しむ」ためには、料理や器、食卓だけではなく、まわ

りの景色などを清潔で美しい状態にし、適度な空間や居心地のよい環境を整えることが不可欠となる。

2. 食空間におけるホスピタリティとは

「おいしさ」の要因として次に求められるのは、その食の環境のなかに安心して安らげる温かな愛情があるかどうかである。どんなに素晴らしい料理が出されても、テーブルコーディネートが素敵であっても、ホスピタリティが感じられない食の空間では、決して100%「おいしい」とはいえない。

ホスピタリティ（hospitality）とは、ラテン語の「hospes」（賓客）を語源とし、「hospital」（病院）や「hotel」（ホテル）などから派生した言葉で、「心のこもったもてなし」や「親切なもてなし」と解釈されている。人を食卓に招くということは、食卓を囲んでともに食べ、ともに喜び、楽しみ、分かち合うことで、精神的にも肉体的にも満たされた幸福感を感じてもらうこと。それが「もてなし」である。そして、もてなす側ともてなされる側との心と心のやりとり（理解、信頼、愛情）があってこそ、居心地のよい食の空間となる。このホスピタリティの精神を具体的な行いで示すのがサービスである。

もともとサービスとは、ラテン語の「servus」（奴隷）を語源とし、「servant」（召使い）や「serve」（仕える）などへと派生して使われ、どちらかといえば主人に対して従者が奉仕する意味合いが強いように思われがちである。しかし、ホテルやレストランのように場や食事を提供し、代価を受け取るフードビジネスのサービスにしても、家庭や知人との集いのように料金に関係ないプライベートなサービスにしても、基本理念として「もてなす心（どうすれば相手に満足してもらえるか）」という考え方がなければ、食卓はただの食を提供するだけの場となってしまう。

一方、サービスを受けた側は、提供されたことについて感謝の気持ちで礼することにより、「もてなし」＝「ホスピタリティ」の厚さを感じることができる。ブリア＝サヴァランの言葉に、「もてなすということは、その人がわが家にいる間中の幸福を引き受けるということである」とある。

第2節 食空間の分類

(1) 食空間の基本的要素

　ビジネスや大勢の人が集まるパーティーなど、フードサービスビジネスの食の空間を考える場合、「食を楽しむ」ための要素として、基本的に次のことが求められる。

①清潔であるかどうか。
②居心地のよいひとりひとりの面積（容積）がとれているか。
③視覚的にも美しく、食べやすい料理が提供されているか。
④人とのコミュニケーションがとりやすいか。
⑤空気の流れや温度・湿度の調節がきくか。
⑥光の調節が効果的にできるか。
⑦音響はどうか。
⑧調理をする場とのインフォメーションはどうか。

　これらに加えて、食べる人の目的に合わせて設計やコーディネートをする必要がある。

(2) 家庭の場合

　家庭の場合はどのように考えたらよいだろうか。家族構成、価値観、生活習慣、食事の嗜好、経済性によってそれぞれ違いはあるが、次の要素も加わってくる。

①家族が集まりやすいか。
②家族の絆、家族関係が結べる場か。
③食事以外の多目的にも使用可能か。
④長期間の使用に耐えられるか、飽きがこないか。
⑤いろいろな料理に対応できる柔軟性のある色彩環境か。

第3節 家庭の食空間

(1) 家のなかのダイニングの位置

　日本の伝統的な家屋においては、食事室兼居間として「茶の間」があり、台所とともに北側に位置していた。それが1960年代の公団住宅をはじめ、集合住宅の広がりによって、ライフスタイルが家族生活を重視するものに変わり、茶の間はダイニングやリビングとして広く南側に位置するようになった。リビングやダイニングは、家庭の中心の場であり、社会との接点にもなる。したがって、家族が集まりやすくてコミュニケーションがとりやすく、日照状態や通気性がよいなど、家のなかでもっとも居住環境のよいところに位置させる。

(2) リビング(L)・ダイニング(D)・キッチン(K)の構成

　リビングを含めたダイニングとキッチンの間取りは長所短所があり、それぞれの家庭のライフスタイルが問われる。たとえば、二世帯住宅や三世代同居の場合など、それぞれどのスペースを第一とするかという問題が、生活動線にかかわってくる（表7-1）。

(3) 調理台の配置のパターン

　家族で調理を分担することが普通になるなど、ライフスタイルや価値観は大きく変わっている。このため作業する人と家族がコミュニケーションをとりやすい対面式キッチンや、シンクや作業スペースが壁から離れ、島（アイランド）のように独立したアイランド型、作業台の一部または全部が半島（ペニンシュラ）のように突き出たペニンシュラ型も増えている（図7-2）。

(4) デザインコンセプト

　家庭の場合、ライフスタイルに合わせて家全体が設計されるので、ダイニングやダイニングキッチンのスペースだけを切り離して単独で考えることはでき

■L・D・Kのあり方（表7-1）

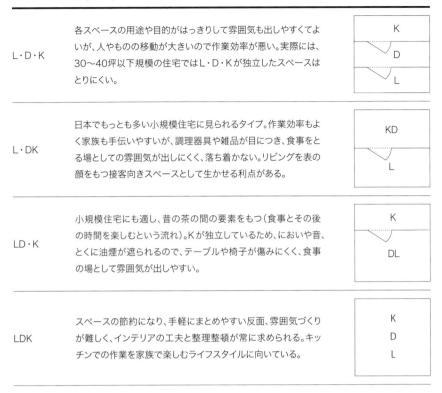

L・D・K	各スペースの用途や目的がはっきりして雰囲気も出しやすくてよいが、人やものの移動が大きいので作業効率が悪い。実際には、30〜40坪以下規模の住宅ではL・D・Kが独立したスペースはとりにくい。	K D L
L・DK	日本でもっとも多い小規模住宅に見られるタイプ。作業効率もよく家族も手伝いやすいが、調理器具や雑品が目につき、食事をとる場としての雰囲気が出しにくく、落ち着かない。リビングを表の顔をもつ接客向きスペースとして生かせる利点がある。	KD L
LD・K	小規模住宅にも適し、昔の茶の間の要素をもつ（食事とその後の時間を楽しむという流れ）。Kが独立しているため、においや音、とくに油煙が遮られるので、テーブルや椅子が傷みにくく、食事の場として雰囲気が出しやすい。	K DL
LDK	スペースの節約になり、手軽にまとめやすい反面、雰囲気づくりが難しく、インテリアの工夫と整理整頓が常に求められる。キッチンでの作業を家族で楽しむライフスタイルに向いている。	K D L

■調理台の配置のパターン（図7-2）

アイランド型

ペニンシュラ型

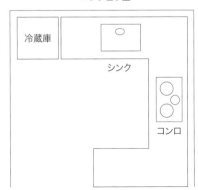

ない。そのライフスタイルに合わせて、床や壁などの素材や色彩を決めていくが、アレルギーなど健康を考えた建材や、メンテナンスやクリーニングがしやすいものを選ぶことが重要である。また、テーブルや椅子、照明器具などの様式や素材を合わせて決めていく。

(5)必要空間と家具収納

　リビングとダイニングでは、家族は椅子やテーブルに着くだけではなく、それぞれが多様な動きをするので、動線を考えてできるだけ広いスペースをとるとよい。また、「実際の広さ」は「感じる広さ」と多少違ってくる。同じ面積でも、間口が3.6m以上あったほうが広がりを感じ、天井の高さも平均2.4mくらいあるとよい。吹き抜けや斜め天井にすると広がりを感じさせることもできる。また、床座にして視線の位置を低くするのも効果的である。

　収納スペースについては、壁面収納にして目立たぬようにするか、ゾーンの区切りとして設定するとよい。また、スクリーンやスライド棚のように時間や目的によって変化させる工夫をしたり、カウンターやハッチのなかに収納すれば機能的で美しくまとめることができる。食器などを見せて収納する食器棚は、テーブルとテイストを合わせて一体感をもたせるようにするとよい。

memo

食空間と内装デザイン

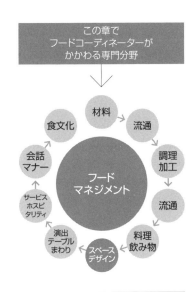

第1節 食空間の意義

　レストランの空間は、外食の三大要素であるQSC（Q：クオリティ／商品の品質、S：サービス、C：クレンリネス／快適な空間）のCの部分にあたるが、外食はこの3つがバランスよく提供されることが重要である。

　1970年代〜80年代に外食産業が発展してきた原動力のひとつが、それまでの飲食店とは一線を画した空間づくりにあったことは間違いない。昨今、商品、サービスを売り物にして空間にあえてお金をかけないという考え方もあるが、基本的には、この3つのバランスがとれていなければ、永続的な繁栄は難しいと考えるべきである。とくに高級店においてはこだわりをもち、家庭の食空間にはない演出を行い、おいしい食事とサービスがより引き立つような空間が提供されなくてはならない。チェーンレストランなどは作業動線、機能面など、店側の都合によって店づくりが行われることがよくあり、またデザイナーが客より自分のデザインを優先して店づくりをすることも見受けられる。しかし、レストランの空間は客のためにあるという考え方が基本になくてはならない。

第2節 外食産業の歴史に見る食空間の歴史

外食産業の食空間の歴史を年代別に見てみる。

(1) 1970年代

70年代は、アメリカから来たファストフード、アメリカの外食産業を参考にしたファミリーレストランが台頭し、外食産業の幕が開いた。充実した商品とサービスが客に支持され、市場は拡大していった。このなかで店舗の空間が果たした役割も大きかった。高い天井、カーペット敷の床、シャンデリアなどの洒落た照明、当時の日本の住宅事情を考えれば非常に快適な空間であった。

(2) 1980年代

ファストフード、ファミリーレストランが中心となって市場を開拓してきた外食産業であるが、80年代にはこれが多様化し、いっそう市場が拡大していく。外食産業の将来性に注目し、商社、アパレルなど他産業からの参入がはじまったのもこの時代であるが、この時代の特徴のひとつに、外食にファッション性がもち込まれたことが挙げられる。アパレルメーカーが、強みであるファッション性を武器に、一流のデザイナーを使ってデザイン性の高い食空間をつくりはじめる。カフェバーのブームなどもあり、おもしろい店がたくさんでき、当時のバブル景気もあってレストラン空間はお金をかけた贅沢なものが主流になった。これ以降も食空間におけるデザイン性は重要な要素になっていく。

(3) 1990年代

90年代前半は景気が下り坂になるが、外食産業は市場の拡大が続く。牽引役のファミリーレストランは、売上げ拡大を優先させるため、低単価のレストランの出店をはじめる。このため、郊外型レストランは低コストの店舗が中心になっていき、これによって郊外型の外食市場は拡大を続けるものの、食空間を含めて質の低下が顕著となる。

一方で、都心では居酒屋チェーンが拡大をはじめ、その戦略としてデザイン性の高い食空間の店舗を増やしはじめる。90年代後半になるとさらに進化し、ダイニングバーなどの業態も目立ちはじめ、また各業態で店舗のインテリアにこだわったデザイナーズレストランというものが広く普及した。しかし90年代も終わりに近くなると、景気の低迷が外食産業にも大きな影を落としはじめ、こうしたレストランの数は減少していく。

(4) 2000年以降

2000年を境にカフェがブームとなる。スターバックスコーヒーなどのチェーンをはじめ、個性的な商品、内装のカフェが全国にできはじめる。個人のカフェはミッドセンチュリーなど、こだわりのあるインテリアで若い人を中心に大きなブームとなる。

一方で、長引く景気の低迷を受け、従来の飲食店は売上げが伸び悩み、店舗の空間にお金をかけない傾向が強くなる。また時代を反映し、あえて安っぽくつくるような店舗も目立ちはじめる。2010年以降少しずつ景気が回復してくるが、飲食店の空間は混沌とした状況が続いている。

2000年代に入ってからの大きな特徴は、外食の市場規模が縮小するなか、中食の市場が拡大してきたことである。この背景には中食の商品の品質向上はもちろんであるが、家庭の住宅環境が大幅に向上したことを見落としてはならない。家庭の住宅環境のレベルが上がり、外で食事をするよりも家庭の食空間のほうが快適であるという逆転現象があちこちで起きはじめた。これからの外食を考えるうえで、もう一度食空間の重要性を見直し、食べに来てもらえる快適な空間を提供していく必要に迫られている。外食産業が発展してきたなかで、食の空間づくりが果たした役割を理解することが大切である。

第3節 今後の食空間のあり方

　今後の食空間のあり方を考察すると、日本の外食産業の歴史も半世紀近くを迎え、外食の空間を多く経験してきたことを考えれば、かつてのような豪華絢爛な食空間というのは一部を除いて少なくなっていくと思われる。とくにバブル以降の世代が社会の中心になってくると、自然体の店が好まれ、また食事をする場として伝統を踏まえた端正な空間が好まれると思われるが、大きな流れとしては以下の項目が考えられる。

①安全で安心な食空間
②時代に翻弄されないレストラン空間
③コンセプトに合ったインテリア
④歴史、伝統、文化的背景の考慮
⑤素材へのこだわり
⑥ナチュラル志向
⑦余裕のある建築的空間
⑧高齢者対策
⑨環境問題などCSR（企業の社会的責任）への配慮
⑩快適な設備空間（空調、音、におい）
⑪客の動線を考慮した店舗
⑫カラーコーディネート
⑬心理学面での配慮

第4節 レストランの空間の設計実務

　レストランの建築は重設備で、投資金額のなかではもっとも高額になる。投資回収を通常10年くらいのスパンとして計画を立てるので、よくプランを練る必要がある。目先の流行に追われてすぐに飽きられるような設計は避けなければならない。コンセプトに合った、基本を大事にした店舗をつくる必要があるが、設計にあたっては以下の3点からの検討が必要である。

①客の観点　②働く人の観点　③経営的な観点

（1）プランニングから開店までの作業の流れ

プランニングから完成までは、図8-1のような流れになる。

■プランニングから完成までの流れ（図8-1）

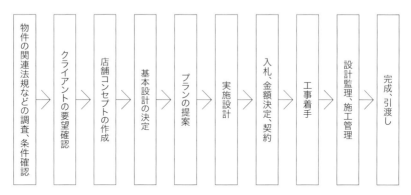

物件の関連法規などの調査、条件確認 → クライアントの要望確認 → 店舗コンセプトの作成 → 基本設計の決定 → プランの提案 → 実施設計 → 入札、金額決定、契約 → 工事着手 → 設計監理、施工管理 → 完成、引渡し

（2）設計にかかる前の確認事項

設計にかかる前に、前提条件、法規関係の確認を行い、これにしたがって設計を進める必要がある。

前提条件：面積、賃料、設備内容 など
飲食店出店にともなう関連法規：建築基準法、消防法、食品衛生法、風俗営業法、各都道府県条例 など

（3）クライアントの要望確認

店舗設計にあたり、クライアントとの打合せが必要となる。店舗に対する思い、具体的な計画、要望など、これらをとりまとめて基本設計の作成を進める。この作業はフードコーディネーターにとってもっとも重要な業務である。クライアントの要望を聞きながら、どういう形でそれを実現していくかをイメージしなくてはならない。全体をとりまとめ、具体化していくために各専門家を選定し、形にしていかなければならない。

（4）店舗コンセプトの作成

クライアントからの要望、ヒアリングをとりまとめ、基本方針の作成作業に入る。

● 業種・業態*の確定、ターゲット層の検討
どういう商品を、どういう形で、どのような客に提供するかを検討する。

● 店舗コンセプトの作成、確認
コンセプトは店舗の骨組みにあたる部分であり、十分な検討が必要である。おもに以下の内容について考える。
①基本コンセプト　③サービスコンセプト
②商品コンセプト　④空間コンセプト

● 主力商品、客席数、客単価
計画を進めるにあたり、主力商品を決めておくことが重要になる。

● 商品、サービスと空間の関連性
商品、サービスのコンセプトも店づくりに大きくかかわるので、具体的な内容を早めに決めておかなければならない。

● キッチンスタイル
キッチンの大きさ、スタイルは店舗づくりの重要な要素なので並行して進める必要がある。

＊飲食店のおもな業種・業態：食堂、レストラン（専門料理店を除く）、専門料理店、日本料理店、料亭、中華料理店、ラーメン店、焼肉店、そば・うどん店、すし店、酒場、ビアホール・バー、キャバレー、ナイトクラブ、喫茶店、カフェ、ハンバーガー店、お好み焼き・焼きそば・たこ焼き店 など

(5)設計業務の内容

　コンセプト、方針が決まったら設計業務に入るが、通常、設計業務は後述する基本設計と実施設計の2段階で行われる。おもな作業は以下のような内容となる。

●飲食店の機能
　設計する飲食店に必要な機能を明確にする。
　(例)客席、厨房、エントランス、トイレ、休憩室

●空間の配分
　大まかなゾーニングを考え、動線を考慮して全体の配分を決めていく。

●イメージづくり
　どのようなインテリアにするか、全体のイメージや方向性を決めるとともに形、色、材料などを決めていく。どのように見せるかという視線計画も重要。

●平面の計画
　上記を踏まえて平面図を作成していく。具体的な寸法が記入されていることが重要である。

●空間の設計
　立体的な空間の設計を行う。断面図、展開図などで表現されるが、パースペクティブ、最近であれば3Dなどの作成があればわかりやすく、より有効である。

●細部の設計
　全体像ができ上がった段階で細部の設計作業を行う。造作、つくり付け家具、各部分のおさまり詳細図など、これらを順次作成していく。

●インテリアマテリアルの決定
　床、壁、天井の仕上げ材、建具、家具、照明器具、設備機器など、これらの選定を行い、仕上げ表やリストにまとめていく。

●概算の費用

計画ができた時点で概算でもよいので見積金額を算出することが望ましい。業者の見積もりが提出されて大きく予算をオーバーした場合、設計の大幅なやり直しが必要になるためである。

(6)図面の読み方

建築図面は通常mm（ミリ）単位で表示される。1mは1,000mmと表現する。図面には100分の1、50分の1などのスケールが表示されており、建築用のスケールをあてると寸法がわかるようになっている。

(7)基本設計の作成

基本設計とはコンセプトにもとづき、平面図、立面図、パースなどで店舗のイメージを具体的に表して、クライアントとの間で十分なコミュニケーションを図り、店舗計画の方針を決める作業である。1回で決まることは少なく、何回も修正を行いながらプランを決めていく重要な作業である。通常は建築家、デザイナーなどの設計の専門家に依頼するが、フードコーディネーターが間に入って調整役を務めるのが一般的である。図面には寸法が記入され、店の内容が具体的にイメージできる必要がある。基本設計にはさまざまな資料が必要だが、クライアントとの関係、計画の大きさ、過去の実績などで簡略化されることもある。以下に記すのが基本設計の作成のおもな内容で、これらをとりまとめて設計関係者どうしで十分に検討を行う。

●基本設計で用意する資料

基本設計では以下の資料を用意する。
①平面図　②立面図　③照明計画　④インテリア計画
⑤家具プラン　⑥仕上げ表　⑦パース、場合によっては模型

●平面計画

基本設計のなかでも一番重要なのは平面図である。厨房を含めて寸法の入った図面を作成し、よく検討することが大切。重要なポイントは以下のとおり。

外部との関係：客の出入口、搬入の出入口など、店舗外部との関係をよく確認すること。

レイアウト、作業動線：客をスムーズに案内できるか、客と従業員の動線が重なっていないか、パブリック部分から客席までの距離は適切か、作業動線は適切か。

厨房計画概要（基本的な厨房計画）：厨房の面積は適切か、客への料理の提供は速やかにできるか、厨房の騒音や異臭が厨房の外に伝わらないか。

席数、テーブル数：席数、テーブル数は売上げに直結する重要なポイントである。業種・業態に見合った席数を設定し、それに近づけるように努める。各業態の一般的な坪あたり席数は表8-1のようになる。来店される客の1組の人数を予測し、それに見合った人数のテーブルを用意することも満席率*を向上させるための重要事項である。

*満席率：総客数を総席数で割った割合。4人席に2人座ると満席率は50％となる。飲食店の場合、70〜80％が一般的。

■ 業態別席数一覧（表8-1）

業態	1坪あたり席数
カフェ	2.5席
ファストフード	2.5席
ファミリーレストラン	1.2席
居酒屋	1.7席
高級店	1席

●寸法の基本

寸法は客が快適に過ごすための重要な要素である。業種・業態に見合った適切な寸法になっているか、テーブルの寸法、客席の寸法、通路の寸法、家具の寸法などの基本を理解しておく必要がある（図8-2、8-3）。

●インテリア計画

インテリア計画は一般的には設計士にお願いするが、フードコーディネーターはクライアントの意向を伝え、具体化していく業務を行う。インテリア計画の手順は、以下のステップで進めるのが一般的である。

■ 大衆向けの飲食店の平均的な席サイズ（図8-2）

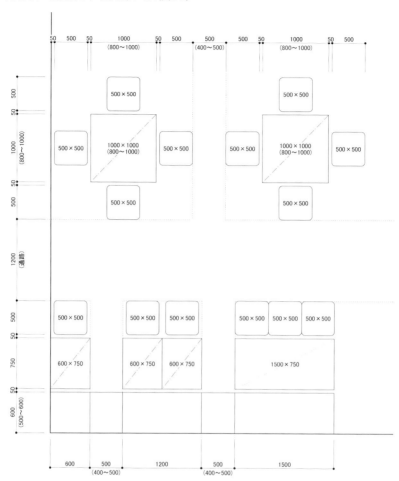

■ テーブルと椅子の高さの関係（図8-3）

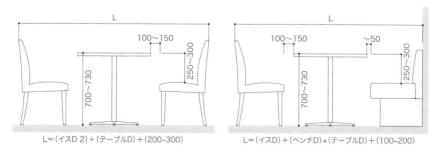

L＝（イスD 2）＋（テーブルD）＋（200~300）

L＝（イスD）＋（ベンチD）＋（テーブルD）＋（100~200）

ステップ1：まず、コンセプトにもとづき、インテリアのスタイル、様式を決める。この際にはクライアントのモデルになる既存の飲食店、写真などをもとにイメージを合わせていく。

ステップ2：イメージが確認でき、スタイル、様式の方向性が決まったら、固定エレメント、可動エレメント、色、素材を具体的に決めていく作業に入る。とくに色彩計画と仕上げ表は重要で、プレゼンテーションの際、資料として添付することが多い。最近は照明計画も重要な要素である。

●立面、看板計画

　立面、看板計画も重要である。とくに店の顔となる正面のファサード*は、外部に面し、最初に店舗のコンセプトを伝える大切な部分である。これは売上げにも大きく影響する。サイン計画を含め、客が入ってみたくなるような魅力的な外装にすることが重要である。

*ファサード：建築物の正面部分（デザイン）のこと。もっとも目につく場所であり、設計上、重要視される。飲食店の場合、店舗コンセプトを率直に表現するものでなくてはならない。

■路面1階に面したクラフトビール店のファサード（図8-4）

(8)プランの提案

　ここまでの準備が済んだ段階でクライアントへのプレゼンテーションを行うのが一般的である。図8-5や8-6のように、図面とともに仕上げ表やパースなどビジュアルでわかりやすい資料を添付して提案を行い、クライアントに是非やってみたいと思ってもらうことが重要である。プレゼンテーションは他社とのコンペティション（競合）になることもあり、そのためにも質の高いプレゼンテーションの技術を身につけておくことが大切である。

■参考平面図（図8-5）

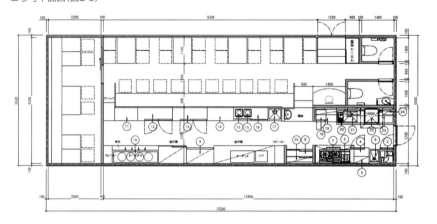

■店内イメージパース（図8-6）

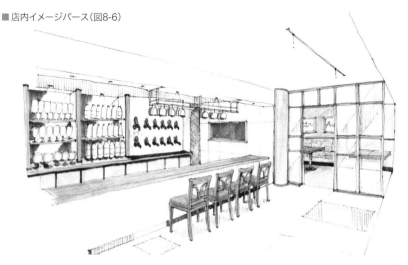

（9）実施設計の作成

　基本プランが決まったら実施設計に入る。基本設計で決まった内容にしたがい、詳細な図面を書いていく。実施設計の図面は下記により構成されている。設備計画とともにこの図面をもとに見積もりを行う。

①構造図面　②仕上げ表　③平面詳細図　④天井伏詳細図
⑤立面図／展開図　⑥断面詳細図　⑦各部詳細図　⑧家具／什器図
⑨サイン図　⑩電気設備図　⑪空調換気設備図　⑫給排水衛生ガス設備図

●設備計画

　内装計画とともに空調、給排水などの設備図面の作成も必要となる。設備計画は客が快適に過ごすために重要な要素だが、内装計画の一部になっていることもよく理解しておく必要がある。たとえば、空調機器の取り付け方によって店舗の雰囲気は変わるし、現在では、照明は明るさを保つとともにインテリアの重要な一部として認識されている。

〈空調計画〉

機器の種類：空調機は天井内に組み込む隠蔽タイプと天井面に設置するタイプ、天吊りタイプ、壁掛け、床置きなどがあるが、高級店ほど機器が見えないように配慮する。

吹き出し方法：空調、換気の拭き出しは、客に風が直接あたらないようにするなどの配慮が必要である。

〈照明計画〉

　2000年以降、飲食店の照明は大きな発展を見た。デザインの一部として認められ、照明専門のデザイナーも数多く存在するようになった。とくに、ディナー中心の高級店では照明を使って雰囲気をつくり出すことが大切な要素になっている。LED照明も非常に進化し、今は種類も多く、色もきれいに出るようになっている。こうした知識をもって、設計士とともに的確な照明計画を立て、機器の選定を行う。おもな照明の種類を表8-2と図8-7に示す。

■ おもな照明の種類（表8-2）

照明の種類	内容
ペンダントライト	ダイニング（食卓）など空間アクセントとして演出効果と機能性をもった吊り下げ型の照明。デザインや用途も豊富になっている。
スポットライト	指向性の強い光で置き物や空間の一部を強調するなど、スタイリッシュな空間演出に適している。空間のメイン照明としても人気である。
シャンデリア	装飾が施された照明器具。ゴージャスなものからシンプルなデザインのものまであり、ダイニングや吹き抜け空間を彩る。
スタンドライト	部屋のコーナーやテーブルサイドなど補助的な灯りとして使用できる。大きめのフロアスタンドなど空間のインテリアアクセントになるものもある。
ダウンライト	天井とフラットに設置するタイプの照明。空間をすっきりと見せたり、ディスプレイなどの補助的な使用もできる。
シーリングライト	天井に直接取り付ける照明器具。メイン照明として部屋全体を明るく均一に照らすものや小型で省スペースな空間で使用できるものなど、デザインも用途も豊富に揃う。
フットライト	廊下や階段の足元を照らす器具で、夜間の歩行を助ける。夜間照明をつけたくないときに効果的である。夜間のみ点灯するものや人感センサー付きなどもある。
ブラケットライト	壁面や柱に取り付ける照明器具。デザインの幅が広く、インテリアに合わせて選べるラインアップが魅力。アクセント的な使い方で雰囲気のある光の効果を生み出す。
間接照明	光源を天井や壁などに組み込み、建築と一体化させた照明。近年はコンセントにさすだけで使用できる簡易的な間接照明も増えている。

■ 照明器具図（図8-7）

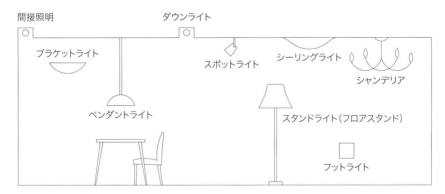

間接照明　　　　　　　　ダウンライト

ブラケットライト

スポットライト　　　シーリングライト

シャンデリア

ペンダントライト

スタンドライト（フロアスタンド）

フットライト

●音楽、音響機器

音楽も飲食店の食事の演出として大切な要素である。一般的には、以下の点を検討する必要がある。

・BGMの種類
・どんな音楽を流すか
・音源の種類：CD、有線、ネット配信
・音響機器：音源をどのような機器で流すのかも、よく検討しておく。業態によっては機器類にお金をかけ、よい音響を用意する場合もある。
・著作権の問題：飲食店での音楽は個人の利用とは異なり、著作権の問題が発生する。音源、店内で流す行為に対し、著作権をクリアしておかなければならないので注意が必要である。

●メンテナンス

建築、内装、設備の設計では、完成時のできばえはもちろんだが、その後長く使うにあたってよい状態が維持できる設計とする必要がある。数年で傷みが目立つ、故障が多いといった場合、これらは客への不満につながり、またコストアップになるので配慮が必要である。

(10)入札、金額決定、契約

実施図面がアップしたら工事業者に図面を渡して見積もりをとり、金額、業者を決定する。この際、金額が当初計画に収まらないことがよくある。この場合は、設計事務所、工事業者と打合せをして予算に収める作業を行うが、あまりに予算とかけ離れている場合は、基本設計の変更まで含めて考える必要がある。また、それによってコンセプトが守れないようであれば、フードコーディネーターはリーダーとしてクライアントに費用の増額をお願いすることも必要である。

(11)工事着手の設計監理、施工管理

工事がはじまったら、定期的に会議を開き、スケジュールの管理、品質の管

理を行い、図面どおりに工事が進んでいるかを確認する。

（12）役所の検査

建物が完成したら消防署や保健所など役所関係の検査を受ける。

（13）完成検査、引渡し

建物が完成したら設計事務所や施工業者と完成検査をし、クライアントへの引渡しを行う。

第9章

食空間と
テーブル
コーディネート

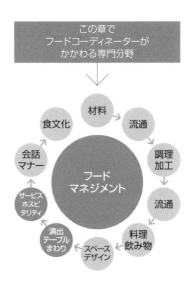

この章で
フードコーディネーターが
かかわる専門分野

フード
マネジメント

材料
流通
調理
加工
流通
料理
飲み物
スペース
デザイン
演出
テーブル
まわり
サービス
ホスピ
タリティ
会話
マナー
食文化

第1節 テーブルコーディネートとは

　「テーブルコーディネート」とは、食卓の上にのせるすべての物品の色、素材、形態などの組合せを考えることである。具体的には「おいしいものをよりおいしく食べるための食空間演出」である。

　テーブルコーディネートの基本は、目先の美しさだけを追うのではなく、いかなる場合でも食卓に並べられるメニューを念頭に入れ、必ずそこに座る人を意識すること、あくまでも主役はその食卓で食事を楽しむ人々ということである。つまり、おいしい料理とともに、目で見て楽しく喜びが感じられるように食卓を整えておくことである。その場にいる人々に五感（視覚、聴覚、嗅覚、味覚、触覚）で心から満足してもらう演出（食卓にのせるものだけにとどまらず、部屋のインテリア、音楽、窓の風景、光や風の流れ、照明、気温・湿度など）、身体に感じられるすべてのことを心にとめて空間全体の調和と構図を考える必要がある。

　テーブルコーディネートをするということは、毎日、毎回の食事を大切に、心豊かにおいしく食べるための営みをすることである。毎食の積み重ねが経験となり、思い出となり、感性が磨かれて教養となり、よりよい人間形成の土台となる。食べ方を知るということは、テーブルコーディネートを通して感性が

豊かになることである。

　現在、テーブルコーディネートとテーブルセッティングという言葉が同義語的に使われているが、実際は少し違う。テーブルコーディネートは家の建築にたとえていえば、企画・設計にあたり、セッティングは施工にあたる。家もテーブルもどちらも居心地のよい空間づくりを目的としているから、企画・設計がしっかりしていない家は住みにくく、テーブルは座りにくいものになってしまう。また、施工がいい加減ならば、家は災害に弱く不安定であるし、テーブルは食事のしにくいものになる。どちらも基礎がしっかりしていなければ目的は達成できない。

第2節 テーブルコーディネートの基本的理論

1. 全体の組立て

　「人間」「時間」「空間」を「三間」（図9-1）と呼ぶ。まず、人間、時間、空間の3つの間を、6W3Hという全体の組立てのなかで考えてみる。

■テーブルコーディネートの組立て要素・三間（図9-1）

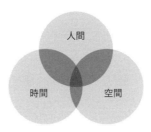

（1）誰が食べるのか／Who

　食べる人の年齢層によって食べ物の嗜好が違ってくるため、おのずとテーブルの雰囲気も違ってくる。熟年以上の場合は、視線を低くした「和」の趣きのほうが落ち着くであろうし、若者ならばカジュアルなテイストが好まれる。

（2）誰と食べるのか／With

　これは、人間関係によって座る位置が決まってくるということである。友達どうしの場合は対面型が普通だが、恋人どうしとなると隣り合わせに座りたくなる。また、客を招いたときは上座下座などの約束、とくに外国の客を招いたときは、プロトコール（259頁参照）に則って決める。これを無視すると失礼にあたる。

（3）どこで食べるのか／Where

　食べる場所によってしつらえは違ってくる。リビングのソファ、独立したダイニングルーム、ダイニングキッチン、座敷、庭、野山など、食べる場所によってテーブルの形もサイズも違ってくる。

（4）何のために食べるのか／Why

　たとえば、朝食は1日のスタートであるから、物理的栄養補給ともいえる。「今日1日頑張るぞ」と元気が出るような色使いや器使いをして、精神面での栄養補給を促したい。また、誕生日や結婚記念日には「お祝い」の気持ちを高めるような工夫をするなど、目的に沿った雰囲気づくりが必要になってくる。

（5）いつ食べるのか／When

　食べる時間帯によって食べるものも、食事に費やす時間によってメニューも違ってくる。また、食事のはじめは清潔で食べやすく美しくても、終わったときは見苦しいというのではいけない。

（6）何を食べるのか／What

　メニューによって盛り付ける器が違ってくるし、グラスやカトラリー、サービスの仕方も変わってくる。何を食べるのかを考え、料理があってはじめてテーブルコーディネートが存在する。

(7)どうやって食べるのか／How

　ゆっくり落ち着いて語らいたい場合はシッティング（着座）、多人数でにぎやかに楽しみたい場合はビュッフェ（立食）がよいであろう。それに合わせて、テーブルの雰囲気、配置、全体のバランスを考える。

(8)いくらで食べるのか／How much

　料理の食材もテーブルウエアも、購入するにはかならず費用がかかる。いつ、どこから、何を買うかによって金額は大きく変わってくる。そのためフードコーディネーターは、なじみの店をつくっておくことが大切である。飲食店であれば、メニューの価格は家賃や人件費なども考慮して決めなければならない。

(9)いつまでに食べるのか／How long

　料理やテーブルコーディネートをつくり上げるには時間が必要だ。そのため、いつまでに何をするのか、スケジュールを立てることが大切である。大きなパーティーや祝いの席では、当日までのスケジュールと、当日のタイムスケジュールの両方を考えなくてならない。

2. デザインのもと

　「決まり」「季節」「気持ち」の「3K」（図9-2）をもとにして、デザインを考える。

■テーブルコーディネートのデザインのもと・3K（図9-2）

(1)決まり

　テーブル上の器の配置には「決まり」がある。この決まりごとがあるからこそ、民族や言葉、年齢が違っても一緒に楽しく食べられる。和でも洋でもその配置（図9-3）は、もっとも食べやすく、美しく、身体によいようにでき上ってきたもので、自分が食べやすいからといって勝手に配置を変えてしまうのはよくない。また慶弔の場合は、料理も器も社会全体が共通の認識のうえに成り立っているものであるから、自分の嗜好で変えるのはよくない。

■「洋」と「和」の配置(図9-3)

「洋」の配置

「和」の配置

(2)季節・行事

　食事をするときの楽しさは、コミュニケーションにある。コミュニケーションは人と人とのつながりが深ければ深いほど活発になり、楽しさも増してくる。そこで、「人と人とのつながり」＝「共通認識」がもてるように、誰もが感じること、誰もが同じように喜ぶこと、「季節」や「行事」はその共通事項となる。もちろん、テーブル上でも旬の食べ物や花、器などで表現することが大切になってくる。

(3)気持ち

　同じ季節でもひとりひとり感動する動機は違うはずである。鮮やかな緑、まぶしい太陽、木の葉の赤、毎年巡ってくる季節でも年齢とともに自分が心動か

される対象は違ってくる。今の季節を自分なりに色でたとえて、その色のテーブルクロスを敷いてみれば、ひとりひとりの違ったテーブルになる。その違いがあるからこそ、おもしろく、食事が楽しくなる。いわば、コーディネーターの感性と知識の表現である。

3. 料理と器の関係

「風土」「風味」「風流」の「三風」（図9-4）をもとにして料理と器の関係を考える。

■料理と器の関係・三風（図9-4）

（1）風土

その土地、季節に合った食材が使われ、料理される。どんな食材をどのような器と組み合わせて供したら、身体によく、五感を満足させられるか。同じ魚でも土地によって扱いが違い、おいしさの感じ方も異なる。基本的には、季節の「はしり」「旬」「なごり」の食材を上手に組み合わせるとよい。

（2）風味

食材をどのように調理・調味するかによって器が違ってくる。関西風にだしを主体にして薄味に煮る場合と、関東風に醤油で色濃く煮つける場合とでは、それぞれに器の地色考える必要がある。また、ソースの色によって、ディナー皿のリムの色や紋様を考えなければ、おいしそうには見えない。食べやすく、料理が美しくおいしそうに見えるように、器の形や大きさ、色、素材を考える。

（3）風流

　季節や文化を表現した絵付け、形、素材の器を使うことによって、料理が引き立ち、趣きも高まっておいしさも増す。盛付けやサービスの仕方も、料理や場の設定によって違ってくる。1人前ずつ盛り付けたほうがレストラン風でよい場合もあるし、楽しく盛り上げたいときは大皿から取り分けるほうがより親しみがわいてくる。また、目の前で料理を切り分けたり混ぜたりする方法などは、エンタテインメントとしても楽しいものである。

　テーブルコーディネートの基本は、「三間」（人間、時間、空間）、「3K」（決まり、季節、気持ち）、「三風」（風土、風味、風流）であり、これらをチェックすることは全体をデザインするうえでの大きなポイントとなる。

4. カラーコーディネート

　デザインを考えるうえで、色は大切な要素である。空間全体の色、テーブルまわりの色、器の色、料理の色など、食の空間を構成する色は、視覚で感知され、「おいしさ」の感情を引き出す非常に大切な要素である。色によって温度の高さ・低さを感じさせたり、配色によって与える心理的効果が異なったりする。また、自律神経を刺激して消化を促したりする生理的効果があるなど、色の特性を考えたうえで空間デザインを行う。

　色は物体そのものにあるのではなく、空中を通過する光の色は見えずに、光が物体にあたり、反射・屈折したものだけが色として見え、認識される。光の三原色は「赤、緑、青」で、重なれば重なるほど明るくなり、全色が混ざると白色光になる。

　一方、色の三原色は「青緑（シアン）、赤紫（マゼンタ）、黄（イエロー）」で、混ざるほど暗くなり、全色が混ざると灰色になる。

　色の特性を分類すると、「色相」（色の区分け／色名）、「明度」（色の明るさ）、「彩度」（色の鮮やかさ）に分かれる。明度と彩度を合わせた色の調子のことを「色調」（トーン）といい、感性や雰囲気に強く影響する。

　空間デザインの色を考えるとき、次のような配色の効果を知っておくとよい。

ベーシックカラー：配色の基本となる色であり、面積を占める比率が高いので、多くの人が快適に感じて飽きのこない色を使う。

コーディネートカラー：ベーシックカラーに組み合わせる色で、全体の30％以内に収めると安定した空間となる。

アクセントカラー：コーディネートカラーの一部であるが、全体を引き締めるために小面積に強めの色を配することにより、単調さを防ぐ。

ドミナントカラー：組み合わせる色どうしを同じ色合いで統一することにより、安定のよいイメージとなる。暖色系は暖色系の色どうし、クール系はクール系の色どうしに。

トーン・オン・トーン配色（同一色相配色）：同じ色相（同系色）でトーンを変化させると、おだやかで落ち着いた感じになる。

トーン・イン・トーン配色（同一色調配色）：同じトーンで色相を変えて組み合わせる配色方法で、変化に富むわりには違和感は少ない。

グラデーション配色：色相、明度、彩度を徐々に変化させて、リズム感を出しながら調和させる配色方法。

ワンポイント・コントラスト配色：小さい面積のなかに周囲と反対の色相、明度、彩度の色を配することにより、明確な変化やアクセントをつけて強調する。

　カラー計画は、それぞれの空間が求める要素と色の特性を生かして立てるが、安全や危険を知らせる法定化された色にも配慮する必要がある。

第3節 食空間の構成――洋食

1. テーブルをセットするときの約束ごと

　いよいよ具体的にテーブルをセット（施工）する段階に入るが、その前に西洋のセッティングの特徴を知っておく必要がある。まず、洋食は「共食同食」で、同じテーブルに着いた者は身分の差があっても皆同じでなければならない。したがって、「隣と同じ」に左右対称にセットする（図9-5）。

■テーブルと椅子の配置（図9-5）

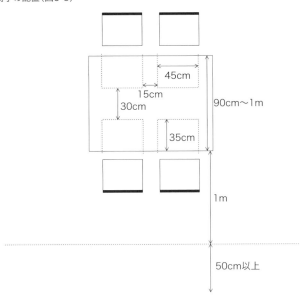

2. テーブルの構成

　テーブルはひとりが食べるために使う道具を並べる広さ「パーソナルスペース」と、みんなが使う大皿や調味料、センターピースやキャンドルなどが行き来する場所「パブリックスペース」に分けることができる。

　パーソナルスペースは、横45cm（肩幅）、奥行き35cm（無理なく手をのばせる長さ）で、このスペースのなかに使用する皿やグラス、カトラリーなどの

道具を並べる。

　隣との間は15cmのゆとりをとるが、一番端のゆとりも忘れずに計算をする。

　パブリックスペースは、少なくとも直径30cmの大皿を置ける幅が必要となる。したがってテーブルサイズは、横の長さが（45＋15）cm×人数＋15cm、縦の長さが35＋35＋30cm（100cm程度）必要となる（図9-6）。

■パーソナルスペース（図9-6）

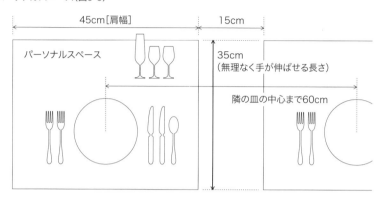

3. コーディネートアイテム（道具）を知る

　セッティングするにはどんなアイテム（道具）を使って、どのような組合せをしたらよいかを知っておかなければならない。どのアイテムも、ひとりが食べるのに必要な道具「パーソナルアイテム」と、みんなが共用して使う「サービスアイテム」に分かれる。

（1）洋食器類

●洋食器のパーソナルアイテム
　基本の5ピース：これだけあれば家庭のディナーは十分供することができる。
①直径27cm・ディナー皿（メインディッシュ用）
②直径21cm前後・デザート皿（オードブルやサラダ用）
③直径19〜23cm・スープ皿（スープやシチュー用）
　または直径17cm・シリアルボウル

④カップ

⑤ソーサー

● サービスアイテム

①楕円の大皿プラター

②サラダボウル

③ティーポット

④シュガーポット

⑤ミルクピッチャー（クリーマー）

(2) カトラリー類（ものを口に運ぶ道具）

● パーソナルアイテム

　基本の5ピース：日常的に使うカトラリー。

①テーブル（ディナー）ナイフ

②テーブル（ディナー）フォーク

③テーブルスプーン

④ティースプーン

⑤ケーキフォーク

● サービスアイテム

①サーバー（フォーク、スプーン）

②レードル（スープ、ソース、シュガー）

③ケーキサーバー

(3) グラス類

　グラス類は、ディナーテーブルにのせるグラス（食事中に供される飲み物）と、食前・食後に供される飲み物用グラスに分かれる。

　テーブル用アイテムには、ゴブレット（水用）、赤ワイン、白ワイン、フルートシャンパングラス、タンブラーなどがある。

　カクテルやシェリー酒は食前酒として、ブランデーやリキュール、ポートワ

インなどは食後用として飲まれるが、ダイニングテーブルでは飲まない（リビングで供される酒）。すべてパーソナルアイテム。

（4）クロス類

　食空間全体の雰囲気を盛り上げ、整えるのにテーブルクロスの存在は欠かせない。「クロスを敷く」ことには、「食事をはじめるとき」といった場面転換の意味がある。

　正式には白の麻のダマスク織り（ホテルやレストランでよく使われているもの）だが、家庭用なら色ものやプリント、レースで楽しめる。ただし、ジャガードや綿の無地で繊維の細いものほど格調が高くなり、反対にプリントや織りものはカジュアルになる。

　プレイスマット（ランチョンマット）は、1人前の場合だけ敷いた形になり、略式でカジュアルなスタイルである。

　ナプキンは、ひとりひとりが膝にかけ、口をぬぐうものであるが、正式にはクロスと同色、同素材の大判を使う。家庭では同列素材のものであれば、色やプリントで変化を楽しむのもよい。もちろん、紙ナプキンでもかまわない。口にふれるものであるから清潔が第一である。

●パーソナルアイテム
①ナプキン
②プレイスマット

●サービスアイテム
①テーブルクロス
②テーブルランナー

（5）食卓装飾品

　食べることには直接関係がないが、あったほうがより楽しく食事ができるテーブル上の小物類として、フィギュアとアタッチメントがある。
　以下にフィギュアとアタッチメントについて解説する。

●フィギュア

テーブル上の装飾であると同時に、そのほかの役目も担う小物類。

・センターピース

テーブルの中央に置かれ、高みをつくることでテーブル全体を引き締める役目をする。多くの場合、季節感、色、新鮮さ、手軽さなどから生花が使われるが、ほかの置き物やスープチューリーンなどもよい。ただし、高すぎて対面する人の顔が隠れては困るので、高さはテーブルの天板から25～30cmくらいまでにする。花などは大きくなりがちだが、テーブル面積の9分の1以内に収まる程度の量にする。花の種類は、料理の香りが消えてしまうような強い香りのものや、葉や花がパラパラと落ちるものは避けたい。

・キャンドルとキャンドルスタンド

キャンドルの灯りは、光源というよりもむしろ人々の心をひとつに集める力が大きい。また、光と影をつくり出すことにより、食器やグラスなどが美しく見え、心地よい雰囲気が生まれる。

普通は6～8人用なら一対、それ以上は2人増すごとに1本ずつ増やし、左右対称に配置する。キャンドルの高さは、キャンドルスタンドを含めてテーブルの天板から天井までの3分の1以内に収めるが、食事の途中で消えてなくなってしまうのでは困る。目安は1時間で6gのロウが燃えると考えればよい（太さや長さはそこから計算する）。ただし、空調でロウが飛ぶことがあるので風の向きや強さに注意する。

キャンドルを使うのは、夕食以降のテーブルで、ランチや昼間のティーのときには使用しない。

・ソルト&ペッパー

テーブル上に一対は置く。「料理の最後の味つけは、お客さまのお好みで」という意味と同時に、「心からのおもてなしをします」の意思表示となる。これは中世以来、一番貴重な塩とコショウを主客に捧げてきた習慣からきている。

・ナプキンホルダー（ナプキンリング）

本来は個人使用のもので、正式な場合は使わないが、季節感や楽しさを演出するテーブルアクセサリーとして使ったりもする。そのときはくれぐれもナプキンが汚れていたり、シワになっていないように注意する。

・ネームスタンド（ネームカード）

ゲストの座る位置はホステス（ホスト）が指示することになっているが、上

座下座などを迷わないために、人数が多い場合はあらかじめ表示しておくほうがよい。ネームカードもよいが、場合によってはかわいいネームスタンドを使うと客にも喜んでもらえる。

●アタッチメント

テーブル上のアクセサリーだが、気持ちの表現や会話を促すトーキンググッズとして、食事の邪魔にならない程度に配する。陶製の置き物やリボン、レース皿や銀のバスケットなどはチョコレートやボンボンを入れて配してもよい。

（6）クラシックからモダンまでの洋のスタイルの特徴

アイテムを組み合わせて目的にかなったテーブルをつくるには、もののスタイルやテイストを理解しておく必要がある。たとえば食器もカトラリーもグラスもクロスも、素材や絵付け、装飾などによってスタイルやテイストが違ってくる。

様式やスタイルは家具のデザインを通じても明確にアピールでき、食空間の効果的な表現手法といえる。

ルネサンスの家具：シンメトリー重視で装飾性豊かな家具として特徴がある。
バロック様式の家具：フランスのルイ13世、14世の時代に流行した、装飾芸術のひとつの頂点ともいえる華やかな様式。絢爛豪華な装飾、不規則で動的な造形が特徴である。
ロココ様式の家具：軽快かつ繊細で曲線による構成が特徴的。彫刻や金色の仕上げで飾られる。エレガントで、洗練された女性的特徴もある。
アンピール様式の家具：ナポレオンによって推進された様式。遠征先の古代エジプト、古代ローマの装飾が加味された重量感のある壮麗なデザインが特徴。19世紀前期のフランスの椅子やテーブルなどは、古代ローマの大理石やブロンズ製の家具をもとにデザインされた。
アールヌーボー：19世紀から20世紀にかけ、ウイリアム・モリスの運動に影響されて起こった芸術運動。流動感のある曲線美が特徴。自然の植物がもつ曲線をデザイン構成の原理としている。
アールデコ：装飾美術を取り入れた芸術運動。1925年にパリで開かれた国際

装飾美術展に出展され、話題となる。モーリス・デュフレーヌ、ジャック＝エミール・リュールマンらが代表。工業技術の発展とともに直線を基調とするリズミカルな形態を表現した幾何学的半円などの文様がある。

インターナショナル・スタイル（国際建築スタイル）：1930年代の芸術運動。めざす建築スタイルは世界中同じであるという主張。鉄筋コンクリートのデザインの普遍化をめざした。モジュールを提案し、規格化する。

ポストモダニズム：近代建築（modernism）の完成後、歴史様式を用いたりする混成的スタイルの出現で、イギリスで活躍したアメリカ人チャールズ・ジェンクスによって規定された現代建築の名称。

4. コーディネート例──テイスト・スタイルのマトリックスの使用

　アイテムごとに、そのものがテイスト・スタイルのマトリックス（図9-7）のどの部分に属しているかを見る。そして、同じ範囲のなかに属しているアイテムどうしを組み合わせると、比較的無難にまとまってくる。なお、中心部分に近いところに位置するようなアイテムは、組み合わせるものによって縦軸・横軸が変化する便利な（ある意味では無個性な）アイテムといえる。

　たとえば、ニュートラルな白のボーンチャイナのディナー皿を使ってコーディネートするとき、場の設定の横軸に添って移動させてみると、同じ線上にあるほかのアイテムを組み合わせることで、場にかなった格をつくり出せる。また、縦軸に添って移動させて合わせてみると、クラシックからモダンまで各スタイルが表現でき、目的にかなった演出ができる。

5. 最後のチェックポイント

　「SERVICE」「SURPRISE」「SOPHISTICATE」の「3S」（234頁参照）を意識する。

　どんなに素晴らしいテーブルでも、食べている最中にガチャガチャとナイフやフォークの音が鳴り響くのは興醒めである。かといって黙々と食べるだけでは味気ない。心地よい音の演出も忘れてはならない。メロディーにのって食事も会話も流れるように進めたいものである。音楽の選択もコーディネートの一部であるから、あまり趣味に偏った曲よりも、皆が知る耳障りにならない曲を

■ テイスト・スタイルのマトリックス（図9-7）

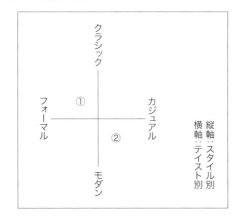

縦軸：スタイル別
横軸：テイスト別

クラシック

フォーマル　　①　　　カジュアル

②

モダン

■ フォーマルにコーディネートする場合・マトリックス中の①（表9-1）

リネン	白麻ダマスク織りまたは繊維の細い綿のクロスとナプキン
カトラリー	銀または銀プレーテッド（銀メッキ）のテーブルナイフ・フォーク、スープスプーン、フィッシュナイフ・フォーク、バタースプレッダー、サラダ（デザート）ナイフ・フォーク、ティースプーン
グラス	クリスタル
	ゴブレット、赤ワイン、白ワイン、トールシャンパン
センターピース	バラなどでダイヤモンド型にアレンジメント
フィギュアメント	銀またはボーンチャイナ製のソルト＆ペッパー
	白キャンドルと銀またはクリスタルのキャンドルスタンド

■ カジュアル・コンテンポラリーにコーディネートする場合・同②（表9-2）

リネン	無地またはプリントの平織りのクロスと無地のナプキン
カトラリー	ステンレスのシンプルな形
	テーブルナイフ・フォーク
グラス	プレーンなカリガラスまたはソーダガラス
	ゴブレット・赤白兼用ワイングラス
センターピース	果物のコンポートまたはフリースタイルの花
フィギュアメント	陶磁器のソルト＆ペッパー
	プリントのなかの1色かナプキンと同色のキャンドル

選びたい。ここまできたら、テーブルから一歩離れて総仕上げにとりかかる。

SERVICE（サービス）：間合いのよいスムーズなサービスができるかどうか。

SURPRISE（驚き、喜び）：料理だけでなく、食事中にすべてのことを味わい、楽しみ、このひとときがいつまでもよい思い出に残せるかどうか。

SOPHISTICATE（洗練）：食事する人たちも出される料理も含めて、そこはバランスのよい洗練された食の空間になっているか。

　これらのチェックをクリアしたら、「お楽しみください」のひと言を添えて、テーブルに誘ってほしい。いくら美しく素晴らしいコーディネートがなされたテーブルでも、供する人（コーディネーター）の心遣い、心配り、ホスピタリティが感じられなければ「おいしさ」を味わうことはできない。テーブルコーディネートは最終的には「やさしさの表現」である。

第4節 食空間の構成——和食

1. 和食のコーディネートをするときの約束ごと

（1）和食はもともと、ひとりひとりの膳で食べられてきた個食である。料理も器も1人前の膳のなかにおさまりがよいようにできているから、現代のように座卓やテーブルで食べる場合は、膳の世界（パーソナルスペース）を確立させることがポイントである。

（2）料理が「ご飯を食べる（飯食）」ための菜なのか、「酒を飲む（酒飲）」ための肴なのかによって、使用する器や出し方（サービス方法）が異なる。飯食の場合は一般的に「本膳形式」といい、飯、汁、そのほかの菜もすべて同時に配す。酒飲の場合は「本膳くずし」といい、すべての肴が出される場合と、一品ずつ出される喰い切り形（会席料理など）がある。どちらの場合も、ご飯は一番最後にあらためて出される。

（3）現在の日本料理の基本となった本膳料理と、酒宴向きの料理として酒を

楽しみながら食べる会席料理は、身分やしきたりにとらわれず、楽しく食べられる料理として江戸時代に誕生した。客が着席して、酒が進むにしたがって料理を一品ずつ出していく形は、神饌から大饗料理を経て精進料理、本膳料理、茶懐石料理の特徴を生かしてつくり上げられ、日本料理の集大成ともいえる。

(4) 器の選定にあたっては、季節や食材によって器の素材や形を使い分ける知識と、社会的習慣、行事も知っておかなければならない。

(5) 食器は手に持ち、口にふれるので、見た目だけでなく、口あたり、手ざわり、重量などにも気をつけて選ぶ。

(6) 洋食と同様にフォーマルからカジュアルまでテイスト別、クラス別に組み合わせる器が違ってくる。日本料理は、すべてにおいて日本の伝統文化全般の理念である真・行・草にもとづいており、料理や器にも格がある。真・行・草は和において格式を表す。

真：もっとも正統で整った格式。もっとも格式が高い。フォーマルにあたる。
行：真と草の中間の格式。
草：真と対極に位置し、より精神性の高い格式。カジュアルにあたる。

2. 和の食卓

テーブルが広まる前、日本人の食卓として一般的だったのは、ちゃぶ台であった。これはおもに折りたたみ式の脚付きの台で、それを畳の上に据え、家族みんなで囲んで座りながら食事をするという形であった。ちゃぶ台は、明治20年代に家具メーカーが発案したのがはじまりとされ、非常に便利だったため、またたく間に全国に広がった。当初は「まるちゃぶ」という円形のものが主流で、その後、角形のものや高級な木材を使用したものも現れた。基本的には座敷に常備された家具というより、食事のつど広げられる便宜的な食卓である。

明治維新以前にさかのぼると、古来より日本人の食卓の基本は銘々膳であった。ひとりずつに小さな膳が出され、その上に器にのせられた食べ物が運ばれた。膳の形式は、歴史の流れに沿ってさまざまなものがある。白木の膳は使い

捨てを意識したもので、漆塗りの膳は長く使うことを前提にしてつくられたものである。銘々膳は、大きなもので1尺5寸（45cm）、小さなもので1尺（30cm）程度であった。

3. 膳の寸法

　膳の大きさを表す言葉で「方尺二」というものがあり、正方形で1辺が1尺2寸（約36cm）のことをいう。このほか、「径四寸」という言葉もあり、こちらは男性用の「椀」の口径12cmを示している。それに対して女性用「三寸八分」は11.5cmで、どちらも江戸時代末期に定められ、今日も瀬戸、有田などの焼き物産地では、この寸法が守り続けられている。夫婦茶碗などが存在するのもそのためである。

　膳の1尺2寸や、椀の4寸、3寸8分などは、そのころの男女の平均的な手の大きさや肩幅、身長から割り出された。なお、平膳と高脚膳の寸法はほぼ1尺4寸である。これは、日本家屋の基本となる廊下の幅3尺から導き出したもので、幅3尺の廊下を、膳を持った人どうしが肩をぶつけずに行き交えるようにと考え出された寸法である。

（1）飯食の基本アイテム

■ パーソナルアイテム・銘々器（表9-3）

飯碗	ご飯茶碗のこと。
汁椀	汁物を入れる椀のこと。蓋はない場合が多い。
中皿	五寸皿、六寸皿、七寸皿ともいわれるもので、15cmから21cmの日常でよく使われる大きさの皿。メイン料理を1人前盛り付けるほか、焼き物皿にも適している。
小鉢	皿より深みのある器のことを鉢という。浅めの小鉢には、1人前の和え物、酢の物、お浸しなどを盛り付ける。
小皿	三寸皿、四寸皿で、直径10cm前後。取り皿として、または醤油を注いだり薬味を入れたり、あるいは和菓子の銘々皿として重宝する。
湯のみ	手に持ってじかに唇にふれるものなので、大きさ、重さ、手ざわり、口ざわりが大切。番茶やほうじ茶のように熱湯で入れる茶には、厚手で筒形の大ぶりの器が最適。ほどほどの湯加減で入れる玉露や上等な煎茶のときは、薄手の器を使う。また、茶の緑が映える色合いの器を選ぶのがポイント。
箸置き	箸を置く道具で、季節感を表現したものが多いため、食卓を楽しむために使用するとよい。

■ サービスアイテム・共有器（表9-4）

大皿	尺皿ともいい、直径30cm前後のもの。いくつかの料理をバランスよく盛り付ける。
大鉢	数人分の料理を盛る器。中央に盛り付ける。
汁つぎ	汁物を注ぐための器。醤油さしや、そばつゆを注ぐための器として用いる。
土瓶・急須	茶を入れる道具。土瓶はたっぷりといただく番茶、急須は香りを味わう煎茶・玉露に使う。

■ 箸（表9-5）

銘々箸	ひとりひとりが使う箸のこと。正月や五節句などの祝いの席では祝い箸を用いる。
割り箸	天削割り箸、元禄箸、利休型割り箸、竹箸などがある。
取り箸	何人前かを一緒に盛り付けた器から、個々の器に取り分けるために使う箸。八寸や焼き物などの取り箸として青竹箸を用いる。

■ 基本の一汁三菜（図9-8）

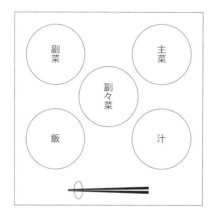

(2) 酒宴の基本アイテム

■ パーソナルアイテム・銘々器（表9-6）

先付皿	先付とは前菜のこと。前菜を盛り付ける器のことを「先付皿」と呼ぶ。
珍味入れ	珍味とは、珍しく希少な食材を酒の肴としたもの。海鼠腸（このわた）、塩辛など。珍味を盛り付ける器のことを「珍味入れ」と呼ぶ。
吸い物椀	すまし汁用の椀。なかの風味を逃さず保温のために蓋付きとしている。
箸	ハレの箸（祝い箸）、ケの箸（通常箸）、割り箸、天削り箸、利休箸などがある。
箸置き	箸を置く道具で、季節感を表現したものが多いため、食卓を楽しむために使用するとよい。
向付	飯碗（椀）と汁椀の向こう側（奥側）に置く器。季節の柄や形の特徴を生かして使う。料理も器も、ともに「向付」と呼ぶ。お造り、なますなどが盛り付けられる。関東では刺身、関西では造りという。
ちょく	酒を飲むための盃。上が広がって下がすぼまった逆台形の断面型で、形が猪の口に似ているので猪口（ちょく）という。
焼き物皿	焼き魚用の皿。一般的に長角皿が多い。
煮物碗（椀）	会席、懐石料理の椀盛り用。季節の魚、肉、野菜を煮たものを熱い状態で入れるので、安定感のある平型になっている。
小鉢	1人前の料理を盛る器。浅めの鉢には和え物などを中高に盛る。
飯碗（椀）	ご飯を盛る器。陶磁器と漆器がある。
止め椀	酒も料理も終わった後に、飯、香の物とともに出す汁物のこと。この味噌汁のことを献立上、「止め椀」と呼ぶ。「献立の最後、止めの料理」であることを表わしている。
小皿	直径10cm前後の皿。大きさによって三寸皿、四寸皿ともいわれる。取り皿として、また薬味や醤油入れ、水菓子皿としても使う。

■ サービスアイテム・共有器（表9-7）

大皿	尺皿ともいい、直径30cm前後のもの。いくつかの料理をバランスよく盛り付ける。
大鉢	数人分の料理を盛る器。余白を残して中央に盛り付ける。
汁つぎ	汁物を注ぐための器。醤油さしや、そばつゆを注ぐための器として用いる。

■ 酒器（表9-8）

銚子	酒を盃に注ぐための容器。酒を注文するとき、徳利のことを銚子というが、本来、銚子と徳利は異なる。銚子は祝いの席で使われるもので、鉄か銅の金属製の長い柄が付いており、柄を持って注ぐもの。
杯（盃）	酒を入れて飲む容器。陶磁器、漆、硝子など素材も形もさまざま。基本形は上開きの皿状。皿で酒を飲んだなごりの形に高台が付くスタイル。
徳利	酒を盃に注ぐための容器。形や大きさはさまざまだが、一般的には口が細くすぼんだ立型。酒、酢、醤油などの容器として使われていたが、現在では主として酒用。素材もいろいろで陶磁器のほか、錫（すず）、銀、硝子などがある。
ぐいのみ	一気に酒を飲むひと口酒容器。グイと飲むのでこの名がついた。ほとんどが焼き物で形状はさまざまだが、小ぶりの湯のみ状のもの。

■ 喰い切り（図9-9）

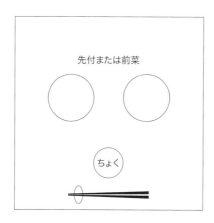

先付または前菜

ちょく

第5節 食空間の構成——中国料理

1. 中国の食の約束ごと

(1) 中国料理は大きく分けて東方料理、西方料理、南方料理、北方料理の4種類あり、それぞれの地方によって特徴はあるが、宮廷から家庭のおもてなしまで正式な形式で料理を整えたものが宴会料理である。

(2) 宴席は、基本的には方卓を8人で囲むのが正式であるが、最近では人数の増減に対応しやすい円卓が主流となっている。

(3) 料理は、主人が中央に置かれた大皿から取り分け、招待客に差し出すのが、最適のもてなしとされている。中心部が回転式の二重円卓（ターンテーブル）に人数分の料理を盛り付けた大皿が置かれ、個々に自分の皿に時計まわりで取りまわす方法が定着している。

2. テーブルセッティング

(1) 中国料理のサービスは「取りまわしスタイル」といい、料理がのる大皿から客が自ら取り分けるスタイルである。小皿などは料理に応じて取り替える。

(2) 食卓には方卓と円卓があり、正式なスタイルでは「八仙卓子」といって8人で方卓を囲む。

(3) 円卓は人数の増減に対応でき、客どうしが親しみある雰囲気で卓を囲むことができる。通常偶数でセットする。

(4) 食器と調味料（酢、醤油、からし）は、あらかじめ食卓にセットしておく。

(5) 基本アイテムは、1人分の食器として平皿、深皿（スープ椀）、小皿、盃、箸、箸置き、ちりれんげ、スプーン、ナプキン、グラスである。

（6）大皿で料理が出されるため、卓上にはあまり大ぶりの花などを飾らない
ほうがよい。

（7）上客の場合は金・銀の受け皿や蓋付きカップなどを使い、赤や金色を施
した小物やクロスなどを使う。

（8）食卓のセッティングには諸説あるが、一例を以下の図に示す。

■中国料理のセッティング例①（図9-10）

①受け皿　②取り皿　③小皿
④さじ置き　⑤ちりれんげ
⑥箸置き　⑦箸　⑧スプーン
⑨酒杯　⑩グラス
⑪ナプキン

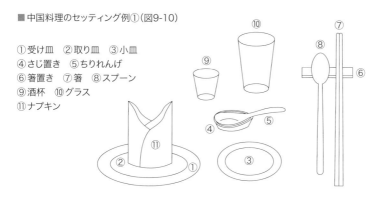

■中国料理のセッティング例②（図9-11）

①受け皿　②取り皿
③箸置き　④箸
⑤さじ置き　⑥ちりれんげ
⑦スープ椀　⑧酒杯

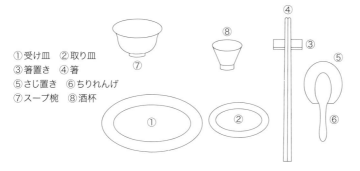

〈参考文献〉
1）色彩効用論　野村純一　1988年　住宅新報社
2）食生活への道　林淳三　1999年　建帛社

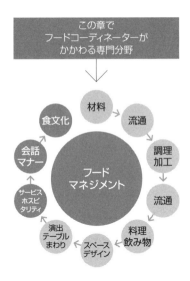

この章で
フードコーディネーターが
かかわる専門分野

食文化　材料　流通

会話マナー　調理加工

フードマネジメント　流通

サービスホスピタリティ　料理飲み物

演出テーブルまわり　スペースデザイン

第10章 テーブルマナーとサービス

第1節 概説

　マナーは、業種を問わず、どの世界においても必要不可欠な人間としての基本行為である。フードコーディネーターである前に、ひとりの人間として、どれほどの心配りをまわりの人にできるか、まさに、そこからテーブルマナーもサービスマナーも発展していく。

　私たちはひとりでは生きていないし、生きることができない。常に、周囲の人と人との間に身を置いている私たちにとって、身勝手な行動がどれほどの障害になるかは、あえていうまでもない。行動に限らず、場をわきまえない服装や、礼を失した言葉使いなども、大いに障害になる。社会性をもって生きることが人間の基本である。とすれば、他人に迷惑をかけず、不快感を与えない生き方のための指針が必要になる。それがマナーである。

　マナーの基本は心のあり方にある。心のあり方をより充実させるには、いろいろなものを見る、聞く、ふれる経験を多くもつことが重要である。また、悪い意味ではなく、人をよく観察することも大切だ。"人のふり見てわがふり直せ"という言葉があるが、相手から受けた行為に自分が不快な思いをしたのであれば、逆にいえば同じことを相手にしてはいけないということになる。

　マナーといえば、絶対に守らなければならない、必ずこうせよ、といった四

角四面な堅苦しい規則や法律のように考えられがちだが、決してそのようなことはない。一部の特例を除いて、「こうしたほうが人間関係を円滑にするのに、より望ましい」という約束ごとである。

　実生活のなかで繰り返し生かしていくうちに、心がともなえばかならず形になって表れてくるのがマナーの本質であり、そのときに生きてくるのが"蓄えられた経験"である。「マナーを知らなければ」という強迫観念は、形にのみとらわれる傾向を生み、かえってマイナスになる。ごく自然にふるまえること、そして、その自然さゆえに、心が相手の胸に直接響く。マナーとは、そんな人間の心と心のふれ合いが自然につくり出す暗黙の了解である。

第2節 テーブルマナー

1. 基本的な食事のマナー

　食の専門家として、基本的な食事のマナーを心得ておくことは必須事項である。料理によって当然マナーに違いがあるが、洋の東西を問わず共通したタブーやマナーもある。以下にそのおもな事柄を挙げる。

①食器類を使うときは音を立てない。
②汁物、スープはズルズルと音を立てて飲まない。
③自分で取り分けた料理は残さずに食べる。
④取りまわしの場合は、好きなものばかり取らず、全体のバランスを考える。
⑤きれいに盛られた料理は、手前から順に取る。
⑥調味料を取るときは人前に手をのばさず、ひと言声をかけて取ってもらう。
⑦同席者を無視して食べることのみに没頭しない。
⑧背筋をのばし、正しい姿勢で食べる。
⑨食べる速度は同席者に合わせる。
⑩ほかの席の客をジロジロ見ない。
⑪両肘は張らず、テーブルにつかないようにする。
⑫楊枝は人前では使わない。

⑬粗相をしたときは慌てず、給仕人に始末してもらう。

⑭レディファーストを心がける。

⑮トイレは食事前に済ませておく。咳、ゲップなどの生理現象はなるべく我慢する。

2. 西洋料理のマナー

(1)着席

　店に入ったら、まず入口でメートル・ドテルの案内を待つ。人数を告げ、案内されてから席に着く。座るときは、椅子の左側から入って深く静かに腰掛ける。ただし左側が壁であったり、すでに左側の人が着席している場合はこの限りではない。中座はコースがデザートに入ってからにする。

(2)ナプキン

　ナプキンは大判のものは二つ折りにし、輪になるほうを手前にして膝の上に置く。食事中はなるべく中座しないのが礼儀だが、やむを得ないときは、ナプキンは椅子の上に置く。食事が終わって席を立つときは、さりげなくテーブルの上に置く。

(3)ナイフ、フォークの使い方

　ひと皿ごとにナイフとフォークが置かれている場合が多いが、セットしてあるナイフとフォークは、外側から順に使っていく。フォークの持ち方は柄尻を手のひらの真ん中くらいにあて、すくい根の裏側に人差し指を添える。ナイフの持ち方も同じ。フォークの先は垂直に刺すようにする。すくって食べるときはカーブ面の向きを変える。フォークの背にライスなどをのせて食べることはしない。食事中のナイフとフォークの置き方は、右にナイフ、左にフォークを8時20分の角度で皿に置く。食べ終わったときは、ナイフの刃を内側に向けて4時20分の位置にフォークとともに揃えて置く。

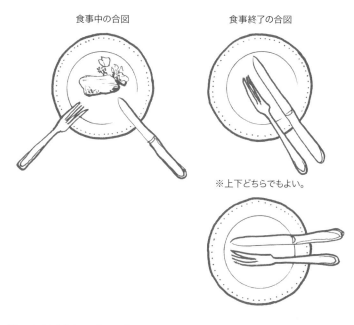

食事中の合図

食事終了の合図

※上下どちらでもよい。

(4)パンの取り方、食べ方

　パンは、はじめからパン皿にのせてある場合と、着席後、スタッフが持ちまわる場合がある。いずれの場合もパン皿に2個以上置かない。パンを食べはじめるのは、正式にはスープが終わってからだが、最近ではスープを食べはじめたらよいとする説がある(略式)。食べ方は、バターナイフでバターを1～2個取り、パンをひと口大にちぎってから少量ずつ食べる。パンの食べ終わりはコースのデザート前までとする。

(5)スープの飲み方

　スープスプーンを右手下手（上手でも可）に持ち、手前から向こう側に向けてすくい、口のなかに流し込むようにして飲む。スープが少なくなってきたら、皿の手前を左手で軽く向こう側に傾けるようにしてすくう。ブイヨンカップの場合は、少なくなったら両手で持ってカップに直接口をつけて飲んでもよい。

(6) 魚料理の取り方、食べ方

　切り身の場合は、ナイフとフォークを使って左からひと口ずつ切って食べる。一尾のままの場合は、頭が左、腹側が手前になるように盛り付けてある。食べ方の順序は、レモンが添えられている場合は、まずレモンを搾り、フォークで頭の部分をしっかり押さえ、中骨に沿ってナイフを入れる。魚の身の内側にナイフを入れ、上身を開くようにはがして手前に置き、左から切って食べる。上身を食べ終わってから骨をはずす。小骨が口のなかに残った場合は、舌先にのせ、フォークを右手に持ち替えてその上に出す。伊勢エビは、頭のほうをフォークで押さえ、ナイフで身を殻から取り出し、手前に置く。ナイフとフォークを普通に持ち直して、左から切って食べる。はずした骨、頭、尾、殻などは、食べ終わったらまとめて皿の上側に寄せておく（図10-2）。

■ 魚料理の食べ方(図10-2)

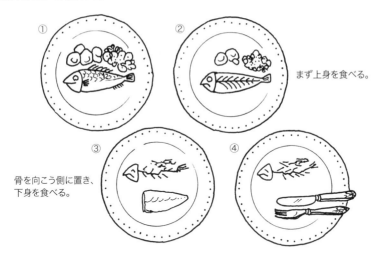

② まず上身を食べる。

③ 骨を向こう側に置き、下身を食べる。

(7) 肉料理の食べ方

　肉料理は左のほうから切って食べる。骨付きの鶏料理は、フォークで骨の関節の脇をしっかり押さえ、骨に沿って肉をはがすようにナイフを入れる。ブロシェット（串焼き）の場合は、串の端を紙ナプキンか膝の上のナプキンの端で

押さえ、左手にフォークを持って串からはずす。後は魚料理やほかの肉料理と同じ要領で食べる。

(8) 酒類の飲み方

　基本的には、魚料理には白ワイン、肉料理には赤ワインを合わせるが、それほどこだわる必要はない。ワインは客の右側から注がれる。断るときは言葉で伝えず、グラスの上に指をあてる。

(9) サラダの食べ方

　サラダは肉料理が出ると同時に別の皿で出てくる。肉料理の間、または後に食べる。肉料理用のナイフとフォークで食べるとよい。

(10) デザートの食べ方

　デザートは、口のなかで溶けるようなタイプのものと、焼き菓子、ケーキなどがあり、デザートスプーン、フォークで食べる。ひと口サイズの焼き菓子、ナイフ・フォークでは食べにくいフルーツは、手で食べることもある。

(11) コーヒーの飲み方

　コーヒーに砂糖を入れた場合、スプーンでかき混ぜながら溶かし、好みでミルクを加える。飲むときは、スプーンはカップの向こう側に置く。カップは取手が左側にあるときは皿の上でまわして右側にし、右手で持って飲む。

(12) その他の心得（フィンガーボウルの使い方）

　フィンガーボウルはドイリーにのせて出される。ドイリーにのせたまま左上に置く。フルーツを食べた後に片手ずつ指先を洗い、ナプキンで拭く。

3. 日本料理のマナー

(1) 着席

　和室の席の上座下座に注意し、席に着くときは、まず座布団の下座脇にいったん座ってあいさつを交わした後、すすめられてはじめて座り直す。座布団を敷き詰めてある宴会席の場合は、身体を前にすべらすようにして座布団に座る。

(2) 酒の受け方

　日本料理の宴会の場合は、飲めない人でも「まず一献」と日本酒をすすめられることが多い。飲めない人でも最初の一杯は受け、かたちだけでも盃（グラス）に口をつけるのがマナーである。伏せられた盃の糸底の手前を、右手の親指と人差し指でつまみ、残りの3本指を向こう側に添えて上に向ける。右手の指先で盃を持ち、左手を添えて酌を受ける。辞退の合図は、盃の上に軽く手を置く。

(3) 箸の使い方

■ 箸の使い方（図10-3）

　箸は、主客が取ってから各自取るようにする。まず、箸の中央（もしくはやや右）を右手で取り上げる。箸の下を左手で支えるように持つ。右手を右端まで滑らせ、下から持ち替えて左手をはずす。箸の間に中指を入れるようにして、上の箸を親指、人差し指、中指で三方からはさみ、下の箸は薬指で支える（図10-3）。箸を置くときはこの逆を行う。箸袋に入っている場合は、袋から取り出し、箸置きのある場合は、箸先をのせて置く。箸置きがなければ箸袋を結んで箸置きに使う。日本料理のマナーでは、箸の作法がもっとも難しい。作法上のタブーとされる使い方もある（図10-4）。

■箸使いのタブー例（図10-4）

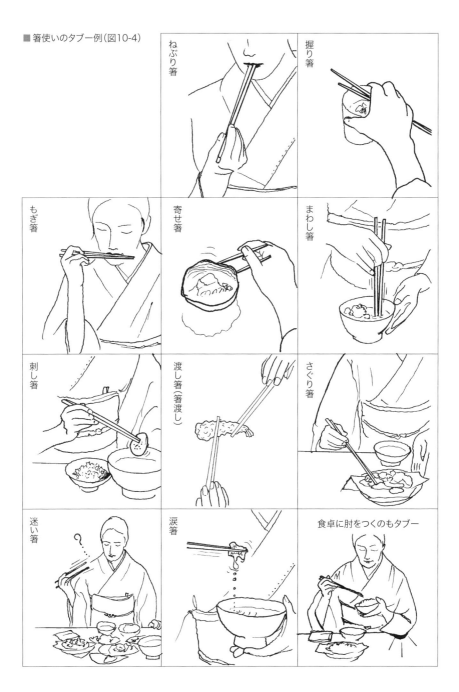

ねぶり箸		握り箸
もぎ箸	寄せ箸	まわし箸
刺し箸	渡し箸（箸渡し）	さぐり箸
迷い箸	涙箸	食卓に肘をつくのもタブー

(4) 刺身の食べ方

　新鮮さや素材本来の味わいを損なわないように、醤油やわさびはつけすぎないようにする。刺身の盛合せに箸をつけるときは、手前から取る。味の淡白なものから濃厚なものの順に食べると、おいしく食べられる。醤油猪口は口元まで持ってきてもよい。

(5) 吸い物

　吸い物椀は、まず蓋を取る。左手を添えて、盃を取るときのように右手で糸底をつまみ、手前から向こう側に静かに開け、ふちに沿って「の」の字を書くように真横までまわし、蓋についたしずくをよく切る。あお向けにして膳の右横に置く（図10-5）。

■ 椀の蓋のあけ方（図10-5）

糸底

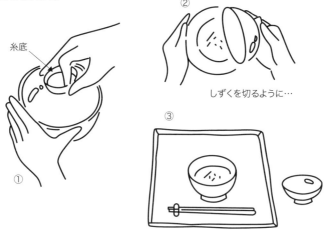
②
しずくを切るように…
③

(6) 焼き物

　骨のないものは適当な大きさに箸で切って、懐紙を添えて口まで運ぶ。尾頭付きの魚は、上身を食べたら箸で骨をはさみ上げ、下身を頭のところで切るようにして手前に少しずらし、骨を向こう側に置く。本来骨をはずしやすくして供されているので、骨付きのままひっくり返して食べることはしない。

(7) 煮物

　小さめの器は手に取って食べてもかまわないが、箸で切り分けるときはかならず膳に置いてからにする。

(8) 止め椀とご飯

　止め椀と同時にご飯と香の物が出される。吸い物と同じ要領で椀の蓋を取り、膳の右側に置く。ご飯茶碗の蓋は、右手で蓋の糸底をつまみ、裏返し、左手に持ち替えて、そのまま膳の左側に置く。ご飯を先にひと口食べ、次に汁をひと口吸う。これを繰り返し、最後にご飯をひと口残して香の物を食べる。香の物はご飯の上に置いて食べてはならない。

　仏式では、汁、飯、汁の順序で食べる。これは不祝儀のときの方法なので、普段は順序が逆にならないように注意する。茶懐石では仏式にならい、汁を先にひと口いただく作法になっている。

(9) その他の心得

　茶懐石は千利休以後、茶をおいしくいただくために、軽くおなかを整える食事を出すしきたりが定着したのがはじまりである。これは禅宗の「温石」から発した言葉で、温かい石を懐に入れて飢えをしのいだ禅宗の習わしからきた。もともとは一汁三菜の大変質素なものだったが、酒を供するようになって変化し、少量だけによい材料を吟味して調理する洗練された料理へと発展した。

4. 中国料理のマナー

(1) 着席

　正式には、別室で茶とおつまみを食べてから本席に移る。座るときは、できるだけテーブルに身体を近づけるように椅子を引く。

(2)酒の飲み方

　中国の代表的な酒である老酒は、好みによって日本酒のように燗をして飲んでもよい。

(3)料理の取り方

　主客が最初に取ってから、各自の皿に取るようにする。中国料理では難しいマナーはないが、ときには隣の人にも取り分けるなどして、なごやかに会食するのがマナーと考える。

(4)ターンテーブルの使い方

・ターンテーブルは時計まわりで使い、主客が最初に取ってから各自が皿に取っていく。
・ターンテーブルには、倒れやすいもの、たとえばビンなどを置くことは控えたほうがよい。
・まわすときは、右手で左方向に送り、取り箸などがターンテーブルからはみ出さないように気をつけること。
・一卓の人数と料理の量を考えて、全員にいきわたるように配慮する。
・大皿が少し離れている場合、自分の皿を大皿に近づけて取るようにする。一度取った料理は残さない。

(5)料理の食べ方

　古く中国では、まず主人が料理に箸をつけ、「この料理には毒は入っていません。安心してめし上がってください」という風習があったといわれる。現在では、主人が箸を取って「請々」（どうぞ、どうぞ）と声をかけ、同席者どうしすすめ合いながら、主客が箸をつけると次々に箸をつけていく食べ方をしている。

(6) 茶の飲み方

会食が終わり、別室で茶を飲む。茶は茶葉が入ったまま出されるのが正式。この場合は、茶碗の蓋を少しずらして、添えてある器に注いで飲む。器がなければ、茶の葉が出ないように蓋を少しずらして直接口をつけて飲む。

5. 飲酒のマナー

(1) グラスの持ち方

日本では、ワイングラスのステム（グラスを支える細い脚の部分）を持つことがマナーとされているが、欧米では、TPOに応じて持ち方を変える場合もある。ブランデーは、ワインとは逆に温めて香りを楽しみながら飲む。ブランデーグラスを温めるようにグラスの底を手のひらで包み込むようにして持つ。盃は右手で持ち、左手を軽く添える。男性の場合なら片手でもかまわない。

(2) 酒の受け方

日本酒の場合は、盃を手に持って酌を受ける。ワインや洋酒ではグラスをテーブルに置いたままサービスを受ける。

(3) 酒の席での心得

酒の席では、飲めない人でも最初の1杯、あるいは乾杯のグラスは受けて軽く口をつけるのがマナーである。飲めないからと固辞する態度を示すのではなく、控えめな態度で断るようにしたい。また、酒をたしなむ人もその場の雰囲気をこわすような過度の飲酒は避けたい。

6. 茶や菓子のいただき方

基本的な茶のマナーは日常から身につけることが大切である。

(1)煎茶

蓋付きの煎茶茶碗で、茶托にのせて出される。手元から遠くに置かれた場合は、茶托を両手で持って静かに引き寄せる。片手で持ったり、引きずったりはしない。蓋を取るときは、左手を茶碗に添えて右手で蓋のつまみを持つ。蓋のしずくがたれないようにゆっくりと開け、そのまま上を向けて茶托右側の下に差し込むようにして置き、両手で飲む。

(2)抹茶(ひき茶)

右手で茶碗を取り上げ、その手を添えながら左の手のひらにのせる。茶碗の正面を右手で静かに時計まわりに4分の1ほどまわす。抹茶は、3口半で飲み切るようにして、飲み終わったら口をつけたところを指などでぬぐう。茶碗を逆時計まわりにまわして正面をもとにもどし、右手で静かに自分の前に置く。

(3)中国茶

中国茶の飲み方は、日本の茶道のように細かな決まりがあるわけではない。日本茶と違って中国茶には多数の種類があるので、茶葉によって適した温度・抽出時間がある。日本のお茶と違うところは、味は薄いが何度でも出ること、急須を使わないこと、入れた茶葉の形も楽しむことなどである。

(4)コーヒー・紅茶

かき混ぜるときは、カップに片手を添えてスプーンで静かにかき混ぜる。使ったスプーンは、カップの向こう側に置く。コーヒーや紅茶をソーサーごと手に持って飲んでもよいのは、テーブルが低いときや離れているときだけである。

（5）和菓子

　左手を皿に添え、和菓子を左のほうから楊枝などでひと口大に切る。干菓子は皿を持ち上げずに手でつまんで食べてもよいが、生菓子を食べるときは皿ごと持ち上げてからひと口大に切って食べる。

（6）洋菓子

　洋菓子にセロハンがついているときは、セロハンをフォークの歯の間に入れて巻き取る。ケーキを食べ終えたらフォークの先を紙に包む。

7. 茶のサービス

（1）煎茶

　茶碗は、茶托にのせて出す。和室で出す場合は、お盆はいったん畳の上に置く。最初に和菓子を客から見て左側に置き、次に茶を右側に置く。

（2）コーヒー・紅茶

　飲み物やケーキなどは、それらをのせたトレイをいったんテーブルの端かサイドテーブルに置いてから客に出す。出す順番は、ケーキなどの菓子を客の左側に、飲み物を右側に置く。

第3節 サービスマナー

1. 西洋料理のサービスマナー

(1) サービス時の注意点

　サービス時の注意点として、客の左側と右側、どちらからサービスするかという問題がある。基本的には、使用前の皿や料理は客の左側から、酒を注ぐのは右側から、使用後の皿を下げるのは右側からである。

　また、サービスの順序は、女性の客から先に行うのが通例。たとえば、主人の右隣りの女性（主客夫人）にはじまって、主夫人を最後にサービスする。次に、主夫人の右隣りの男性（主客）から順に男性客にサービスし、最後に主人で終わる。給仕人が2人以上いるときは、ひとりが主客から、もうひとりが主客夫人から給仕をし、各自分担の客にサービスしていく。

　＊主客、主人等の表現は外務省の国際プロトコールに基づく。

(2) 席次

　図10-6に示したように、入口にもっとも近いところが主人、その反対側の

■西洋料理の席次（図10-6）

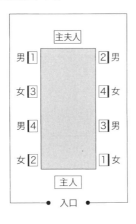
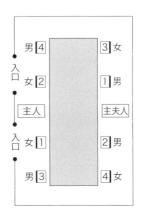

もっとも奥まったところに主夫人が座る。主客の男女は、主人及び主夫人の右に第一の客、左に第二の客と、男女交互になるように座席を決めるのが一般的であるが、会食の目的や人数によって臨機応変に決めてかまわない。

2. 日本料理のサービスマナー

（1）サービス時の注意点

　膳の用意を必ず確認してから客を迎える。箸の置き方は、膳の端から3cmくらい離して置く。客が着席したら、まずおしぼりを出す。おしぼりを下げてから膳を出す。上席から順に配膳していく。すでに膳を並べてある場合は、献立の順に料理を出す。

　料理の出し方は、客の正面より出すのが正しいやり方だが、座席の作法や広さによっては前から出せないことがある。その場合は客の後ろ、右側から出す。出す料理の器の大きさを考えながら、膳の上にある器があいていたら下げ、あいていなかったら次の器が置けるように脇に移動する。器は客の左側から下げるが、人数が多い場合は正面から下げてもかまわない。料理の位置を移すときは、膳や器を引きずったり、音を立てたりしないように注意する。

　酒の注ぎ方は、銚子を右手に持ち、左手を揃えて下のほうに添える。注ぐ量は、はじめと終わりは細く、中間は多く注ぐ。このときは客の正面からすすめる。膳を下げるときは、出すときと同じように上席から下げていく。膳の持ち方は、膳のなかに指を入れないようにふちを持ち、目八分の高さにする。器を持つときも同じ点に注意する。

（2）席次

　床の間のある部屋は、床の間のほうが上座になり、床の間から離れるにしたがって下座になる。床の間に床脇があれば、その前が次席。主人は床の間からもっとも遠い席に着く。床の間が向かって右にある部屋の造りを「本勝手」、向かって左にある造りを「逆勝手」という。床の間の前が主客、その向かい側が次客となる。中央に床の間がある場合は床の間を背にした主客の左隣が次客となる。床の間がない部屋では、入口からもっとも遠い席が上座になる。

■日本料理の席次（図10-7）

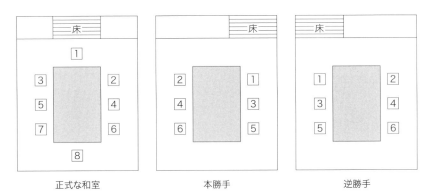

正式な和室　　　　　　　　本勝手　　　　　　　　逆勝手

もっとも正式な構えの日本間は、部屋の奥の中央に床の間がある。床の間を背にした位置がもっとも上位の席。床の間が、向かって右にある部屋の造りを「本勝手」、向かって左にある部屋の造りを「逆勝手」という。いずれの場合でも、一般的には、よほど上位の客でない限り、床の間の目の前が上座。

3. 中国料理のサービスマナー

（1）サービス時の注意点

　料理を出すときは、ターンテーブルがある場合、大皿に盛った料理を主人の横から出し、主客の前に置く。客と客の間から出してはならない。大皿を下げるときは、主人の横から下げる。大菜は残さず食べるのが礼儀だが、大皿に少し料理が残っていて次の料理を出すのに差し支える場合は、いったん下げて小皿に盛り直してターンテーブルに置く。酒は前菜と同時に出し、主客から順に酒を注ぐ。一般的には主人がサービスする。

　豚や鶏の丸焼き料理は、客に見せてからいったん下げ、取りやすいようにさばいて、再度大皿に盛って出す。西洋料理のように料理のたびに皿を取り替える必要はないが、皿の汚れには十分に注意を払い、料理が変わる際に新しい皿と交換する。スープはひとりひとりに取り分ける。

（2）席次

入口からもっとも遠い席が主客になる。主客の反対側正面が主人の席となる。

■中国料理の席次（図10-8）

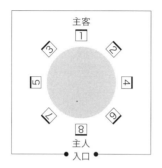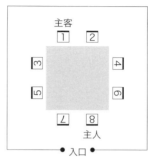

第4節 プロトコール

1. プロトコールとは

　「プロトコール（Protocol）」という言葉は、あまり聞き慣れない言葉だが、外務省のホームページでは「国家間の儀礼上のルールであり、外交を推進するための潤滑油。または国際的・公的な場で主催者側が示すルールを指すこともある」と定義されている。エチケットがより受動的な、その場にいる人々が互いの間で守るべきルールであるのに対し、プロトコールはどちらかといえば、ある行事を企画、立案、実施する主催者側が示すルールである。

　国レベルの交流から民間レベルの小さな交流まで、現代社会は国際交流がますます盛んになってきており、その重要性は今後さらに高まるだろう。いずれにしてもプロトコールは、歴史、文化、言語に大きな相違がある人々との交流の際に無用の誤解を避け、真の理解を促進するための環境づくりに大いに貢献している。その内容や基準は時代によって変化するが、フードコーディネーターとして知っておくべきプロトコールの基本を述べる。

2. パーティー

(1)種類

　パーティーには、晩餐会、午餐会、ブッフェ形式の昼食会、または夕食会、レセプション、カクテルパーティー、お茶会などいろいろあるが、プロトコールがもっとも必要とされるのは"内外人を招待する晩(午)餐会"である。

　パーティーを開催する場合、主催者としてはいかにしてパーティーを成功させるかを考えなければならない。そこで考えるべき点には優先順位がある。西洋式のパーティーについても同じことがいえる。招待客の人選と席割りの重要性を正直に物語っている。これが酒や料理よりも先にくることが、いかにも人間らしいところである。

■パーティーの種類(表10-1)

時間別		
ブレックファースト	8:30〜10:30	朝食会
ランチ	11:30〜14:00	昼食会・正式には午餐会
アフタヌーンティー	14:00〜16:00(日本) 16:00〜18:00(英国)	正式にはお茶会
カクテル	17:00〜19:00	夕食前の食前酒パーティー
ディナー	19:00〜22:00	夕食会・正式には晩餐会
アフターディナー	22:00〜エンドレス	夕食後の食後酒パーティー

目的別	
フォーマル	午餐会、晩餐会、会食会(政府・企業主催の行事・結婚披露宴)
インフォーマル	ティーパーティー、カクテルパーティー、ダンスパーティー、バースデーパーティー、クリスマスパーティー、フェアウェルパーティー、オープンパーティー など

(2)招待客の人選

　招待客を人選するときは、主賓中心主義をとる。パーティーの趣旨に沿うように人選することが成功の第一の秘訣である。とくに外国人を招く場合、仲の悪い国の人どうしを招待しないように留意することが肝要である。なお、パー

ティーの開催直前に欠席者が出ることがあるので、補充客を考えておく必要がある。また、欧米人を含むパーティーを開催する際は、出席者の数が13人とならないように補充客を頼むこともある。

（3）席札

　各招待客の席上には、客の官職や名前を書いた席札を置く。この場合、日本人用の席札は日本語で、外国人用の席札は英語または適切な外国語で書くのがよい。

（4）国旗

　国旗は、いうまでもなく国の旗であり、その国を象徴するシンボルである。したがって、国旗の取り扱いには十分に気をつけるとともに、正しい知識を身につけておくことが大切である。

　国際化時代を反映して、日本でも各種の国際会議、競技会、催し物、レセプションなどが行われるようになり、日本国旗のほかに外国国旗も掲揚される機会が多くなってきた。こうした機会に国旗の取り扱い方を間違えると、その国に対してとても失礼であり、国際親善や友好を深めるせっかくの機会を台なしにしてしまう。

　日本には国旗について明確に規定した法律はないが、その取り扱い方に関しては、ある程度国際的に承認された一定の基本原則や慣行がある。

日本国旗と外国国旗の併揚の場合：外国国旗を向かって左側。ポールを重ねるときは、外国ポールが上になる。通常、右翼（人が国旗に向かって見たときの左手）右上位の原則で揚げ、敬意を表す。
日本国旗と2ヵ国の外国国旗の場合：日本国旗を中心に、ほかの2ヵ国は国連方式による国名アルファベット順に先順位の国を向かって左側に、もうひとつを右側に。
3ヵ国以上の場合：通常、国名アルファベット順に、向かって左側から右側に。国数が奇数で、日本がホスト国の場合は、日本を中心に左右の順で交互に配列していく方法もある。

■ 国旗の掲揚（図10-9）

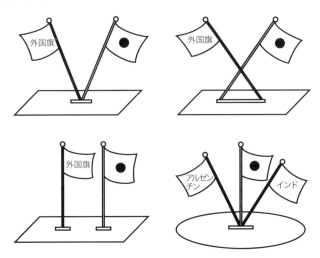

（5）パーティーマナー

　パーティーは、友好を図るためのコミュニケーションをとることを目的とする場であるため、客に対して敬意を表わすことが大切である。そのため、国旗の取り扱い、席次、料理の提供順、人選などの決まりごとを守る必要がある。

● 話題の選択

　欧米でも日本でも、初対面の者どうしが集うパーティーでは、政治や宗教の話はタブーとされている。それに加えて、自分の自慢話や他人の悪口、噂話なども禁物だ。また、パーティーの目的は大勢の人との歓談を楽しむことなので、特定の人とばかり話すのではなく、積極的に会話の輪を広げたいものである。

● 服装

　パーティーのときの服装（ドレスコード）は、パーティーの内容と時間帯によって異なるものの、男女とも行事主催者の服装指定に従うのが慣例である。最近は、民族性や固有の文化を遵守しながら、簡略化してきている。

■ 行事主催者の服装指定に従う。洋服の場合のドレスコードの目安（表10-2）

	男性	女性
〈夜・正礼装〉	ホワイト・タイ（燕尾服）	ロングイブニング・ドレス（ヒール丈、またはトレーン丈〈引き裾〉）
〈夜・準礼装〉	ブラック・タイ（タキシード）	セミイブニング・ドレス、またはディナー・ドレス（くるぶし丈、またはヒール丈が正式。最近ではショート丈も可）
〈昼・正礼装〉	モーニング・コート	アフタヌーン・ドレス
〈昼／夜・略（礼）装〉	平服（ダークスーツ、ラウンジ・スーツ）	平服（ワンピース／スーツ等）

※参照　プロトコールの基本（外務省ホームページより）

● 称号

公式のパーティーの招待状や席次、名札また呼びかけ方は、肩書きや特別の称号によって決まっている。この肩書きや称号、序列などを間違えると、場合によっては外交問題まで発展しかねないので、十分に注意が必要である。称号を間違えないことは、相手を尊重していることの証である。

（6）席次

● 国際儀礼の席次

パーティーの席割りを作成するときは、まず上位席を決めることが先決である。夫人を同伴しないときと、夫妻のときとで、おのずと席割りの形態が決まってくる（図10-10）。留意すべき点は、夫婦隣り合わせや向かい合わせは絶対に避けるということ。既婚夫人を食卓の両端にすることも避けたい。

■ 国際儀礼の席次（図10-10）

●長テーブル・フランス式の場合

（I）夫人を同伴しないとき

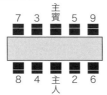

●長テーブル・英米式の場合

（I）夫人を同伴しないとき

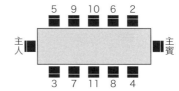

（II）夫婦のとき

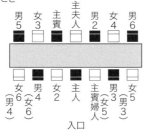

（II）夫婦のとき

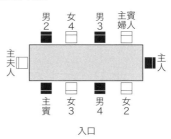

●丸テーブルの場合

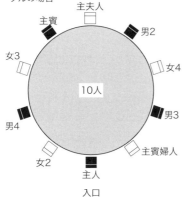

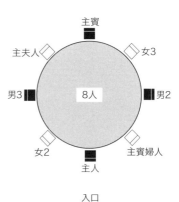

〈参考文献〉
1）素敵なあなたのためのさわやかマナー・ゼミ　廣瀬喜久子　1990年　同朋舎
2）図説江戸料理事典　松下幸子　1996年　柏書房
3）プロトコール　国際儀礼の基礎知識　寺西千代子（外務省儀典官室協力）　2014年　全国官報販売協同組合

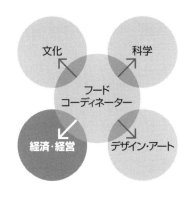

文化
科学
フード
コーディネーター
経済・経営
デザイン・アート

経済・経営

経済的概念と食関連事業経営実務

　フードコーディネーターは国内的、国際的な視点から、とくに経済・経営面でも今何が起きて今後どうなっていくかを予想し、分析をする力が要求される。第11章では飲食店の経営にフォーカスし、マーケティングや計数管理についての基礎的な知識や手法を学習する。また、その前提として知っておきたい現代の食事形態と食市場についても紹介する。

　次に、第12章ではその店の主要商品であるメニューについて、フードコーディネーターとして経営者に提案する場合の基本姿勢であるメニュープランニングのチェック項目や、トレンドの読み方などについてまとめる。さらに、第13章では、フードコーディネーターとしての企画力が問われるときに必要な、プレゼンテーション能力やチームワーク力などを事例を添えて解説する。

第11章

フードマネジメント

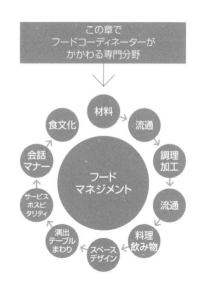

この章で
フードコーディネーターが
かかわる専門分野

材料 / 流通 / 調理加工 / 流通 / 料理飲み物 / スペースデザイン / 演出テーブルまわり / サービスホスピタリティ / 会話マナー / 食文化

フードマネジメント

第1節 概説

　フードコーディネーターの仕事は、ボランティア（無償）で行うことは、ごくまれで、ほとんどが報酬をともなうビジネスに直結したものである。クライアント（仕事の依頼者）からの要請は、新商品・メニューの開発、既存商品・メニューのリニューアル、店舗の新設や改装、食器の選定、パッケージの開発、演出（メニュー写真、POP、ロゴ、宣伝ツールなどの制作、テーブルコーディネート）、販売促進・イベントの企画、商圏調査、経営指導、従業員教育などさまざまである。いずれの仕事にせよ、クライアントはコーディネーターにフィー（報酬）を支払う以上、仕事の成果を求める。成果とは、端的にいえば、売上げ・利益のアップである。フードコーディネーターは、仕事を引き受けるに際し、クライアントが求める成果について十分に確認しておくことが必要だ。

　売上げを増やすためには、客単価（1人の顧客が1回に支払う金額）か客数を増やさなければならない。客単価を上げるためには、顧客が注文する品数を増やす（メインメニューに加え、サブメニューを注文してもらう。料理に加え、アルコール、ドリンク、デザート、サラダなどを注文してもらう）、あるいはメニューの単価を上げることが必要である。ただし、既存のメニューの単価を上げるだけでは、値上げと受け止められ、客数を減らすおそれもある。したがっ

て、メニュー単価を上げる場合は、メニューの付加価値を高めるなど価格に見合ったメニューの開発が必要となる。

一方、客数を増やすためには、メニューの品質アップ、広告・販売促進、サービスの改善などが必要となる。その結果、既存客の来店頻度のアップや新規客の獲得によって客数増を図ることができる。

利益は、売上げからコストを引いて得られる。利益を増やすためには、現在の売上げを維持してコストを減らすか、現在のコストを維持して売上げを増やさなければならない。飲食業においては、フードコスト（食材原価）とレイバーコスト（人件費）を合わせたコストを「プライムコスト」という。このプライムコストは、飲食業の経営においてもっとも重要な指標といえる。

フードコーディネーターには、「開発」「演出」「運営」に関する知識や技術の習得が求められるが、食のビジネス（食市場）の動向についても関心をもつことが大切である。

第2節 現代の食事形態と食市場

1. 現代の食事の3形態

現代の食事は、「内食（ないしょく）」「外食（がいしょく）」「中食（なかしょく）」の3つに区分できる（表11-1）。

■ 現代の食事の3形態（表11-1）

形態	定義
内食	「家庭内食」の略称。家族や家族の友人、知人が家庭内で調理したものを家庭内または家庭外（弁当として職場や学校など）で食する食事形態で原則的に金銭の授受がない。
外食	家庭外の飲食店、給食施設などによって調理されたものを飲食店、給食施設などで食する食事形態。経済行為（金銭の授受がある）の性格を有する。
中食	内食と外食の中間的な食事形態。惣菜・弁当・外食企業などによって調理されたものを家庭または家庭外で食する食事形態で、経済行為の性格を有する。外食の場合、喫食の場所が飲食店、給食施設などと特定されているのに対し、中食では喫食の場所が購入者の任意に任されている。持ち帰り商品、テイクアウト商品、デリカ、料理品、調理品などともいわれる。

2. 高まる「食の外部化率」

　家庭で行っている食材の調達（購入）、保管、調理、提供、後片づけなどの家事を外部（外食、中食）に置き換えることを「食の外部化」という。「食の外部化率」とは、"家計の食料支出に占める、外食と中食の合計支出の割合"であり、以下のように算出する。

　　食の外部化率（％）＝（外食支出＋中食支出）÷（食料支出額）×100

　日本の食の外部化率は、昭和50年（1975年）の28.4％（外食率27.8％、中食率0.6％）から年々高まり、平成28年（2016年）には、43.5％（同34.1％、同9.4％）に達している。外食率（家計の食料支出に占める外食支出の割合）はこの10年間ほぼ横ばいで推移しているのに対し、中食率（家計の食料支出に占める中食支出の割合）は20％以上高まっている。

　なお、令和2年（2020年）の内閣府家計調査（表11-2）によると、年齢別の食の外部化率（外食率、中食率）は、29歳以下は52.4％（34.9％、17.5％）、30歳代は37.8％（23.0％、14.8％）、40歳代は32.7％（18.5％、14.2％）、50歳代は31.7％（15.8％、15.9％）、60歳代は25.2％（10.4％、14.8％）、70歳以上は22.6％（7.9％、14.7％）となっており、年齢が高まるにしたがって低くなる傾向が見られる。そのなかで、外食率は年齢が高まるにつれて低下するのに対し、中食率は下がらず、逆に50歳代では、30歳代、40歳代よりも高くなっている。また、70歳代では、40歳代よりも高くなっている。

■ 年齢層別食の外部化率・外食率・中食率（表11-2）

年齢層	食の外部化率(%)	外食率(%)	中食率(%)
29歳以下	52.4	34.9	17.5
30歳代	37.8	23.0	14.8
40歳代	32.7	18.5	14.2
50歳代	31.7	15.8	15.9
60歳代	25.2	10.4	14.8
70歳以上	22.6	7.9	14.7

資料）令和2年内閣府家計調査年報をもとに作成

3. 内食と内食市場の動向

(1)内食の動向

　「外食」という言葉は戦後の「外食券」*に見ることができるように、戦後使われはじめたと思われるが、一般化したのは、昭和45年（1970年）以降のことである。「家庭内食」の意味である「内食」という言葉は、「外食」（家庭外食の意味）の対概念として使われるようになった。かつて土間にあった台所は家のなかに設置されるようになった。昭和32年（1957年）に登場したガス瞬間湯沸器は1970年代に急速に普及し、昭和56年（1981年）にピークを迎え、替わりに温水器が登場した。昭和27年（1952年）に小型電気冷蔵庫、昭和29年（1954年）に電気釜とミキサー、昭和39年（1964年）に電子レンジがそれぞれ販売開始。これらの家庭用電化製品が1960年代に急速に普及していった。

　一方、1950年代末より家庭への食材の供給チャネルとしてスーパーマーケットが増えていった（1953年にダイエーが開業）。また、食品産業の発展により、冷凍食品、インスタント食品などの加工食品が1960年代に発売され、家庭に普及していった。

　日本経済の高度成長期は、昭和30年（1955年）ごろからはじまり、昭和48年（1973年）の第一次オイルショックまで続いたが、この高度成長期に日本人の所得は倍になり、国民の生活水準は飛躍的に向上した。電化製品の普及、スーパーマーケットの増加、車の普及、加工食品の普及などにより、主婦の家事労働が大幅に削減された。自由時間の増加は主婦がより豊かな生活を求めてパートとして働きに出るという動機を与えた。この時期は住宅建設が急速に進み、日本人の住環境が改善されていった。ダイニングキッチンが登場したのもこの時期である。1970年代のこの劇的な内食の変化を「第一次内食革命」という。1990年以降は、「中食」の普及、大型冷蔵庫、食器洗浄機、オーブンレンジなどの普及により、新たな「第二次内食革命」がはじまったといえる。

＊外食券：第二次世界大戦中及び戦後のコメの統制下において、外食する者のために昭和16年（1941年）4月1日に発行された食券。

（2）内食市場の動向

　内食市場とは、家庭で調理に利用される生鮮食料品や加工食品などの食料品の市場であるが、平成5年（1993年）の43兆8200億円をピークに縮小を続け、平成19年（2007年）に36兆498億円と大幅に減少した。その後、ほぼ横ばいで推移し、令和元年（2019年）には36兆402億円となっている。

4. 外食と外食市場の動向

（1）外食の動向

● 飲食店の出現

　現代のレストランにつながる飲食店の出現は、フランスでは1765年（日本の江戸時代・明和2年）、イギリスでは1827年（同・文政10年）、日本ではそれよりも早く、室町時代には一杯一文で茶を飲ませる「茶屋」があったとの記録がある。1657年（江戸時代・明暦3年）、江戸の浅草の浅草寺門前に「奈良茶」（茶飯、汁、おかずをセットにしたもの）という食事を提供する飲食店が誕生したのが、江戸の飲食店のはじまりであったといわれている。その後、江戸時代・寛永年間（1624年〜1644年）以降、寺社の門前や街道筋に多くの茶屋ができていった。街道筋の茶屋は宿泊もできる「旅籠」（のちの旅館）へ、寺社の門前の茶屋は「料理屋」（飲食店）へと発展していった。

　江戸では、食料や燃料などの日用品を売る「振売」が現れた。そこでは、煮物なども売られた。やがて、明和7年（1770年）ごろ、火器を備えた「屋台」が江戸に現れた。てんぷら、すし、鰻の蒲焼、おでん、焼き芋、そば、焼き団子、水菓子などさまざまな屋台が見られた。これら屋台は、現代のファストフードの原形といえるだろう。

　安政6年（1859年）、オランダ人が神奈川で「横浜ホテル」を開業したが、これを契機に横浜で西洋料理店ができはじめ、やがて江戸にも西洋料理店が登場しはじめた。といっても、これら西洋料理店の利用は上層階級に限られていた。その後、明治30年（1897年）ごろになっても、東京の西洋料理店はわずか40店ほどであった。大正時代に入るとライスカレー、とんかつ、オムレツなどを出す「洋食屋」と呼ばれる大衆西洋料理店が増えていった。一方、中国

料理店は、大正10年（1921年）ごろから一般化していった。

●給食事業の台頭

外食には給食も含まれる。給食はアメリカではInstitutional Food Service（産業向けフードサービス）と呼ばれている。日本の給食事業は、事業所では明治6年（1873年）に官立富岡製糸工場で、学校では明治22年（1889年）に山形県鶴岡忠愛小学校で、病院では明治35年（1902年）に日本聖路加病院で、それぞれ開始された。これらの施設では事業主による直営で給食事業が行われたが、大正時代に入ると、事業主から給食事業の委託を受ける給食業者が現れるようになった。給食事業は、事業主による直営事業と、事業主が給食業者に運営を委託している委託化事業に大別される。後者は給食会社が事業主とContract（契約）をベースにフードサービスを行うことからContract Food Service（コントラクトフードサービス／CFS）といわれる。アメリカではCFS企業のことをContractor（コントラクター）と略称している。日本のCFS企業のなかには100年以上の長い歴史を有する会社もあるが、多くの企業は昭和30年（1955年）代以降、大企業を中心に社員食堂が開設されたのに対応して創業している。なお、給食施設と一般の飲食店（営業給食施設ともいわれる）の違いは、表11-3に示したとおりである。

■給食施設と一般飲食店（営業給食施設）との違い（表11-3）

施設	特性
給食施設	特定多数者に対し、長期・継続的に食事を提供する。したがって、厳重な衛生管理、栄養管理が求められる。健康増進法で特定給食施設及びその他の給食施設と称されている。
一般飲食店	営業給食施設ともいわれる。不特定多数者を対象に食事を提供する。味、サービス、価格で自由に競争する。

(2) 外食市場の動向

日本の外食産業は、昭和35年（1960年）以降の高度経済成長とともに市場規模が拡大していったが、昭和45年（1970年）を起点にチェーンレストランが次々に登場した。昭和44年（1969年）の第二次資本自由化を機に、アメリカの大手のファストフードやファミリーレストランのチェーン店が日本に進出し、それをきっかけに国内外食企業においてもチェーン化の動きがはじまった。

　その後の外食産業の急成長の起点となった1970年は、「外食元年」と呼ばれている。1970年には、大阪万博のパビリオンに「ロイヤル」と「ケンタッキーフライドチキン」が出店した。また、この年、日本初のファミリーレストラン「すかいらーく」が誕生した。翌年の昭和46年（1971年）には、「マクドナルド」「ミスタードーナツ」の第1号店がオープンした。同年、外食業界のチェーン化を志す企業が集い、企業どうしで協力し合いながら個々の成長をめざす目的で、現在の日本フードサービス協会（JF）の前身となる日本フードサービスチェーン協会が設立された。昭和47年（1972年）には「モスバーガー」、昭和49年（1974年）には「デニーズ」がそれぞれ1号店を開店した。1970年代〜1980年代、郊外の道路の整備が進み、「モータリゼーション」（自動車保有者数が急速に増えて、自動車が日常の買い物や外食の移動手段になっていく現象）に支えられ、駐車場を有するチェーンレストランの店舗展開は中心都市から郊外のロードサイドに広がり、さらに日本全国に広がっていった。また、生産年齢（15〜64歳の有職者）人口の増加、第1種兼業主婦（家事を主に、仕事を従にする主婦）や第2種兼業主婦（仕事を主に、家事を従にする主婦）など、家事以外に仕事をもつ主婦の増加も外食市場の拡大の要因となった。

　レストランのチェーン化を実現するためには、店舗の効率を高めることが必要であり、そのために行われたのは、食材の一括調達、人事管理、経理、財務管理、経営戦略、店舗開発などを担う「本部（本社）」と、運営を担う「店舗」に機能を分化することであった。また、徹底した標準化とシステム化を図るため、調理やサービスの標準を規定した「マニュアル」や「QSC」[1]が導入された。さらに、調理システムの推進のためにセントラルキッチン（Central Kitchen／CK）[2]やカミサリー（Commissary）[3]を導入する企業も出てきた。

　厚生労働省の令和元年度衛生行政報告例の概況（表11-4）によると、営業

■日本の飲食店舗・施設の数(表11-4)

施設	件数	内訳
営業給食	約82万	一般食堂・レストランなど約74万件 仕出し屋・弁当屋約8万件
給食施設(特定給食施設及びその他の給食施設)	約9万	特定給食施設約5万件 その他の給食施設約4万件
合計	約91万	

資料)厚生労働省「令和元年度衛生行政報告例の概況」をもとに作成

給食施設（一般食堂・レストランなど及び仕出し屋・弁当屋）の数は約82万件（一般食堂・レストランなど約74万件、仕出し屋・弁当屋約8万件）、給食施設は約9万件である。給食施設のうち、特定給食施設*4は約5万件、その他の給食施設（事業所、学校、病院、老人福祉施設、給食センターなど特定多数者を対象とした施設）は4万件である。合計すると、日本の飲食店舗・施設の数は約91万件となる。

*1　QSC：Q（Quality／品質）、S（Service／サービス）、C（Cleanliness／クレンリネス／清潔）の頭文字をとったものである。
*2　セントラルキッチン（Central Kitchen／CK）：各店舗で使う食材を一括して下処理、調理加工する自社所有の集中調理加工場のことである。
*3　カミサリー（Commissary）：各店舗で使用する食材の小分けを行い、配送する物流の拠点となる施設である。カミサリーには、料理の前工程の洗浄や下処理などの設備を備えたものもある。
*4　特定給食施設：特定給食施設とは、健康増進法で「特定かつ多数の者に対して、継続的に食事を供給する施設のうち栄養管理が必要なものとして厚生労働省令で定めるもの」（第20条第1項）とされており、さらに健康増進法施行規則により、第20条第1項の"厚生労働省令で定める施設"は、「継続的に1回100食以上又は1日250食以上の食事を供給する施設を特定給食施設」（第5条）とされている。

　外食産業の市場規模は、「外食元年」といわれる昭和45年（1970年）以降、急速な伸び示し、平成9年（1997年）には29兆702億円と30兆円に手が届くまでに成長した。しかし、この年をピークにそれ以降は縮小が続いた。平成18年（2006年）、平成19年（2007年）と2年連続で回復が見られたが、平成20年（2008年）以降、再び縮小に転じた。しかし、平成23年（2011年）から回復傾向を示し、令和元年（2019年）には26兆439億円となっている。令和元年（2019年）の外食産業市場規模は、訪日外国人の増加、消費税のアップなどにより、前年より1.3％増加となった。
　外食市場のうち、特定給食施設及びその他の給食施設は、平成9年（1997年）の3兆9470億円がピークであったが、それ以降、大幅な縮小は見られず、令和元年（2019年）には3兆3534億円となっている（図11-1）。

■ 令和3年(2021年)外食産業市場規模推計(図11-1)

| | | | 食堂・レストラン | 68,046(△7.8) |

外食産業
169,494
(△6.9)

料理品小売業
を含む場合
240,655
(△4.9)

給食主体部門
149,048
(△4.1)
- 営業給食 119,639 (△5.9)
  - 飲食店 104,018 (△5.2)
    - 食堂・レストラン ── 68,046(△7.8)
    - そば・うどん店 ── 9,464(△1.5)
    - すし店 ── 12,179(△3.6)
    - その他の飲食店 ── 14,329(4.2)
  - 機内食等 ── 939(0.5)
  - 宿泊施設 ── 14,682(△10.8)
- 集団給食 29,409 (4.0)
  - 学校 ── 4,679(16.7)
  - 事業所 13,964(0.8)
    - 社員食堂給食 ── 9,768(0.9)
    - 弁当給食 ── 4,196(0.3)
  - 病院 ── 7,428(△0.9)
  - 保育所給食 ── 3,338(14.5)

料飲主体部門
20,466
(△23.3)
- 喫茶店・居酒屋等 12,250 (△15.8)
  - 喫茶店 ── 7,767(△3.6)
  - 居酒屋・ビアホール等 ── 4,483(△30.9)
- 料亭・バー等 8,196 (△32.4)
  - 料亭 ── 980(△32.4)
  - バー・キャバレー・ナイトクラブ ── 7,216(△32.4)

料理品小売業 75,357(0.4)
[弁当給食を除く] [71,161(0.5)]

単位:億円
( )内は対前年増減率:%

資料) (一社)日本フードサービス協会の推計をもとに作成
注1) 市場規模推計値には消費税を含む。
2) 外食産業の分類は、基本的に「日本標準産業分類(総務省)」(平成14年改訂)に準じている。
3) 産業分類の関係から、料理品小売業の中には、スーパー、百貨店等のテナントとして入店しているものの売上高は含まれるが、総合スーパー、百貨店が直接販売している売上高は含まれない。
4) 四捨五入の関係で合計と内訳が一致しない場合がある。

外食市場は、生産年齢人口の拡大に支えられて伸びてきたが、生産年齢人口が平成7年（1995年）の8725万人でピークに達し、その後も減少を続け、令和2年（2020年）には7449万2000人と前年に続き、人口全体の6割を切った。また、令和2年（2020年）10月1日時点の外国人を含む日本の総人口は1億2570万8000人で、10年連続で減った。前年から45万9000人減となった。生産年齢人口の減少、人口の減少は今後も続くことが予想されることから、外食市場の大幅な回復は厳しいといえそうだ。外食率が低い60歳以上のシニア層の人口増も外食市場の伸びに影響を与えると思われる。

5.中食と中食市場の動向

（1）中食の動向

●弁当の歴史

　安土桃山時代、織田信長（1534年〜1582年）の時代に「弁当」という言葉が使われはじめた。江戸時代に入ると、弁当は庶民の昼食として普及していく一方、花見などの行楽用に豪華な弁当もつくられるようになった。明治時代になると、会社員や学生が家から昼食用の弁当を職場や学校に持っていくことが一般的になった。明治30年（1897年）ごろ、軽くて丈夫なアルミニウム製の弁当箱が開発されたが、酸に弱かったため、明治40年（1907年）ごろからアルマイト製の弁当箱に替わっていった。昭和30年（1955年）ごろまでは家でつくった弁当を職場や学校に持っていくのが一般的であったが、昭和21年（1946年）以降に普及していった学校給食や、昭和30年（1955年）以降に大企業を中心に導入されていった社員食堂に、次第に取って替わられていった。

　江戸時代に発達した「花見弁当」や「芝居弁当」は、本来、家でつくったものであったが、やがて外出先で「仕出し弁当屋」から取り寄せる形が現れてきた。そして、仕出し弁当は明治に入ると職場でも導入されていった。諸説あるが、明治18年（1885年）7月16日、当時の日本鉄道が大宮—宇都宮間の開通と同時に宇都宮の旅館「白木屋」が駅で弁当を売りはじめたのが、日本の駅弁の発祥といわれている。空港で売られる弁当は、昭和45年（1970年）ごろらはじまったが、平成15年（2003年）あたりから「空弁」という名称で雑誌などが取り上げ、急速に広まっていった。

●中食の普及・拡大

　中食はFF（ファストフード）のテイクアウトによって一般化し、その後の
CVS（コンビニエンスストア）の弁当・惣菜の品揃えの拡大、百貨店、スーパー
マーケット、外食店での弁当・惣菜の取り扱いの拡大、ピザ、弁当などの宅配
ビジネスの拡大などによって「中食市場」として開花していった。中食市場拡
大の牽引役となったCVS「セブン・イレブン」の第1号店は昭和49年（1974年）、
東京都江東区の豊洲に開店した。また、「ほっかほっか亭」の第1号店は昭和
51年（1976年）に埼玉県草加市にオープンした。

●HMRとMS

HMR（Home Meal Replacement）：1900年半ばにアメリカの外食業界に現
れたコンセプト。温かい、家で食べられる調理済み料理、そのままで食事にな
り、バラエティがあって選択ができる、テイクアウト用にパッケージされた料
理をさす。日本の中食にあたる。

MS（Meal Solution）：1996年5月、アメリカのスーパーマーケット業界団体、
FMIの年次大会で提唱されたコンセプト。そのまま食べられる完全調理済みま
たは加熱するだけで食べられる食品で、1回の食事になるもの。弁当、惣菜、
サンドイッチ、調理パン、レトルト食品、冷凍食品、あらかじめ下ごしらえし
てあり、簡単に調理できるもの。味つけされた肉、必要な食材が一式詰め合わ
されたもの。鍋物セットなどを含む。HMR同様、中食にあたるものである。

(2)中食市場の動向

　前述したように、中食はFF（ファストフード）のテイクアウトによって一
般化し、その後のCVS（コンビニエンスストア）の弁当・惣菜の品揃えの拡大、
百貨店、スーパー、飲食店での弁当・惣菜の取り扱いの拡大、ピザ、弁当など
の宅配ビジネスの拡大などによって市場は伸び続け、平成9年（1997年）に3
兆6122億円、平成19年（2007年）には5兆6400億円と大きな伸びを示した。
平成20年（2008年）には前年比でマイナス2.0％の5兆5464億円となったが、
平成21年（2009年）から再び伸びに転じ、令和元年（2019年）には前年より
1.6％増加し、7兆8126億円となっている。

　なお、中食市場の規模については、日本フードサービス協会がまとめている

外食産業市場規模推計（図11-1）に料理品小売業（弁当給食を除く）の数値として示されているが、日本惣菜協会の2021年版惣菜白書によれば、惣菜の2020年の市場規模は前期比でマイナス4.8％の9兆8195億円となっている。

6. 食市場全体

（1）市場動向

　食市場全体（内食、中食、外食市場の合計）の規模は、平成7年（1995年）の74兆3426億円をピークに縮小を続け、平成23年（2011年）には67兆1821億円となったが、その後、中食市場の拡大に支えられて回復を見せ、令和元年（2019年）に69兆3586億円となっている。

　日本では、少子化、人口減少、高齢者の増加が続いている。人口減少とは食べる人の数が減ることであり、高齢者が増えるということは食べる量が減るということである。さらに、メタボ対策の進展や健康志向の高まりによっても食べる量は減っていく。摂取カロリーは昭和46年（1971年）の2287kcalをピークに減少し続け、平成10年（1999年）には1979 kcal、令和元年（2019年）には1903kcalとなっている。

　食市場の伸びの停滞はデフレや景気後退によってもたらされたものではなく、人口構造の変化（人口減少、少子化、高齢化）、消費構造の変化（家計消費支出に占める食料支出の割合であるエンゲル係数は、昭和23年の約60％から年々下がり、令和2年（2020年）には約27.0％となっている。つまり、「食べ物」や「食べること」以外にお金を使う人が増加している）、ライフスタイルの変化（健康志向やダイエット志向の高まり）などが原因であると捉えることができる。こうしたことから、耐久消費財市場同様、食の市場についてもすでに「成熟・飽和市場」になっているといえる。

　大手企業のなかには新たな市場を求めてアジアに進出したり、M&A（Mergers and Acquisitions／エムアンドエー、エムエーと呼ばれる／企業の合併・買収のこと）などを進める企業も多数見られる。「成熟・飽和市場」では、市場規模が縮小、伸びが停滞するなかで、競争が激化し、業績を伸ばす業種・業態、企業、店舗と、落ち込む業種・業態、企業、店舗との格差が拡大し、業種・業態（外食、内食、中食）の垣根がなくなっていく。また、消費経験と情

報を累積した消費者が増えることから、食関連企業（食品メーカー、卸、小売、外食、中食、通販、宅配など）には、プロとして、家庭では得られない商品（外観、味、品質）やサービスの提供と、わかりやすい商品知識と情報の提供が求められる。成熟・飽和市場のなかで、食関連企業を取り巻く環境は厳しいことが予想される。令和元年（2019年）10月1日、消費税の増税にともなって導入された軽減税率により、食品、中食は税率8％のままなのに対し、外食は10％に上がるなど、外食の今後については需要減が心配される。

（2）成熟・飽和市場の特性

　成熟・飽和市場の特性は、以下のとおりである。

●知覚化されないニーズが常態

　貧しい時代、モノが乏しい時代には、多くの人が自分の欲しいもの、買いたいものがわかっていた。しかし、生活が豊かになり、欲しいものが充足されていくにつれ、願望はあるが、「今、欲しいもの」「次に買いたいもの」と聞かれても即答できない、「知覚化されないニーズ」をもつ人々が増えている。こうしたことから、アンケート調査を通じて願望を捉えることが難しくなっているのである。

　現に、アンケート調査は商品開発には役に立たないとして、POS（Point Of Sales ／販売時点管理）情報、つまり、店でどのようなときに、どのような人に、どんな商品がどのくらい売れたかという情報を把握して、顧客の願望を探っていく方法や、データベースマーケティング（特定の顧客の要望をデータベース化して、最適なアプローチ法を探っていく）を行う例も多い。

　しかし、POS情報やデータベースマーケティングを通しても、その顧客がなぜその商品を選択したかという理由を知ることはできない。そこで、Customer Insight（カスタマー・インサイト）[*1]、Shopper Marketing（ショッパー・マーケティング）[*2]などの方法を導入する企業も見られるようになっているのである。顧客ニーズというが、顧客がニーズを自ら語ることはない。企業、産業が用意した商品やサービスに出合ったときに顧客は自らの願望を知るというのが実際である。

＊1　Customer Insight（カスタマー・インサイト）：

顧客視点の意。このカスタマー・インサイトに立ったフードサービスのリサーチの方法は、以下のとおり。また、Non Customer（ノンカスタマー／非顧客）から「買わない理由」を聞くことも必要である。

・リサーチする現場に足を運び、買い、食べる。

・その現場の顧客の買い方、食べ方を観察する。

・そこにいる顧客に「買った理由」「この商品を買う頻度」などを聞く。

＊2　Shopper Marketing（ショッパー・マーケティング）：

買い物客の視点で、商品の売り場・陳列を観察し、「買われる理由」を解明し、売れる仕組み（売り場）を開発する手法。非計画購買率（あらかじめ買うものを決めないで、店内で買うものを決める率）が高まるなかで重要な手法である。新商品の失敗の多くが消費者調査に起因している。カスタマー・インサイトもショッパー・マーケティングも消費者調査ではなく、現場（飲食店や小売店）における顧客の行動を観察し、以下を探る調査である。

・自社あるいは他社商品の買われる理由、買われない理由。

・いつ（曜日・時間）、どこで（店舗・売り場）、どのような客層が購入したか。

・自社あるいは他社商品を購入した顧客は同時にどのような食品を購入したか。

Inner Customer（インナー・カスタマー／内部顧客）調査：

自社の社員、従業員、その家族を内部顧客と捉え、こうした人々から本音の声を聞き、以下を探る調査である。

・どのようなときに自社商品を食べたいと思ったか。

・期待度、満足度。

● 「消費経験」と「商品・店情報」の累積で厳しい選択をする消費者が増加

　車を例にとると、買い替えるごとに選択が厳しくなり、より自分に合った車を選択するようになる。また、まだ免許をもっておらず、運転経験もないが車に関する情報を累積している若年層の場合、その後、はじめて車を購入する際に選択が厳しくなる。食品や外食についても同じことがいえるだろう。

● 単品需要からコーディネート需要へ。品種需要から品番需要へ。モノ需要からコト需要へ

　衣類など身につけるものは、洋服に合わせた靴、時計、ネクタイ、バッグなどを選ぶコーディネート需要が当り前になっているが、外食、食品についても、料理に合わせてアルコール、小鉢、前菜、デザートなどを選ぶコーディネート需要が増えている。

　品種とは、マヨネーズ、醤油、ラーメンといった商品やメニューの種類であり、品番とは特定の食品メーカーや飲食店の商品やメニューである。マヨネーズなら何でもよいのではなく、特定のメーカーのこのマヨネーズということである。品番を別な言葉で表せば、ブランドということになる。

● 価格か品質かではなく、価値志向（品質と価格の両方に敏感）の消費者が増加

　品質が多少低くても価格が安いほうがよいという「価格重視派」の人々と、価格が高くても品質が高いほうがよいという「品質重視派」の人々とは別に、「品質が高くてもより価格が安いものを選ぶ」「価格が安くてもより品質の高いものを選ぶ」という価値志向の消費者が増えている。

● 全体不振、部分好調、部分不振（企業、業種・業態、店舗間における業績格差の拡大）

　市場の伸びが停滞するなかでも、好業績の企業、業種・業態、店舗が存在する。逆に、落ち込む企業、業種・業態、店舗がある。両者の格差が拡大する。

7. 飲食業（フードサービス業）の特性

　飲食業は、起業が比較的容易であることから新規参入者が多いが、経営の継続が難しく廃業も多いビジネスである。また、飲食業は、食品メーカーと同じく原材料を仕入れて製造加工（調理）する機能と、小売業と同じく商品（料理）を販売する小売業の機能の2つの機能を併せもっているのが特徴である。原価管理面でいうと、小売業の場合はいくらで仕入れるかという仕入れ原価の管理が中心であるが、飲食業は材料を仕入れて売るビジネスではなく、原材料を調理加工して売るビジネスなので、食品メーカーのように製造原価（店舗ごとの

原材料費、人件費、経費）の管理が大切である。また、飲食業は、フードサービス業といわれるとおり、フード（料理）とサービスを販売するビジネスである。経済学では、商品を「財・サービス」と呼ぶ。財とは「形のあるもの」で、サービスとは「形のないもの」である。飲食業で提供するサービスも商品であるという認識をもつことが必要である。飲食業の特性を表11-5にまとめた。

■ 飲食業（フードサービス業）の特性（表11-5）

〈メリット〉
・客の健康づくりに貢献し、喜びを与えることのできる、社会的に意義のあるビジネスである。
・客から感謝されるビジネスである。
・女性、シニア層、若者、異業種からの転職者、脱サラの人など幅広い層の人にビジネスチャンスがある。
・創業100年以上の個店があるように、資本力がなくても商品とサービスで大手チェーンとの競争に勝てる可能性がある。
・売上げのほとんどが現金回収で、仕入れはほとんど買掛金による後払いなので資金繰りが楽である。
・売掛金は少ないが、あってもほとんどクレジット会社経由のため、未回収のリスクが少ない。
・1号店の成功で多店化も可能である。

〈デメリット〉
・人手によるところが多く、製造業のような機械化・システム化が難しい。
・長時間労働で、人が遊んでいるときも休めない（年中無休、祝祭日営業もある）。
・立地、店舗面積、客席数、営業時間、厨房の生産能力、調理技術レベル、売れる時間帯によって売上げに限度がある。
・市場は成熟・飽和化しており、競争が激化している。
・開業5年以内に25％が廃業、利益を出している店は70％以下、つまり開業5年でつぶれずに利益を出せるのは全体の約50％となり、経営の持続と利益を出すことが難しい。
・店舗の老朽化、競合店の進出、売上げの低下などからリニューアルが必要となる。
・人の生命を預かるビジネスであるため、衛生・安全管理の徹底が求められる。

第3節 マーケティングの基礎知識

1. マーケティング(Marketing)とは何か?

(1) マーケット(Market)とは

　マーケティング（Marketing）とは、マーケット（Market）に由来する言葉である。マーケットとは「市場（しじょう）」のことであり、狭義には「売り手と買い手が商品やサービスを売り買いする場所」、広義には「需要と供給間に存在する交換関係」をさす(図11-2)。「交換」の歴史は物々交換にはじまり、貨幣（貝、石、金属、紙）による交換、信用（クレジット）にもとづく交換へと発展してきた。マーケットは「市場（いちば）」「市（いち）」ともいわれる。

　私たちのまわりには数えきれないくらいの「市場」が存在する。飲食店は飲食と代金を、小売店は商品と代金を、学校は教育と学費を、郵便局は郵便や切手と代金をそれぞれ交換する「市場」である。こうした場（店舗）はないが、無店舗販売である通信販売も商品と代金を交換する「市場」である。

■市場・マーケットの構図(図11-2)

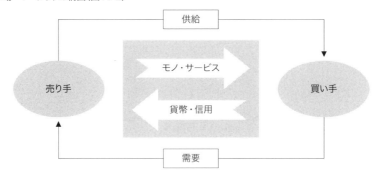

(2)マーケティングの定義

　マーケティング（Marketing）とは、20世紀初頭にアメリカで生まれた市場（Market）創造に関する理論・技術である。世界的に知られたマーケティング学者であるセオドア・レビットは、「マーケティングとは、顧客の創造である」と簡潔に定義している。

　また、「現代経営学」「マネジメント（Management）」の発明者と呼ばれるピーター・ドラッカーは、企業の目的は顧客の創造であり、そのために必要なことはマーケティングとイノベーション（現状に変化を加え、新しい考え方や方法を導入すること。「刷新」「革新」「新機軸」などと訳される）の2つであるとしている。そして、「マーケティングの理想は、販売を不要にすることである」と述べている。流通や顧客へプッシュしなくとも、「自然に売れてしまう状態」をつくるのがマーケティングということだ。つまり、提供する商品やサービスに対し、顧客に「ああ、これが欲しかった」と思ってもらい、購入してもらうことを実現するのである。顧客は、提示した「顧客価値」に対して対価を支払ってくれる。

　そのためには、顧客が何を欲しているか、望んでいるか、何に価値を認めるかを知らなければならない。ドラッカーはまず「顧客に聞け」といっているが、同時に、顧客はかならずしも答えを知っていないともいっている。うっすらと感じてはいても言葉で説明できなかったり、自分では気づいていなかったりするからである。また、今いる顧客だけでなく、「ノンカスタマー（非顧客）」に聞くことが重要だとしている。これまでずっと顧客ではなかった人は、なぜ自社の顧客にならないのか？　以前は顧客だったのに離れてしまった人は、なぜ離れてしまったのか？　こうしたことを知ることで、自社が提供できていない顧客価値を知るための大きなヒントをつかむことができるということだ。

(3)マーケティングの目的

　マーケティングの目的は、「買ってみたい」「食べてみたい」という顧客の期待度を上げ、「買ってよかった」「おいしかった」という満足度を上げ、「また買いたい」「また食べたい」というリピーターを増やすことで、企業や店に継続的な売上げ増をもたらすことである。

（4）マーケティングの実務

●顧客を知ることがマーケティングの出発・原点

　マーケティングの出発点は、自社や自店の顧客を知ることである。顧客は商品・メニュー、サービスに何をどの程度、期待しているのか？　その期待にどの程度応えられているのか？　顧客は何にどの程度不満を抱いているのか？また、顧客のうちリピーターはどのくらいいるのか？　こうしたことを知ることからマーケティングははじまる。新聞や雑誌で紹介される「消費者調査」の結果は、自社・自店の顧客を調査したものではない。したがって、参考にはできても、マーケティングの具体的な手がかりとはならない。

　前述したマーケティング学者のレビットは、「ドリルを買いに来た人が欲しいのはドリルではなく穴である。顧客は商品を買うのではない。その商品が提供するベネフィット（価値）を購入しているのだ」としている。顧客は、その商品によってもたらされる価値を得るために購入しているというわけである。飲食店を例にとれば、顧客の期待する・求める価値は、「健康」「ボリューム」「提供のスピード」「おいしさ」「バラエティ」「安さ」のどれであるかを知ることからはじまり、その期待する・求める価値に対して、どの程度満足を与えることができているのかを知ることが必要となる。

●マーケティング機能（技術）

　建築という仕事に建築理論と建築技術があるように、マーケティングにはマーケティング理論とマーケティング機能がある。マーケティング機能とは、マーケティングという仕事・実務を進めるにあたって必要となる技術（道具）のことである。これらの技術（道具）を必要に応じて組み合わせ、マーケティングという仕事・実務を行うことを「マーケティング・ミックス」という。以下におもな機能論をまとめた。

4P論：1961年、ジェローム・マッカーシーが提唱した。4PとはProduct（商品、サービス）、Place（立地、流通）、Promotion（促進）、Price（価格）の4つ。60年近く前の成長期の考え方と技術で、つくり手・売り手主体の考え方である「プロダクト・アウト」（Product Out）、大量生産・大量消費を前提とした考え方といえる。今日のような顧客志向の「マーケット・イン」（Market In）

の市場環境においてマーケティングを実行するには4Pだけでは不十分である。

4C論：1980年代、ロバート・ラウターボーンが、4Pが売り手側の視点（Product Out）で捉えられているのに対し、買い手側（顧客）の視点（Market In）からマーケティングの機能を捉え直そうと提唱したもの。4Cとは、Customer Value（顧客価値）、Customer Cost（顧客コスト）、Convenience（利便性）、Communication（コミュニケーション）である。4Pと4Cはそれぞれ表11-6に示したように対応している。

■4Pと4Cの対比（表11-6）

4P	4C
Product（商品、サービス）	Customer value（顧客価値）：商品、サービスによって顧客が得られる価値。
Place（立地、流通）	Convenience（利便性）：商品、サービスが欲しいときに手に入る。
Promotion（促進）	Communication（コミュニケーション）：企業と顧客が自由に対話できる。
Price（価格）	Customer Cost（顧客コスト）：商品、サービスを入手するために必要なコスト（商品、サービスの価格のみではない）。

9F（Function／機能）論：マーケティング実務家の水口健次が提唱した8Fに、「価格」を加えた9つの機能である（表11-7）。メーカー、小売業でマーケティングという仕事を進めるうえで有効な機能（道具）といえる。リサーチが入っていることがポイント。

■9F論が掲げる9つの機能（表11-7）

①Research（調査）：顧客、市場、競争相手を知る技術

②Product（商品・サービス）：売れる商品・サービスの開発

③Distribution（流通）：立地、売り方・商品提供方法の開発

④Advertisement（広告）：企業、店、商品を知らせる方法

⑤Sales Promotion（販売促進）：顧客づくり、売上げ増の方法

⑥Sales（営業）：新規客の開拓、既存客のフォロー

⑦Information（情報）：情報システムの開発、受発信情報の開発

⑧Physical Distribution（物流）：仕入れシステム、配送システム

⑨Price（価格）：仕入れ価格、販売価格

●飲食業（フードサービス業）のマーケティング

 アメリカで誕生・発展したマーケティングは、メーカー中心のマーケティングであった。しかし、消費がモノからサービスへとシフトしていくなかで、サービス業のマーケティングの体系の構築が求められるようになった。とくに、フードサービス業は、食材を調理・加工するという製造業の性格と、メニュー・商品を販売するという小売業の性格を併せもつ独特なビジネスである。そして、単にフード（メニュー・商品）を販売するのではなく、サービスを販売するという特性をもっている。このような特性をもったフードサービスにおけるマーケティングの機能を、フィリップ・コトラーの考え方とアメリカのフードビジネスのテキストを参考に、表11-8にまとめた。

■飲食業（フードサービス業）のマーケティング機能（表11-8）

①立地選定：飲食業の売上げは立地（店舗の出店場所）によって大きく左右されるので、新規に店を出す場合は、立地選定を慎重に行うことが大事である。

②売れるメニュー・商品の開発

③従業員教育：フードサービス業は、人手を通してサービスが提供される。おいしい、高品質のメニューをつくっても、店舗スタッフのサービスが劣悪であれば店舗の評価は下がることになる。

④プレゼンテーション：料理の盛付け、色合い、卓上、食器、サンプル、メニューブック（メニュー写真、イラスト、説明）、メニューをすすめるセールストーク、シズル効果（五感に訴える）演出など、メニューを選んでもらうための演出やおいしく見せるための技術。

⑤顧客を知る：常連客の名前、好みなどを知る。

⑥リサーチ：顧客、市場、競争相手を知るための調査。

⑦価格設定：競争力のある価格、利益の出る価格の設定。

⑧営業：新規客の開拓、既存客のフォロー。とくに、宴会や催事需要の獲得のために近隣の事業所を訪問するなど、待ちの商売ではなく、攻めの商売が求められる。

⑨PR：宣伝・広報活動。

⑩販売促進：リピーターづくりのためのスタンプサービス、値引き、増量、景品サービスなど。

⑪テイクアウト：テイクアウト商品の開発と包装の演出。

⑫食空間：光、香り、デザイン、ユニフォーム、整理・整頓・清潔、BGMなど食空間を快適なものにする。

経済・経営

第11章　フードマネジメント

|286

第4節 経営の基礎知識

1. 経営とは

　経営とは、法人（企業、商店など）が経営資源（ヒト、モノ、カネ、サービス、情報、時、技術など）をインプット（投入）し、事業活動を行い、その結果、アウトプット（産出）として売上げ・利益を得ることである。

2. マネジメント(経営管理)とは

(1)経営資源

　Management（マネジメント）の本来の意味は、何かを「操縦する、管理する、処理する、どうにかうまくやる」ことである。普通、その対象は「ヒト（人）」であるが、経営活動においては、それ以外の経営資源も同時に効率的に組み合わせて管理することが求められる。マネジメント（経営管理）とは、「会社を取り囲む利害関係者の利益・幸福の最大化をめざして、経営資源をもっとも効果的に配分し、管理すること」である。基本的には、以下の6つの経営資源（表11-9）のうち「ヒト（人）」に管理の重点を置く。

■経営資源(表11-9)

①ヒト(人)：経営者、社員・パート・アルバイト など

②モノ(物)・サービス：食資材、店舗、家具・食器・機器・什器・備品、エネルギー（水光熱）、サービス など

③カネ(金)：投資資金、運営資金 など

④情報：市場情報・顧客情報・競合情報 など

⑤トキ(時)：経営資源投入のタイミング、経営戦略実行の速さ、市場の状況や経営環境への適応の早さなどを含む概念

⑥技術：調理技術、食品加工技術、IT技術 など

---

(2) マネジメントの役割

　ピーター・ドラッカーは、企業は社会の機関であり、企業が存在するのは企業自体のためではなく、自らの機能を果たすことによって、社会、コミュニティ、個人のニーズを満たすためであるとして、マネジメントの役割を以下の3つ挙げている。

・自らの組織に特有の使命を果たす。
・働く人々を生かす。
・社会の問題について貢献をする。

　多くの企業が、売上げ・利益の拡大をマネジメントの目標として掲げているが、企業理念、社是・社訓（創業の理念、企業の根本精神）、企業ビジョン（将来の会社のあるべき姿、未来像）、ミッション（使命）などという形でドラッカーが挙げるマネジメントの役割（社会的使命、従業員の満足度向上、社会貢献）を明示している。

(3) マネジメントの基本的業務

●マネジメント・サイクル（Management Cycle）

　マネジメント・サイクルとはマネジメントを実行する場合の基本的な流れを表したものであり、Plan（計画）、Do（実行）、Check（評価・確認）、Action（修正）の4つの項目の頭文字をとって、PDCAサイクルと呼ばれる。サイクルの名称が示すとおり、Plan（計画）、Do（実行）、Check（評価・確認）、Action（修正）は切れることなくつながっていなければならない（図11-3）。

Plan（計画）：事業の目的や目標を達成するための方法、プロセス、人員構成などを決める。
Do（実行）：計画どおりに事業を行い、目標達成することが求められる。目標達成に必要な適材適所の従業員の配置、従業員とのコミュニケーションを図り、動機づけを行う。また、必要に応じてOJT[*1]、OFF-JT[*2]などの教育・訓練も実施しなければならない。

Check（評価・確認）：結果の評価及び結果が目的や目標とズレていないかを確認する。ズレがあれば原因を探る。従業員の目標達成に応じた評価を行う。

Action（修正）：目的に沿った結果が得られたか、目標が達成されたかの分析を行い、次の計画作成のため、業務の進め方や従業員教育、マニュアルなどの見直しと修正を行う。

＊1　OJT：現場で仕事を通して行う教育・訓練。On the Job Trainingの略。
＊2　OFF-JT：現場から離れて行う講義形式の教育・訓練。

■マネジメント・サイクル（図11-3）

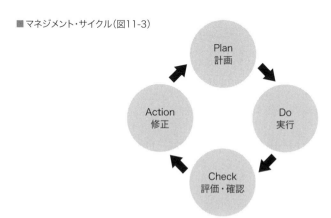

●マネジメントの評価

　マネジメントの評価は、従来、売上げ・利益などの経営目標の達成度によって行われてきたが、日本では、平成3年（1991年）ごろからCS経営（Customer Satisfaction Management ／顧客満足経営)という考え方を経営に導入する企業が増えていき、現在では、多くの企業が売上げ・利益などの業績に加え、以下のとおり、CS（Customer Satisfaction ／顧客満足）を含むさまざまなレベルの満足度をマネジメントの評価軸に入れている（図11-4）。

■マネジメントの評価〜5つの満足度(図11-4)

Customer Satisfaction（CS ／顧客満足)：売上げ・利益などの業績は顧客満足の結果、得られるものであるとする考え方。商品、サービスなどに対する顧客の満足度を定期的に測定し、業務の改善に反映させる。

Client Satisfaction（CS ／契約先満足)：一般のフードサービスと異なり、委託者との契約をベースにしたコントラクト・フードサービス（Contract

■契約先満足(図11-5)

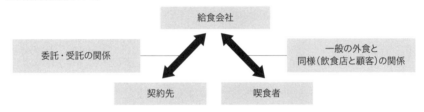

経済・経営

第11章　フードマネジメント

Food Service ／給食サービス）では、契約先（契約決定権者や給食管理担当者など）の満足を得ることが求められる（図11-5）。

Stakeholder Satisfaction（SS ／利害関係者満足）：企業には、株主、投資家、金融機関、仕入れ先、地主、地域住民などさまざまな利害関係者が存在する（図11-6）。こうした人々の満足を得ることである。

■利害関係者満足（図11-6）

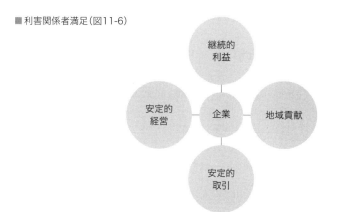

Employee Satisfaction（ES ／従業員満足）：従業員が働く職場や会社に対し、どの程度満足しているかを測定し、職場環境の改善、給与、福利厚生、人事制度、教育の見直しなどに反映させる（図11-7）。

■従業員満足（図11-7）

Company Satisfaction（CS／会社満足）：会社に適正な利益をもたらし、経営を継続させること。会社が適正な利益を得ることができなければ、顧客満足、従業員満足やほかの満足の継続ができないか、もし、倒産した場合は消滅してしまうことになる（図11-8）。

■会社満足（図11-8）

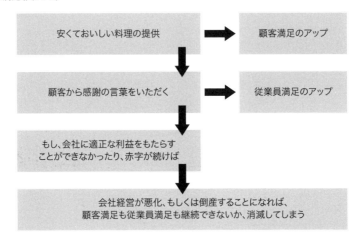

● 三面等価の原則

　「責任」「権限」「義務」の3つは等価関係にある。経営者層、管理者層、監督者層の人々には、その責任を果たすために権限が与えられる。権限が大きくなると義務も増大する（図11-9）。

■三面等価の原則（図11-9）

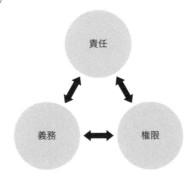

第5節 経営の計数管理

　経営の結果である売上げと利益は数字で表される。フードコーディネーターはこの売上げと利益について、また、その計算方式や収支計画について熟知することが大切である。「収支計画」とは、いくらの収入（売上げ）を上げ、その売上げを確保するためにどのくらいの支出（費用）をし、その結果、利益をどの程度生むのかを示すものである。

1. 売上げ

　売上げとは、一定期間における商品とサービスの販売額である。そして、売上げは利益の源泉である。ひと口に売上げといっても、期間によって以下のように分かれる。

年商：1年間の売上高。企業の1年は期首より期末までの1年間である。4月〜翌年3月という企業が多いが、1月〜12月という企業もある。上場企業の決算は1年間、半年間、3ヵ月間で行われるのが一般的である。
半期売上高：4月〜9月の半年間、10月〜翌年3月の半年間の売上高。
四半期売上高：1年を4つに割った3ヵ月ごとの売上高。
月商：1ヵ月あたりの売上高。
日商：1日あたりの売上高。
1時間あたり売上高：飲食業では、生産性を表わす指標として人時売上高という数値を用いる。人時売上高を求める計算式は以下のとおりである。この人時売上高が高いほど生産性が高いということになるが、飲食業では5000円以上が望ましいとされている。
人時売上高＝売上高÷総労働時間（全従業員の労働時間数合計）

（1）売上高の構成

●売上高＝客数×客単価

売上高は客数（来店顧客数）と客単価（顧客1人あたり平均支払い金額）に分解できる。飲食店（フードサービス）経営では、売上高を増やす場合、客単価を上げるよりは客数を増やすことが求められる。客単価とは、店の提供する価値（商品・サービス）に対する顧客の評価額である。800円を支払う価値しか認められていない店が、1000円まで上げるのは難しいのが実際である。

現在来店している顧客は、店に価値を認めている客であり、同じように価値を認めてくれるであろう消費者を顧客にすること、または現在の顧客をリピーターにすることが客数増につながり、客単価増よりは容易といえる。

●売上高＝客席数×満席率×客席回転率×客単価

客席数は店舗面積（客席スペース、厨房その他の合計）によって決まるが、標準としては、店舗面積（坪数）×1.3であり、業種・業態によって1.1（夜だけの営業のゆったり空間）〜1.9（カウンターだけのラーメン店などの狭い空間）の幅がある。

満席率とは、ある一定時間帯に総客席数の何％が利用されているかを表すものであり、客席回転率とは、ある一定時間帯に1つの客席が何回使用されたかを表すものである。飲食店では、客席が全て客で埋められている（満席率100％）ことが理想であるが、不振によって、また業種・業態によっては相席（他人どうしが同じテーブルに座る）が嫌われる場合もあり、満席率は100％にならないことがある。

たとえば、26席で営業時間11時〜22時の飲食店の場合、時間帯別の客数はそれぞれの満席率と回転数の想定から、以下のように算出される。

［昼の時間帯（満席率80％、回転率2回転を想定）］
客数：26席×0.8×2＝41.6≒42人
［夜の時間帯（満席率50％、回転率1回転を想定）］
客数：26席×0.5×1＝13人
［アイドルタイムの時間帯（満席率30％、回転率1回転を想定）］
客数：26席×0.3×1≒8人

それぞれの時間帯ごとの売上高はこうして計算された客数に、想定した客単価を掛けて算出される。

(2)月間売上高目標

飲食業の場合の月間売上高の目標は、月の家賃（含む共益費)×10〜14が目安となる。たとえば、月の家賃（含む共益費）が20万円の飲食店の場合、月間売上高目標は200万〜280万円となる。逆にいえば、月の家賃（含む共益費）は、月間売上高の7〜10％に収まることが望ましい。家賃は固定費であり、負担が大きいと利益を出すことが難しくなる。

(3)売価の設定方法

売価を設定する方法は大きく以下の3つに分類される。

①仕入れ原価や製造原価に利益を乗せて売価を設定（コストプラス法）。
②顧客が買いやすいという点から売価を設定。
③ライバルを意識して売価を設定。

(4)売価政策

売価政策のおもなものは以下のとおりである。

①均一価格政策：700円均一など。
②端数価格政策：価格の末尾の数字に安く感じる数字である6、7、8、9などをつける。ちなみに高く感じる数字は1、2、3、4で、どちらでもないのは0、5とされる。
③1対2政策：同じカテゴリーの商品の最低価格と最高価格が2倍以上に開かないようにする。たとえば、スパゲッティでもっとも安いメニューが600円だとすると、もっとも高いメニューが1200円を超えない。
④1対2対4政策：普段の昼食に600円使う人は、朝食は300円、夕食は1200円までならストレスを感じない。

（5）売上げのABC分析

売上げのABC分析とは、商品・メニューを売上げの大きい順にA、B、Cのグループに分けて、商品を重点的に管理する方法である。その手順は以下のとおりである。

①商品を売上げの大きい順に並べる。
②各商品の売上げ構成比を算出する。
　（例）ビーフステーキの売上げ構成比→ビーフステーキの売上げ3000千円÷全商品の合計売上げ10000千円×100＝30.0%
③売上げ構成比率の累計を算出する。
　（例）ハンバーグまでの売上げ構成比率の累計の算出方法
　・ビーフステーキの売上げ構成比→30.0%
　・エビフライまでの売上げ構成比累計
　　→ビーフステーキの売上げ構成比30.0%＋
　　エビフライの売上げ構成比25.0%＝55.0%

■あるレストランのメニュー別売上げ(表11-10)

順位	メニュー	売上高(千円)	構成比率(%)	累計(%)	グループ
1	ビーフステーキ	3,000	30.0	30.0	A
2	エビフライ	2,500	25.0	55.0	A
3	ハンバーグ	2,000	20.0	75.0	A
4	日替わりランチ	700	7.0	82.0	B
5	エビピラフ	500	5.0	87.0	B
6	カニグラタン	400	4.0	91.0	B
7	チキンの照焼き	250	2.5	93.5	B
8	コーンスープ	150	1.5	95.0	B
9	ミックスピザ	120	1.2	96.2	C
10	メニューA	90	0.9	97.1	C
11	メニューB	80	0.8	97.9	C
12	メニューC	70	0.7	98.6	C
13	メニューD	60	0.6	99.2	C
14	メニューE	50	0.5	99.7	C
15	メニューF	30	0.3	100.0	C
合計		10,000	100.0	100.0	

・ハンバーグまでの売上げ構成比累計

　→エビフライまでの売上げ構成比累計55.0％＋

　ハンバーグの売上げ構成比20.0％＝75.0％

④A、B、Cのグループに分ける。

Aグループ：売上げ構成比率の累計が75.0％になるまでの商品グループ。

Bグループ：売上げ構成比率の累計が75.0〜95.0％になるまでの商品グループ。

Cグループ：売上げ構成比率の累計が95.0〜100.0％になるまでの商品グループ。

　通常、Aグループの商品数は全商品数の10.0〜20.0％にあたる。このAグループの商品を管理するだけで、全体の売上げの75.0％を重点管理できる。

2. 原価・販売費及び一般管理費

　売上げを上げるためにはさまざまな支出（費用、コスト）が必要となる。費用（コスト）には事業活動に直接かかる費用（「原価」という）と間接的にかかる費用（「販売費及び一般管理費」という）がある。

（1）原価

　原価は、「原材料費」「人件費」「直接経費」の3つに区分できる。

原材料費：フードサービスの場合、原材料費とは食材及び包材などの資材を含む費用である。

人件費：労務費ともいわれるが、ここでいう人件費とは、現場（店舗）で働く人員の人件費であり、人件費には、旅費交通費、健康保険料、厚生年金などの法定福利費、退職金の積立金、福利厚生施設の維持費、社外研修の受講時の補助金、食事の補助金などが含まれる。現場に直接携わらない経営者や事務職員などスタッフの人件費は販売費及び一般管理費に含める。

直接経費：フードサービスの場合、上記の原材料費、人件費以外の現場（店舗）の仕事にかかわる水道光熱費、消耗品費などをいう。

　また、同じ「原価」といっても業種・業態によって意味するところが異なる。

仕入れ原価：小売業、卸売業、通販業など仕入れた商品を販売する場合の原価。それをもとに、売上総利益は以下のように算出される。

売上げ－仕入れ原価＝売上総利益（粗利益／あらりえき、そりえき）

（例）90円で仕入れたパンを150円の売価で販売して売れた場合、売上げは150円、原価は90円で、売上総利益は60円となる。

製造原価：食品メーカーなどが製造した商品を販売する場合の原価（図11-10）。それをもとに、売上総利益は以下のように算出される。

売上げ－製造原価＝売上総利益（粗利益）

（例）あるパン屋の150円の売価で販売しているパン1個あたりの製造原価が90円だとすると、パン1個あたりの売上総利益は60円となる。

■製造原価の3要素(図11-10)

材料費	製品をつくるために必要な食材料費。
労務費	工場で商品をつくることにかかわる人たちの給与など人件費。
経費	商品をつくるためにかかった水道光熱費などの経費。

（2）販売費及び一般管理費

販売費及び一般管理費（販管費と略称されることもある）には、現場に直接携わらない経営者や事務職員などスタッフの人件費、通信費など事務経費、店舗家賃、交際費、広告宣伝費、支払い金利、減価償却費などが含まれる。

（3）食品メーカー、飲食業（フードサービス業）の原価管理

食品メーカーや飲食業の場合、会社として損益計算書で示される売上総利益は、売上高から食材料原価を引いて算出される。ただし、工場や店舗段階での原価管理は、食材料だけではなく、工場や店舗で働く人々の人件費、工場や店舗運営にかかる経費なども対象となる。

（4）飲食業（フードサービス業）のFLコスト

飲食業の場合、Food Cost（フードコスト／食材原価）とLabor Cost（レイバーコスト／人件費）を合わせ、FL（エフエル）コストやプライムコスト（Prime Cost）と呼ぶ。FLコストは、売上げの60％以下に抑えることが望ましいとされている。ただし、60％以上でも利益を出している店もあるので、ひとつの目安と考えるべきであろう。

（5）費用の分解——変動費と固定費

売上げを上げるためにかかった費用を「変動費」と「固定費」に分けることを「費用の分解」という。

変動費とは、売上げが上がれば増え、売上げが下がれば減る、売上げの変動にともない変動する費用のことであり、固定費とは、売上げの増減による影響はなく、固定的にかかる費用である（図11-11、表11-11）。

■変動費と固定費（図11-11）

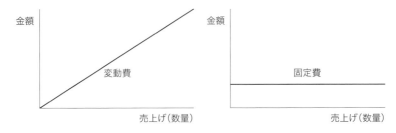

■固定費と変動費（表11-11）

固定費	売上げが上がっても下がっても、固定的にかかる費用。 社員の人件費（給与、手当て、賞与、社会保険料、通勤費、福利厚生費など）、地代、家賃、支払い金利、減価償却費、リース料、本社管理費、水道光熱費・電話・PC基本料
変動費	売上げが変動することによって変動する費用。 パート・アルバイトの人件費（給与、手当て、通勤費、社会保険料など）、原材料費、水道光熱費・電話・PC（基本料を除く）、諸経費（消耗品費・修繕費・広告宣伝費・衛生費・雑費など）

※水道光熱費のうち基本料金は売上げの変動にかかわらず、固定的にかかる費用のため「固定費」になるが、基本料金を超える部分は売上げによって変動する「変動費」になる。そのため、水道光熱費については実務上、総じて「変動費」として計算することが一般的。

3. 利益

　収入（売上げ）から支出（費用）を引いて残るのが利益であるが、利益がプラスになる場合（黒字）とマイナスになる場合（赤字）がある。利益は、表11-12に示すように5つある。

■5つの利益(表11-12)

売上総利益	売上高から売上原価(原材料費)を引いた利益。
営業利益	売上総利益から販売費及び一般管理費を引いた利益で本業で稼いだ利益をいう。
経常利益	営業利益に営業外収益(本業以外で上げた売上げ)を足し、営業外費用(本業以外でかかった費用)を引いた利益。
税引き前当期利益	経常利益に特別利益(その年だけ特別に得た収入)を足し、特別損失(その年だけ特別に発生した費用)を引いた利益。
当期利益	税引き前当期純利益から法人税、住民税、事業税などの税金を引いた利益。

4. 損益分岐点売上高

（1）損益分岐点売上高の算出

　損益分岐点売上高とは、損失も利益もゼロの状態の売上高のこと。損失が発生するか、利益が発生するかの分岐点の売上高である。損益分岐点売上高は、次の算式によって算出できる。

$$損益分岐点売上高 = \frac{固定費}{1 - 変動費比率}$$

$$変動費比率 = 変動費 \div 売上高$$

$$損益分岐点売上高 = \frac{固定費}{限界利益率}$$

　限界利益とは、売上げから変動費を引いた残りの利益で、固定費を吸収するもとになる利益のこと。算式で表すと以下のようになる。限界利益が固定費と同じになると利益はゼロになってしまう。

売上げ－変動費＝限界利益

限界利益－固定費＝利益

限界利益率＝限界利益÷売上高×100（％）

（2）損益分岐点売上高比率の算出

損益分岐点売上高比率（％）＝損益分岐点売上高÷現状の売上高×100

（3）損益分岐点客数の算出

損益分岐点客数＝損益分岐点売上高÷客単価

（4）必要利益を確保するための売上高の算出

$$必要利益を確保するための売上高＝\frac{固定費＋必要利益}{1－変動費比率}$$

第6節 財務諸表

　企業が1年に一度、経営の結果をまとめ、その成績を数字で示すことを「決算」といい、そのときに作成するのが以下の「財務諸表」である。

〈財務諸表〉

貸借対照表：一定時点（決算日）における企業の「財政状態」を表す。

損益計算書：一定期間（一年間）における企業の「経営成績」を表す。

キャッシュフロー計算書：一定期間（一年間）における企業の現金（及び現金同等物）の流れを表す。

営業報告書：当期の営業状況や、今後の見通しを記載する。

利益処分計算書：株主総会で決議された利益処分の内容を表す。

附属明細書：貸借対照表や損益計算書の重要な項目についての明細を記載する。

このうち、「貸借対照表」「損益計算書」「キャッシュフロー計算書」の3つを「財務三表」と呼び、財務諸表のなかで重要視されている。

(1) 貸借対照表(B/S)

貸借対照表は、会社の決算時点（決算が3月末であれば3月31日）の財政状態を表したものである。Balance Sheet（バランスシート）とも呼ばれ、B/S（ビーエス）と略されることもある。

財政状態とは、どうやってお金を集めてきて、そのお金はどのような形で会社のなかに存在しているのかということで、バランスシートとは本来、組織や個人の正味財産を計算した表である。個人でいえば、今もっている現金、預金はいくらあるか、また家や車の価値はどのくらいかを合計したものが資産であるが、これらの資産が全て自分のもっていたお金で手に入れたものであれば、この資産が自分の正味財産ということになる。しかし、もし、借金をしてこれらの資産を手に入れたのであれば、これらの資産の全てが自分の財産とはいえない。この場合は、資産から借金を引いたものが正味財産となる。

会社のバランスシートも全く同じで、会社がもっている資産(資産の部)から会社の借金である負債（負債の部）を引いたものが会社の正味財産（純資産の部）となる。この表の左側の数値と右側の数値が一致してバランスをとることから「バランスシート」といわれる。

(2) 貸借対照表の構成

●表の右側（貸方）／「負債の部」及び「純資産の部」
「負債の部」（他人資本＝他人から借りたお金）
流動負債：支払い期間が1年以内の債務（借金）。買掛金、支払手形、未払金、短期借入金など。
固定負債：支払い期間が1年を超える債務（借金）。長期借入金、社債など。
「純資産の部」（自己資本＝株主から調達したお金と、利益剰余金＝会社が自ら稼ぎ出したお金）
純資産（自己資本、資本合計とも呼ぶ）：資産総額から負債総額を引いた正味の資産額。資本金、利益剰余金など。

●表の左側（借方）／「資産の部」

流動資産：1年以内に現金化されるもの。現金、預金、売掛金、受取手形など。
固定資産：1年を超えて使用に耐えうるもの。土地、建物、設備、車両、運搬具、
電話加入権、特許権、投資など。

■ K社の貸借対照表(表11-13)

令和元年3月31日現在　（単位：万円）

資産の部		負債の部	
流動資産		**流動負債**	
現金預金	200	支払手形	180
受取手形	200	買掛金	500
売掛金	600	短期借入金	400
有価証券	280	未払い法人税等	90
商品	300	前受金	200
前払費用	50	流動負債合計	1,370
貸倒引当金	△10		
流動資産合計	1,620	**固定負債**	
		社債	500
		長期借入金	300
		退職給付引当金	150
固定資産		固定負債合計	950
有形固定資産			
建物	600	負債合計	2,320
車両運搬具	120		
備品	100	**純資産の部**	
土地	900		
有形固定資産合計	1,720	**株主資本**	
無形固定資産		資本金	800
借地権	10	資本余剰金	200
無形固定資産合計	10	利益余剰金	400
投資その他資産		自己株式	△100
投資有価証券	200	株主資本合計	1,300
長期貸付金	100	評価・換算差額等	
投資その他資産合計	300	その他有価証券評価差額金	10
固定資産合計	2,030	少数株主持分	20
		評価・換算差額等合計	30
		純資産合計	1,330
資産合計	3,650	不負及び純資産合計	3,650

(3)損益計算書

損益計算書は、会社のその期の1年間の成績表で、どのくらいの損があったか、利益があったかを示すものである（表11-14）。

■K社の損益計算書（表11-14）　　　　　　　自平成30年4月1日～至令和元年3月31日

(単位：万円)

科目	金額	％
売上高	3,000	100.0
売上原価	1,800	60.0
売上総利益	1,200	40.0
販売費及び一般管理費	800	26.7
営業利益	400	13.3
営業外収益	200	6.7
営業外費用	150	5.0
経常利益	450	15.0
特別利益	100	3.3
特別損失	150	5.0
税引き前当期純利益	400	13.3
法人税、住民税、事業税	200	6.7
当期利益	200	6.7

(4)キャッシュフロー(CF)計算書

「キャッシュ」とは現金及び現金同等物（普通預金や当座預金といったすぐに現金化できる預金など）、「フロー」とは一定期間の増減、つまり「キャッシュフロー」とは会社の一定期間における「現金と現金同等物」の増減を示すものである。

会社は営業活動、投資活動、財務活動の3つの活動を行っており、キャッシュフロー計算書は「営業活動によるキャッシュフロー」「投資活動によるキャッシュフロー」「財務活動によるキャッシュフロー」の3つから構成されている。

営業活動CF：会社が営業活動でどのくらいお金を増やしたかを表す。本業でどれだけ現金を生み出すことができたかを示す重要な数字で、マイナスだと厳

しい。

投資活動CF：会社がどれだけ投資にお金を使ったかを表す。固定資産（設備投資）や株の売買などによる現金の流れを示す。お金を使った場合にはマイナスとなる。

財務活動CF：余ったお金を何に使い、不足分はどのように調達したか、借入などにともなう現金の流れを表す。借入金などで資金調達すればプラス、借入金を返済すればマイナスとなる。

フリーキャッシュフロー：営業活動CFに投資活動CFを加えたもの。そもそも企業は、投資をして、それをどのくらい増やして回収できるかが問題であり、フリーキャッシュフローが多ければ企業として評価されることになる。

〈参考文献〉
1) 総理府「平成30年家計調査年報」
2) 厚生労働省「平成29年度衛生行政報告例の概況」
3) 日本フードサービス協会「平成30（2018）年外食産業市場規模推計について」2019年
4) 実践給食マネジメント論　第2版　2019年　第一出版
5) 給食経営管理論　第3版　2019年　第一出版
6) マーケティング戦略の実際　水口健次　2004年　日本経済新聞社
7) 日経MJ2019年5月22日号「第45回日本の飲食業調査」

経済・経営

第11章　フードマネジメント

第**12**章

メニュープランニング

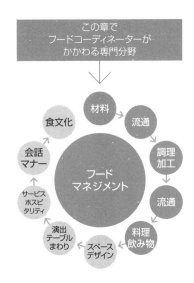

この章で
フードコーディネーターが
かかわる専門分野

材料 → 流通 → 調理加工 → 流通 → 料理飲み物

フードマネジメント

食文化 → 会話マナー → サービスホスピタリティ → 演出テーブルまわり → スペースデザイン

第1節 概説

　飲食店の新規オープンや既存店のリニューアルをする際は、新しくメニューを考えなくてはならない。料理人の得意な料理やつくりたい料理、その料理に合うドリンクやデザートを考えることも重要なメニュープランニングである。また、経営者の意向や描いているイメージもあるはずだ。そして、忘れてはならないのが、客のニーズが何であるのかを考えて計画することである。

■メニュープランニングするときのフードコーディネーターの立場（図12-1）

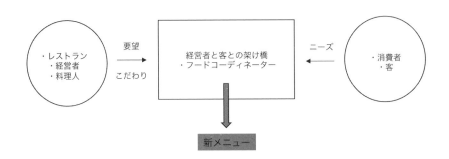

・レストラン
・経営者
・料理人

要望
こだわり →

経営者と客との架け橋
・フードコーディネーター

← ニーズ

・消費者
・客

↓

新メニュー

しかし、メニュープランニングとは、ただ単にメニューの内容を考えることではない。店のコンセプトと合致しているか、客層とマッチしているか、価格は適正かなど、最終的にひとつのメニューをつくり上げるまで、さまざまな観点から検討しなければならない。なぜなら、客を呼び寄せることができるメニューにする、売れるメニューにする、利益が上がるメニューにする、という大前提があるからである。さらに、労働コストの削減やオペレーションの効率化などを求められるメニュープランニングもあるだろう。

フードコーディネーターがメニュープランニングという仕事にかかわっていくためには、さまざまな要望やニーズに応えることのできる知識と経験、そしてアイデアが必要になる。

第2節 メニュープランニングの流れ

メニュープランニングをする際には、まず、最初にその店の立地や客層に合致したメニューをどのように構成するかが重要となる。常にコンセプトにもとづいてチェックをしながら、次からの節で述べる点に配慮してつくり上げなければならない。

図12-2のように、メニュープランニングをする際には、さまざまな検討項目がある。フードコーディネーターの役割として重要なことは、メニュープランニングの手順において、ひとつずつ整理し、確認しながら店側と連携をとって進めていくことである。

■メニュープランニングの手順（図12-2）

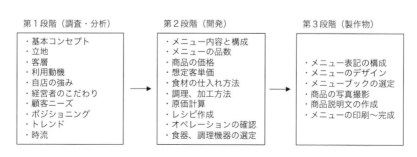

第3節 トレンドの読み方

　フードコーディネーターは、話題のレストラン情報や最近の食のトレンドについて質問されることが多い。メニューを作成する店側の方々にとって、消費者の嗜好の変化や大きな時代の流れというのは、常に気になるところである。それだけに、消費者の視点に立ってアンテナを張り巡らし、情報を収集しているフードコーディネーターは頼りになる存在なのだ。

　最近では、SNSなどを通じて多くの情報が簡単に手に入るが、それだけに情報を選別し、正しい判断をすることが重要となってくる。実際にどのように情報を収集するのかを示したのが図12-3である。

■フードコーディネーターの情報収集の仕方（図12-3）

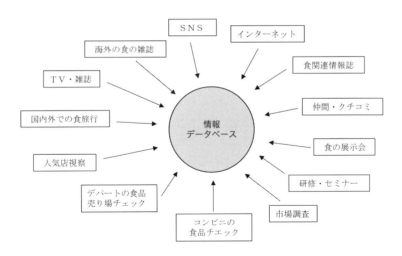

第4節 食品流通とメニュープランニング

　メニュープランニングの手順の第2段階では、第1段階で調査・分析した項目にもとづいてメニュー内容を検討するが、実際に食材を仕入れて調理していくことが可能かどうかの確認が必要だ。具体的に、「何を」「どこから」「どれくらいの量を」「いくらで」などが決まらないとメニュープランニングは実現できない。

　何を売るかが決まったら、食材をどこから仕入れるかを検討していく。生鮮食品（野菜、魚、肉など）は生産者（農家、漁師）から直接仕入れるほか、近くの小売店から購入する場合もある。加工食品もメーカーからの直接仕入れのほか、小売店や業務用食品総合卸業者から仕入れる場合など、調達ルートは多数ある（図12-4）。そうしたなか、日本における食品の流通で一般的なのは卸や問屋経由で調達するかたちであり、産地やメーカーから直接調達するケースはまれである。メニューを構成する食材は生鮮食品から調味料などの加工品まで幅広い分野にわたっており、おのおの調達しようとすると大変手間がかかる。そこで、卸や問屋がもつ幅広い商品群をとりまとめて調達し、届ける機能が重

■生産・流通から店舗までの流れ（図12-4）

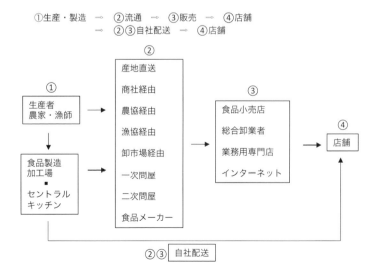

要になるのだ。

　調理人のなかには毎朝市場に出向き、旬の食材を直接見て購入するケースもあるが、求める食材が入荷しないときもあるため、決められた食材の安定的な供給を考えるときは、卸や問屋を活用した仕入れルートの確保が必要となる。最近では、卸や問屋が業務用ユーザー専門の食材を店舗やインターネットで販売するなど、幅広い食材（素材、加工品）をさまざまな方法で販売している。

　季節によって旬の食材が変化し、食品メーカーでは常に新製品が開発され、販売されている。それに対応しながらメニュープランニングをしていくのは大変なことだが、生産地や市場、食品の販売店などの最新の情報を収集し、流通の変化を把握しながらメニュープランニングをしていくことが求められる。

第5節 メニュープランニングのチェックシート

　フードコーディネーターが、メニュープランニングを行う際には、基本コンセプトをもとにチェックシート（表12-1）を使って総合的な要素を考察し、作成することになる。最終的には、客のニーズに合ったメニューを自信をもって出せるよう完成させる。

■メニュープランニングチェックシート（表12-1）

ステップ1		
販売時間帯	ターゲット	価格帯
商品数	利用動機	
ステップ2		
トレンド	使用食材 （仕入れ・管理）	
商品カテゴリー	味・ボリューム	
厨房機器	盛付け・器	
オペレーション （キッチン・ホール）	原価率	

第6節 メニューの原価と価格設定

　メニューの価格設定の考え方はさまざまあるが、もっとも考えなければならないのは、価格に対して価値が上まわらないと売れる商品にはならないということである。価格設定は原材料費を率に換算して決められるケースが多く、これを「原価積み上げ方式」という。これに対して、近年では商品の価値を想定して価格を設定する方式も取り入れられている。この場合は、原材料費に加えて、食材の特徴、調理技術、味のよさ、盛付け方法、演出方法、食器使いなどのセンスも価格を設定する付加価値の要素になる。商品にこのような要素を付加したうえで価格設定することで、魅力が増し、売れる商品になる。なお、価格を設定するうえでは、業態によって適切な客単価があることを忘れてはならない。

　一品ずつの商品価格を決める前に、客単価をいくらにすべきかを決め、その想定のなかで商品の全品目数と価格帯を決定する。商品単価が客単価と整合性がとれているかを把握するためには、価格帯の分析表（図12-5）を用いるとわかりやすくなる。

■ある居酒屋の商品価格帯分析表（図12-5）

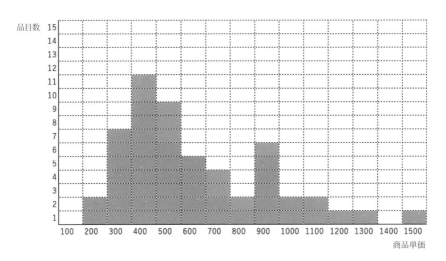

第7節 メニュー競合店調査

　メニュープランニングをするためには、店舗周辺の競合店調査を行うべきである。自店が出店するエリアにある繁盛店、とくに業態やターゲット、料理が同じ、またはよく似た店舗を重点的に調査したほうがよい。調査の対象とする店舗は、知人や地元の方へのヒアリングやウェブサイトのクチコミなどで選定する。それらの競合店を調査する際には、ただおいしいかどうかを判断するのではなく、次の5つの点を評価する。

外観：外装デザイン、看板、ファサード、駐車場
内観：内装デザイン、エントランス、トイレ、レイアウト
演出：客席（席数）、照明、BGM、装飾、POP、清掃
メニューと商品：メニューブック、カテゴリー、品数、価格帯、客単価、原価、味、ボリューム、温度、鮮度、彩り、盛付け、食器
接客サービス：接客の印象（笑顔・声・言葉使い）、案内の仕方、商品知識、ユニフォーム、スタッフ数、提供方法、待機時、会計、見送り

　以上の項目についてチェックし、よい部分は学びとし、悪い部分は自店ではよい評価をもらえるようにして差別化することも検討する。このような競合店調査を繰り返し行うことで、その地域の消費者のもつ特性や自店が強化すべき事柄なども見えてくるようになる。

第8節 メニュープランニングの事例

事例1）既存の店舗のメニューの全面改定を行ったケース

　まずは、現在の店舗の状態をしっかり把握することからスタートする。損益計算書などで収益状態を知るのはもちろんだが、それ以上に重要なのが、顧客を知ることである。そのためには、顧客分析、利用動機、曜日別時間帯売上げ、

メニューのABC分析、客単価などを徹底的に調査し、既存の顧客がなぜこの店に通うのか、その動機を知ることで、さらなる要望や改善点などを見つけ出す。そこからどのような食材を使用し、どのような調理法で付加価値をつけていくかがメニュー開発のポイントとなる。

事例2) 総合居酒屋に名物商品を導入

多品種で低価格の一般的な総合居酒屋から脱却し、名物商品を開発する。明確な売りの商品をもつことで店の特徴をもたせ、他店との差別化を明確にする。そのために行ったことは、「自分たちは何が一番得意なのか」「希少な食材が手に入るルートがある」「思い入れが強い食材がある」「調理法にこだわってきた料理がある」など、自分たちの強みを引き出し、その部分を誰にも負けないくらいに思い切ってブラッシュアップすることにした。自分たちが自信をもって客にすすめることができる逸品に仕上がるまで、何度も商品開発に注力した。

事例3) トレンドをつかんでメニューに生かす

トレンドとは、傾向や流行という意味であるため、一時的なものと捉えておかなければならない。間違ってもそれを本質として扱ってはならず、メニューでいうと、期間を定めた差し込みメニューなどで対応するのが賢明である。しかし、フードコーディネーターには、トレンドメニューを提案するような依頼がある。そのため、食のトレンド情報には常にアンテナを張っておき、敏感でいることが求められる。ときには、自ら話題の食材の産地やレストランなどに足を運び、生の情報を集め、体験したうえでメニューに生かすようにする。トレンドの商品やメニューはニーズが高いため、容易に売れることがあるが、安易に導入してしまうと客離れにつながるため、十分に検討すべきである。

事例4) シズル感を強調することで売れ方が変わる

せっかくこだわってつくったおいしい料理も、器に盛り付けて提供するだけでは、十分においしさが伝わっているとはいえない場合がある。おいしさは鮮度や彩りだけでなく、熱さ、冷たさ、におい、音などでも演出することができ

る。ハンバーグなどは、客の目の前でソースをかけることで、ジューッという音とともに湯気が立ち上り、ソースがふつふつと沸き立つ。冷たい料理は、クラッシュアイスとドライアイスを器に敷き込んで冷たい煙を漂わせて演出する。熱さや冷たさをより強調することで五感を刺激し、おいしさを増幅させることができるのだ。

第9節 レストラン以外の商品開発

（1）消費者のライフスタイルの変化の影響もあってか、中食市場（弁当や惣菜）は年々拡大し、今や大きなマーケットボリュームになってきている。今後も中食需要は高まることが予想されている。また、飲料や加工品の開発、病院食や高齢者食の開発など、こうした分野のメニュープランニングは現在おおいに脚光を浴びており、フードコーディネーターの活躍する領域は、時代のトレンドとともにさらなる広がりを見せている（図12-6）。

■メニュープランニングの業態領域(図12-6)

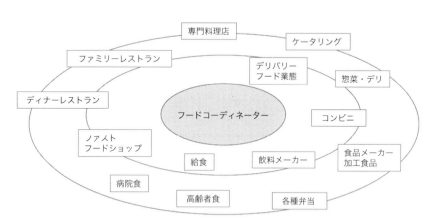

専門料理店　ケータリング　ファミリーレストラン　デリバリーフード業態　惣菜・デリ　ディナーレストラン　フードコーディネーター　コンビニ　ノアストフードショップ　給食　飲料メーカー　食品メーカー加工食品　病院食　高齢者食　各種弁当

(2) 外食の市場規模は、外部環境によって左右されやすいが、中食市場は大きな影響もなく堅調に増加傾向にある。また、中食の増加は高齢化する日本社会の現状にも合致しているといえよう。外出が困難な高齢者や、食材を少量だけ購入できないなど、さまざまな理由により、宅配サービスの需要が高まっている。今後は、これらの宅配業態において、フードコーディネーターがメニュー開発にかかわっていくことが期待されるであろう（表12-2）。

■ 宅配における業態分析（表12-2）

業態	出前	宅配弁当	高級宅配弁当	仕出し	ケータリング
注文型	衝動注文型	目的注文型	目的注文型	目的注文型	目的注文型
利用用途	日常	日常	会議・法事・慶事・ロケ など	葬儀・法事・慶事 など	パーティー・イベント
客単価目安	500円〜1,500円	500円〜1,000円	1,000円〜4,000円	4,000円〜10,000円	2,000円〜5,000円
商品（例）	すしラーメンピザ	社員弁当高齢者弁当自宅用弁当	すしステーキ懐石	懐石会席和膳	ブッフェ

(3) 惣菜の市場規模は、2008年以降の10年で20％以上の拡大となっており、とくにCVS（コンビニエンスストア）の伸びが著しい（表12-3）。CVSは店舗数の増加で多くの人にとって身近な存在となっているが、近年は弁当、惣菜に加え、PB（プライベートブランド）商品も積極的に販売されている。この分野でもフードコーディネーターよるメニュープランニングが求められている。

■ 惣菜市場規模 2008年と2017年の比較（表12-3）

業態	2008年		2017年			
	金額（億円）	構成比（%）	金額（億円）	構成比（%）	前年比（%）	08年比（%）
専門店 ほか	28,640.6	34.9	29,204.00	29.0	100.6	102.0
百貨店	4,091.1	5.0	3,644	3.6	99.2	89.1
総合スーパー	9,114.6	11.1	9,212	9.2	100.7	101.1
食料品スーパー	19,353.3	23.6	26,206	26.1	103.1	135.4
CVS	20,956.9	25.5	32,290	32.1	103.7	154.1
合計	82,156.3	100.0	100,556	100.0	102.2	122.4

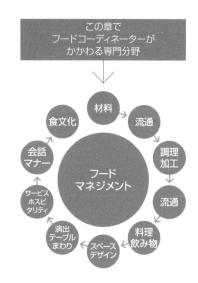

第**13**章

食の企画・構成・演出の流れ

第1節 概説

　今日、食に関する興味・関心は、年齢や性別、プロアマを問わず、あらゆる層で高まっている。それにともなって、テレビ、新聞、雑誌、インターネットなど数多くのメディアが、あふれんばかりの食の情報を伝えている。また、各地の展示場を舞台とした食の展示会や、レストランにおける季節の催事、あるいは食品メーカーによる新商品の開発など、日々、さまざまな場面で食の企画が練られ、実行に移されている。

　食に関する企画の多くは、食品メーカーや飲食店など、食関連の企業や団体、生産者が主体となって打ち出しているもので、綿密に作成された「企画書」をもとに一連の業務が遂行されている。すべての企画は、企画書からスタートするといっても過言ではない。このような現場では、企画の立案段階から実行に至るまで、フードコーディネーターをはじめ多くの食の専門家が業務にかかわっている。

　この章では、最初に、食の企画がどのように進められるのか、その流れについて把握し、続いて、食をテーマにした企画の具体的な事例を紹介する。そして、プロとしての企画力養成のために磨いておくべきスキルについて解説し、最後にフードコーディネーターとして学んでおきたい「企画書」の作成方法に

ついてまとめる。食の「開発」「演出」「運営」のクリエーターであるフードコーディネーターをめざすには、その根幹となる企画書の作成法を習得しておくことが大きな強みとなる。

第2節 食の企画の流れ

　食品メーカーや飲食店など、食関連の企業や団体、生産者などは、「商品の売上げを伸ばしたい」「来店客数を増やしたい」などの要望（ニーズ）を抱えている。そのニーズを満たすために、資金を投じて第三者に問題の解決を依頼することがあるが、その依頼主のことをクライアントと呼ぶ。クライアントの業種・業態は多種多様であり、ニーズもさまざまである。

　フードビジネスの場において、フードコーディネーターはクライアントから問題解決のための相談を受け、企画の立案や実行にかかわっていく役目を担っている。ここでいう企画とは、ある目的を達成するための具体的な計画のことである。フードコーディネーターは、食を取り巻く社会環境や市場動向、消費者動向などを把握したうえで、クライアントの抱えるニーズを的確に捉え、そこから課題を抽出する。そして、設定した課題に対する実現可能な企画を立案し、専門家と業務を連携しながら、企画を実行に移し、課題の解決に結びつけていく。図13-1は食の企画の流れを示したものである。

■食の企画の流れ（図13-1）

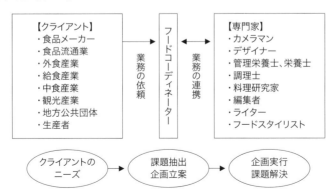

第3節 食の企画の例〈事例集〉

フードビジネスの現場において、実際にどのような食の企画があるのか、具体的な事例を紹介する。

事例1）レストランの季節イベント

レストランにおける催事のなかでも、季節をテーマにしたものは取り組みやすく、顧客へ食の情報を発信する機会となる。グランドメニューに加えて、季節の特別感を盛り込んだメニューを提供することにより、固定客の来店頻度を上げるだけでなく、新規顧客の開拓などの販売促進効果も期待できる。

たとえば、ある季節の食材をテーマにしたイベントを企画する場合、そのレストランの時間帯別顧客層を明確にし、その嗜好を調査・分析し、顧客ニーズを把握したうえでメニューの内容を検討する。また、既存のメニュー構成（グランドメニュー、時間帯別メニュー、組合せメニューなど）を念頭に置いたうえでメニューの開発を手がける。

■業務の流れ［レストランの季節食材をテーマにしたイベントの例］（図13-2）

事例2）飲料メーカーの新商品開発

　飲料はライフサイクルが短いといわれる食品のなかでも、とくに入れ替わりが激しい商品といえる。飲料メーカーの開発担当者は、シーズンごとの新商品発売や既存商品のリニューアルに向けて、試行錯誤を繰り返し、試作を行っている。

　飲料メーカーの新商品開発の仕事は、まずターゲットを設定し、そのライフスタイルを調査するところからはじまる。消費者の立場に立って、「何が求められているのか」「どのようなものがあれば便利か」に着眼し、消費者の気持ちを理解することから新商品の発想が生まれる。また、市場動向を調査・分析し、商品のニーズやウォンツを探り出すためのマーケティングリサーチも必要となる。このような段階を経て新商品のコンセプトは決定される。

　最近では、健康志向を反映し、「おなかの調子を整える」「脂肪の吸収をおだやかにする」など、特定の保健の目的が期待できる特定保健用食品（トクホ）や、機能性表示食品などの開発も盛んに行われている。

■業務の流れ［飲料メーカーの新商品開発の例］（図13-3）

経済・経営

第13章　食の企画・構成・演出の流れ

319

事例3）商品パッケージ制作のための写真撮影

　商品のパッケージは、商品の第一印象の決め手となる「商品の顔」であり、その内容を端的に伝えるものである。数多くの商品のなかから、消費者の目にとまり、手に取ってもらうためには、商品への興味を誘い、購買意欲を喚起するような工夫が必要となる。

　パッケージ用の写真撮影に限らず、料理の撮影では、シズル感*の表現がポイントとなる。いかにおいしそうに見せるか、商品の魅力を視覚に訴えることが重要である。

　撮影は、カメラマンやデザイナーなど専門家の協力のもとに進められるが、肝心なことは、事前に関係者と情報を共有しておくことである。撮影現場となるキッチンスタジオの下見や、使用する食材の手配、スタイリングに必要な道具の準備など、入念な打合せと確認を行っておく。

＊シズル感：英語で肉を焼くときのジュージューという音のこと。転じて人の感覚を刺激する演出手法をさし、「みずみずしさ」という意味などで使う。

■業務の流れ［食品メーカーの商品パッケージ用の写真撮影の例］（図13-4）

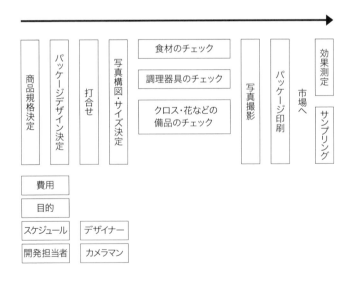

事例4）雑誌の料理特集ページの制作

　料理雑誌に限らず、女性雑誌にはかならずといってよいほど、おしゃれな料理写真がレイアウトされた料理特集ページがある。旬の食材を利用した季節感あふれる料理や、行事にちなんだ料理、健康訴求や時短をテーマにした料理など、題材もさまざまである。

　雑誌の料理特集ページの場合、ターゲットとなる読者の年齢層やライフスタイルを考慮し、トレンドなども加味しながらテーマを決定する。何よりも読者に、「つくってみたい」「食べてみたい」と思わせるレシピを開発し、発信することが重要である。

　また、最近では、料理のつくり方だけでなく、おいしそうに見せる盛付け方や食卓のコーディネート、あるいはライフスタイルのヒントなどを求める読者も多い。したがって、レシピの開発から調理、スタイリング、食卓や食空間の演出まで、一貫したトータルコーディネートが必要となり、広い視野から提案を行っていく。

■ 業務の流れ［雑誌の料理特集ページの制作の例］（図13-5）

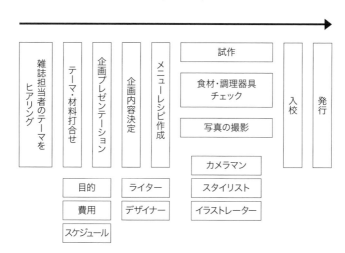

事例5）食の展示会におけるプレゼンテーション

　食に関する情報提供の場として、巨大な展示場や施設で食の展示会などのイベントが開催されることがある。食品メーカーや飲料メーカーに限らず、厨房機器メーカーや食品卸売業者などが出展し、宣伝したい商品やサービスを食関連業者や消費者に紹介している。会場内の限られたスペース（ブース）で、自社の商品やサービスの展示を行うが、そこではメーカーとの連携による商品のディスプレイやプレゼンテーションなど、フードコーディネーターが活躍する場面も多い。

　プレゼンテーションを実施する際には、事前に商品の特性をしっかりとつかみ、伝えるべきアピールポイントを把握しておくことが重要である。調理デモンストレーションや試食では、いかにおいしさを感じてもらい、商品の価値を認識してもらえるかを考慮する。また、どんなときに利用したらよいのか、どのような料理に活用したらよいのか、具体的な利用シーンや活用方法なども提案する。

■業務の流れ［食の展示会のブースにおける新商品試食プレゼンテーションの例］（図13-6）

■フードコーディネーターがかかわる「食の企画」の相関図（図13-7）

・レストランの店舗開発、メニュー開発
・給食のメニュー開発
・中食（弁当、惣菜など）のメニュー開発
・食品、飲料メーカーの新商品開発
・6次産業化商品の開発
・料理番組の企画
・料理本、料理雑誌の企画

開発

食の企画

・レストランの演出
・商品のディスプレイ
・商品、パッケージの撮影
・料理番組の撮影
・コマーシャルの撮影
・料理本、料理雑誌の撮影
・スタイリング
・テーブルコーディネート
・食関連イベントの演出

演出

運営

・レストランの運営
・食品店舗の運営
・人材育成、スタッフ教育
・食関連イベントの運営
・料理コンテストの運営
・料理教室の運営

第4節 企画提案に必要なスキル

　クライアントを満足させ、消費者に喜んでもらえるような企画はどのようにしたら生み出せるのだろうか。本節では、プロのフードコーディネーターに必要な企画力を身につけるためのヒントとして、日常から磨いておきたい4つのスキル、「コミュニケーション力」「ネットワーク力」「情報収集・整理力」「プレゼンテーション力」について述べる。

(1)コミュニケーション力

　企画の立案は、まずクライアントとの対話のなかで、業務に必要な情報を聞き出すことからはじまる。ヒアリングを行いながら、現状を把握し、具体的な目的や目標、スケジュール、予算など、企画の構想に必要な情報を収集する。クライアントのニーズはさまざまであり、情報のなかには希望や期待を含んで

いるものもある。正確な情報収集のためには、クライアントや関係者とのやり取りにおいて、事実を正しく聞き出し、必要な情報を的確に捉えるコミュニケーション力が必要となる。

また、自身の思いを十分に伝達する力も求められる。相手の立場を理解した話し方や表現を心がけ、コミュニケーションを通じて、ビジネスパートナーとしての信頼関係を築いておくことも忘れてはならない。

(2) ネットワーク力

クライアントの問題を把握し、企画の方向性が定まったら、次に業務を細分化してそれぞれの分野のスペシャリストを集め、プロジェクトチームを結成する。たとえば、カメラマン、デザイナー、栄養士、料理研究家などの専門家との連携である。専門家の力を借り、協力を得ることによって、企画はより磨かれたものとなり、専門性の高い事業が実現できる。どのような企画も自分1人だけでやり遂げられるものではない。よい人間関係、ネットワークをもつことが、企画の原動力となるのである。

もちろん、自身のスキルアップをめざし、食に関する知識を深め、センスを磨き、技術を高める努力も忘れてはならない。日ごろから、食に関するセミナーやイベントなど、多くの食関係者が集まる場に積極的に参加して、自己啓発を

■人脈ネットワーク（図13-8）

図るとともに、人脈ネットワークを構築しておくことが重要である。図13-8は、フードコーディネーターを取り巻く人脈ネットワークをまとめたものである。

(3) 情報収集・整理力

　企画のアイデアを生み出すためには、食情報に興味をもち、日ごろから情報収集に努めることが大切である。しかし、今日のように情報が氾濫している時代においては、情報を収集するだけではなく、正しい情報を取捨選択し、整理する能力も求められる。業務に活用することを前提に、必要な情報を整理する姿勢をもっておきたい。

　食に関する情報には、消費者動向や市場動向、企業情報、商品やサービスに関する情報などがある（表13-1）。企画を提案する際には、これらの情報を有効活用すると説得力が増す。官公庁がホームページなどで発表している調査データは客観性があり、提案理由の裏づけに信頼性をもたせることができる。データを利用する際には、信憑性が高いものといえるか、調査機関や調査時期、調査方法などをチェックし、引用する際には出典元を明記する。

　また、話題になっている飲食店や百貨店の食料品売り場などを視察し、どのような客層に人気があるのかを調査し、集客できる理由を分析するなど、実践のトレーニングを行うことも大切である。プロ意識をもった情報の収集・整理が、フードコーディネーターとしてのスキルの習得に結びつく。

■食に関する情報ソース（表13-1）

情報の内容	情報ソース	特徴
社会状況 消費者動向	総務省統計局、厚生労働省、農林水産省などの統計調査や白書	客観性、信頼性の裏づけとなる。データをダウンロードできる場合が多い。
業界情報 市場動向	業界紙、業界専門誌、業界団体が発表する調査報告書	専門情報が集約されている。
企業情報 企業業績	各企業がホームページで発表している企業情報	企業の経営状況や新商品情報などが入手できる。
商品、サービスに関する情報	企業のホームページやインターネットの検索情報、商品に関する各種メディア媒体	企業が消費者に向けて、商品の写真などを掲載している。

資料）『三訂フードコーディネート論』（建帛社）をもとに制作

(4)プレゼンテーション力

　企画の概要が固まったら、実際に企画書を作成し、クライアントに向けてプレゼンテーションを行う。いくらアイデアを駆使した素晴らしい企画であっても、クライアントに納得してもらえなければ意味をなさない。そこで必要なのはクライアントを説得できるプレゼンテーション力、つまりアピール力である。

　プレゼンテーションを前提とした企画書を作成する際には、PowerPoint（パワーポイント）を活用したい。表やグラフが作成しやすく、写真やイラストも自由にレイアウトできる。配布用資料のデータとしてだけでなく、発表用スライドとしても使用でき、便利である。最近はスライドを使用するプレゼンテーションが主流であり、説得力のある提案を行うためにはPowerPointの技術を習得しておくことが必須ともいえる。

　また、伝えたい内容を魅力的にアピールし、聞いている人の気持ちを惹きつける会話力や表現力も、平素から磨いておきたいスキルである。

第5節 企画書を立案するうえで必要な項目

　フードコーディネーターが、新しい「モノ・コト」への取り組みを提案したり、クライアントの問題解決のために企画を提案したりするためには、企画書の作成が必要となる。企画書にはさまざまな作成方法があるが、どのような場合でも、次の6W3Hを押さえておくことが基本となる（表13-2）。

■ 企画書の立案に必要な6W3H（表13-2）

	Who（誰が）	クライアント名、クライアント担当者
	When（いつ）	企画の開始日、実施期間、終了日
6W	Where（どこで）	会場、店舗 など
	What（何を）	企画のコンセプト、テーマ
	Why（なぜ）	企画の目的、企画の背景
	Whom（誰に）	企画のターゲット
	How（どのように）	実施計画、実施方法
3H	How long（どのくらいの期間で）	実施期間、スケジュール
	How much（どのくらいの予算で）	予算計画

第6節 オリエンテーションや依頼内容のチェック

　実際のビジネスの現場においては、クライアントから直接仕事の依頼が来る場合もあるが、さまざまな人脈を通じて間接的に依頼が来ることも多い。大きなプロジェクトの場合には、クライアントがよりよい提案を採用するために、複数の相手にオリエンテーションの機会を設けることもある。このような場面では、クライアントが企画の各提案元からプレゼンテーションを受け、内容を判断して依頼先を決めるケースがほとんどである。オリエンテーションには、クライアントに関する情報や予備知識などを得てから臨むことが必要となる。

　クライアントは、経営や運営に関してさまざまな問題を抱えており、企画を提案するに際し、守るべき制約条件も多く存在する。また、クライアントのなかには、自社の問題の背景や企画の前提条件を十分に把握できていない場合もある。このようなケースも想定したうえで、事前にヒアリングシート（図13-9）を準備し、項目別に内容を整理しておくと便利である。要件をまとめたヒアリングシートは、企画を立案、検討する際に、さまざまな条件を確認する資料として活用できる。

■ヒアリングシート（図13-9）

	ヒアリングシート	
		年　月　日
項目	内容（具体的に記入する）	
クライアント	クライアント名、担当者名 クライアントの情報	
テーマ	プロジェクト名、タイトル	
背景	課題が生まれた背景や現状	
目的	企画を実施する目的、意図	
内容	企画の内容	
スケジュール	準備期間、実施日、実施期間、終了日	
条件	実施にあたっての制約条件	
予算	実施のための予算 企画書作成費、プレゼンテーション費	
備考	制約条件 その他の注意点	

第7節 ビジネス企画書の基本構成

　フードビジネスに関する企画は、レストランのプロデュースや新商品の開発、イベントのプロモーションやメディアの制作など、多岐の分野にわたっている。企画のテーマにより、企画書の書き方もさまざまであるが、いかなる場合も企画者の思いを込めて、クライアントの問題解決に結びつく実行可能なプランニングを提案することが重要である。

　また、常に読み手であるクライアントの立場に立ち、読みやすく、わかりやすいよう、ポイントを簡潔にまとめることを心がけたい。

　以下に、一般的な企画書の基本構成を記載する。実際に企画書を作成する場合は、この流れに沿って、課題に合わせてアレンジしたり、必要な項目を追加したりするとよい。

[企画書の基本構成]
①表紙
　宛先、タイトル、提出年月日、企画書の作成者名を記入する。
②目次
　ページごとの見出しとページ数を記入する。
③はじめに
　企画に至った動機や企画者の思い、姿勢を表現する。
④現状分析
　社会・経済環境、市場動向、消費者動向、競合状況、クライアントの状況などの調査データの結果から、現状を分析し、企画の必要性を明記する。
⑤課題の設定
　調査結果と分析から、課題を抽出し、何が問題となっているのかを明記する。
⑥目的と目標
　設定した課題を踏まえて、企画の目的と目標を明示する。目標は具体的な数値を示す。
⑦コンセプト
　企画の全体を表現するもの。店舗コンセプト、商品コンセプト、メニューコンセプト、サービスコンセプトなど。

⑧テーマ

コンセプトを、より具体的に短い言葉で表現する。この言葉がキャッチコピーとなる場合がある。

⑨ターゲット

どのような客層に向けた企画であるのかを記載する。

⑩企画の内容

課題を解決するための具体的な施策で、企画書の中核部分となる。

⑪実施計画・スケジュール

組織図には、施策実施のために必要な人員や人材を記入する。スケジュールについては、企画のはじまる時期や終わる時期、各実施段階に要する時間を記載する。

⑫予算と効果

投資計画や売上げ計画などを具体的な数値で記載する。

⑬参考資料など

必要に応じて資料を作成し、添付する。

　ここでは、基本的な構成を紹介したが、実際に企画書を作成する場面では、フードコーディネーターとしての専門性やコーディネート力、人脈ネットワークが問われてくる。食の知識や経験をベースに、常にスペシャリストとしての専門性を磨く努力を忘れてはならない。

　最後に、私たちフードコーディネーターの使命は、新しい食の「トレンド」「ブランド」を創り出し、食の「開発」「演出」「運営」のクリエーターとして社会に貢献することである。日々、自己研鑽に努め、食の最前線で活躍できるプロのフードコーディネーターをめざそう。

〈参考文献〉
1）三訂フードコーディネート論　第9版　日本フードスペシャリスト協会　2018年　建帛社

第8節 デジタル技術の進展と社会の変化

1. 第4次産業革命

　いま、世界では第4次産業革命が進行している。18世紀末以降、水力や蒸気機関がもたらした工場の機械化（第1次産業革命）、20世紀初頭の電力を用いた大量生産（第2次産業革命）、1970年代初頭からの電子工学や情報技術を用いたオートメーション化（第3次産業革命）に続く技術革新である。情報通信技術（ICT）の発展とクラウドサービスの活用の拡大などにより、企業や産業、さらには私達の暮らしにも大きな変化をおよぼしている。地球環境問題の深刻化などを背景に価値観も変化している。新たな技術や事業が次々と生まれており、フードコーディネーターも変化を踏まえた取り組みや役割を確認する必要がある。

（1）Society5.0

　内閣府が「第5期科学技術基本計画」で打ち出したのがSociety5.0である。これは狩猟社会、農耕社会、工業社会、情報社会に続く「超スマート社会」をさす。サイバー空間（仮想空間）とフィジカル空間（現実空間）を高度に融合させた社会で、IoT（モノのインターネット）ですべての人とモノがつながり、さまざまな知識、情報が共有される。ビッグデータ解析、AI（人工知能）、ロボット、センサーなどの技術を強化。労働の補助や代替、自動走行車などで人口減少社会や地方経済の疲弊などの社会課題克服が期待されており、デジタル技術による社会変革の可能性は広がっている。

（2）SDGs

　SDGs（Sustainable Development Goals：持続可能な開発目標）は、「誰一人取り残さない（leave no one behind）」持続可能で、よりよい社会の実現を目指す世界共通の目標である。2015年の国連サミットにおいて全ての加盟国が合意した「持続可能な開発のための2030アジェンダ」の中で掲げられた。

2030年を達成年限とし、17のゴールと169のターゲットから構成されている。

　17のゴールは、①貧困や飢餓、教育など未だに解決を見ない社会面の開発アジェンダ、②エネルギーや資源の有効活用、働き方の改善、不平等の解消などすべての国が持続可能な形で経済成長を目指す経済アジェンダ、そして③地球環境や気候変動など地球規模で取り組むべき環境アジェンダ——といった世界が直面する課題を網羅的に示している。SDGsは社会的課題を社会、経済、環境の3側面から捉え、これらを統合的に解決することを目指している。

2. インターネット（情報通信技術の発展とビッグデータ）

(1)IoT

　英語の「Internet of Things」の略称で、「モノのインターネット」と訳される。家電や自動車、医療機器など身の回りのあらゆる機器（モノ）がインターネットにつながることである。機器にセンサーなどを搭載し、ネットで情報をやり取りすることで、業務の効率化や新サービスの提供などにつながると期待されている。IoTは「第4次産業革命」をもたらすとして、各国が導入を急いでおり、2011年頃からドイツが提唱し始めた「インダストリー 4.0」構想の重要な柱でもある。日本でも2016年の成長戦略で重点分野に掲げた。一方、企業が個人情報を扱うことが増えるため、情報漏えいを防止するルール作りなどの課題も指摘されている。

＊インダストリー 4.0：あらゆるものがネットにつながるIoTを使い製造業の革新を目指すドイツでの取り組み。消費者のニーズが細かくなり、多品種の製品を少量ずつでも効率的に作ることが求められ始めたことに対応するのが狙い。物流やエネルギー、働き方も含め社会全体で生産性の向上や生産の最適化を図る。官民一体で推進している。

(2)ビッグデータ

　スマートフォン（スマホ）のセンサーやインターネットの閲覧履歴、カメラで撮影した動画などの巨大なデータの固まり。スマホで取得できる行動データ

以外にも、あらゆるモノがネットにつながるIoT端末の増加で、店舗や工場などでのデータの収集が容易になった。集めた大量のデータはAIを活用して分析し、人力では見つけられない共通点を見いだす。

　民間のシンクタンクによると、2000年の世界のデータ生成量は620万テラバイトだったが、2010年には10億テラに、2020年には440億テラにまで膨れあがったとみられる。今では世界中のセンサーは1兆個を超えたとみられ、企業が持つ膨大なデータを分析すれば新たな知見を得られる可能性がある。

　ウェブサイトやSNS（交流サイト）から得る「バーチャルデータ」と対比し、企業が製造・開発の現場から収集する膨大な情報を「産業ビッグデータ（リアルデータ）」と呼ぶ場合もある。※1テラは1兆バイト。

（3）5G

　携帯電話の第5世代規格である。最高伝送速度は毎秒20ギガビットで、実効速度は現行の第4世代（4G）の100倍となる。例えば、4Gで2時間の映画をダウンロードするには5分程度かかる。だが5Gなら3秒で済む。大容量の情報を一瞬で届けられるため、一般消費者向けのサービスでは、スポーツやライブなどの映像視聴のほか、仮想現実（VR）・拡張現実（AR）、オンラインゲームといった高精細なコンテンツの楽しみ方が広がる。また、情報伝達の際に遅れを感じることが少なく、多くの機器と情報をやり取りする「多数同時接続」ができる。リアルタイムで情報が伝達され、通信が安定していることから、自動運転車や遠隔医療などでも応用が進むと期待される。※1ギガは10億ビット。

3. 人工知能（AI）と社会

（1）人工知能（AI）

　人間のような高度な認識や判断を下せるコンピューターシステムをいう。1956年に米国で開催した共同研究会「ダートマス会議」で初めて「人工知能（Artificial Intelligence」という言葉が使われた。自動で文章を翻訳したり、読み込んだ画像から病気や欠陥商品を見つけたりと活用の幅は多岐にわたり、最近では自動運転などの領域にも使われている。

人間の脳の仕組みを参考にしたディープラーニング（深層学習）は大量に学習したデータから精度の高い結論を素早く導き出せる。グーグルの科学者で米国の発明家レイ・カーツワイル氏は2045年にAIが人間の知性を超えて加速度的に進化する転換点（シンギュラリティ）を迎えると予想する。

(2) AIと倫理

AIを利用する上で、理解しておくべきことがある。

AIが人類に危害を与えてはならない。判断の過程が不透明で、使う側が気づかないうちに問題を起こす懸念があるからだ。個人の行動履歴データなどから属性を類推し、差別や人権侵害を引き起こすことを防いだり、軍事利用や人類に敵対的な行為の抑制も図ったりしなければならない。

このため米マイクロソフトやソニーなど国内外の企業でAI倫理の指針を策定する動きが拡大。日本政府は2019年、AI利用では人が自ら判断し決定するとした「人間中心」を柱とするAI社会原則をまとめている。

3. デジタルトランスフォーメーション(DX)

(1) DXの定義

デジタルトランスフォーメーション（DX）とは「デジタル化」と「生活者の価値観の変化に対応したビジネスモデル改革」のかけ算で、社会をより便利に快適にしていくことが最終目的だ。2004年にスウェーデンのウメオ大学教授（当時）のエリック・ストルターマン氏が「ITの浸透が人々の生活をあらゆる面でより良い方向に変化させること」を表したのがはじまり。具体的には企業がビッグデータやAI、IoTなどのIT（情報技術）を駆使し、製品やサービス、ビジネスモデルを変革すること。さらにITで業務や組織の運営、企業文化も含めて改革することも含む。

ちなみに経済産業省はDXを「企業がビジネス環境の激しい変化に対応し、データとデジタル技術を活用して顧客や社会のニーズを基に、製品やサービス、ビジネスモデルを変革するとともに業務そのものや組織、プロセス、企業文化・風土を変革し、競争上の優位性を確立すること」と定義する。

（2）食の世界とDX

　DXは中長期的な戦略だが、日本ではデジタル化が強調されすぎるきらいがある。しかし、DXの本質はトランスフォーメーション（変革）だ。世界最大の小売業、米ウォールマートはスマホアプリで、消費者が欲しい商品の在庫情報を提供したり、クーポン発行や自動決済にも割引を連動させたりして顧客満足度（CS）を高める。

　デジタル先進国の米国では、EC経由のグロサリー（加工食品）の売上げが2019年には全体の3.4%だったが、新型コロナの影響により2020年は10%を超えるまでになったとされる。

　日本の食品産業が国際的にも競争力を増すための課題は「生産性の向上」とされる。AI活用やロボット化を含めたデジタル化に早急に取り組み、それを基盤にした「消費者利益の向上」を考えた変革が食品関連産業に求められる。

（3）フードテック

　2050年には世界の総人口は現在より3割弱多い98億人に達し、食糧需要は7割ほど増える。このため食糧の増産と食品ロスの削減がなければ食糧危機は避けられない。こうした中、サイエンスやテクノロジーを活用した「食」の問題解決や可能性を広げるフードテックの概念が現れている。

　フードテックとは、食（フード）とテクノロジーを掛け合わせた言葉。タンパク質不足といった世界の食料問題や気候変動、労働力不足などの課題を解決する手段として注目される。植物由来の代替肉や、牛の細胞を培養して作る肉などが一例だ。

　たとえば、植物性の大豆から油を搾った後、高温・高圧で加工した上で調味料などを加えると代替肉となる。食感や風味の面でも本物に遜色ないものを、すでに食品大手が販売している。また、農水産物の遺伝子を改変し、品種改良に応用するゲノム編集や、マグロの陸上養殖なども該当する。

　ビーガン（完全菜食主義者）やベジタリアン（菜食主義者）、健康のために肉を食べる回数を減らす「フレキシタリアン」といった欧米で流行する食文化も植物肉の普及を後押しする。フードテック市場規模は25年には700億ドルに達するとされ、植物由来の代替肉や細胞培養技術による培養肉、食事宅配、

IoTによる調理家電などに注目が集まる。

（4）協働ロボット

人と肩を並べて働くロボットのことで、人手不足や感染症予防を背景に、人と肩を並べて働く協働ロボットの導入が製造現場で進んでいる。従来の産業用ロボットは安全柵で人の作業エリアと切り離し、同じ作業を高速で繰り返すことを得意としていた。これに対して、協働ロボットは人をセンサーで感知して止まるため柵なしで設置できる。一つのロボットを様々な用途に転用でき、短期間で工程を変えていく少量多品種生産の現場に向いている。

ロボット操作に不慣れな人でも直感的に扱える工夫が施され、タブレット端末を使った簡単なプログラム設定で動かせるのも特長だ。自動車や電機向けだけでなく、これまで自動化がなかなか進まなかった医薬品などの分野や中小企業でも徐々に導入が広がっている。

食の世界では調理ロボットの導入が進みつつあり、配膳ロボットも登場してきた。

（5）まとめ

第4次産業革命は「食のプロ」を目指すフードコーディネーターにとっても、仕事の進め方、商品や事業提案の仕方などにも影響をおよぼす革命である。変革のスピードが非常に早く、アンテナを張り自ら情報収集と活用のスキルを身につけることが大切である。

＊**クラウドサービス**：従来は利用者が手元のコンピュータで利用していたデータやソフトウェアを、ネットワーク経由で、サービスとして利用者に提供するもの。利用者側が最低限の環境（パーソナルコンピュータや携帯情報端末などのクライアント、その上で動くWebブラウザ、インターネット接続環境など）を用意することで、どの端末からでも、さまざまなサービスを利用することができる。これまで利用者はコンピュータのハードウェア、ソフトウェア、データなどを、自身で保有・管理し利用していた。しかしクラウドサービスを利用することで、これまで機材の購入やシステムの構築、管理などにかかるとされ

ていたさまざまな手間や時間の削減をはじめとして、業務の効率化やコストダウンを図れるというメリットがある。

＊ICT：「Information and Communication Technology（情報通信技術）」の略で、通信技術を活用したコミュニケーションを指す。情報処理だけではなく、インターネットのような通信技術を利用した産業やサービスなどの総称。ICTは、ITに「Communication（通信、伝達）」という言葉が入っており、ITよりも通信によるコミュニケーションの重要性を強調。単なる情報処理にとどまらず、ネットワーク通信を利用した情報や知識の共有を重要視する。スマートフォンやIoTが普及し、今やICTは生活と密接に関わり、あらゆる産業・経済活動を支える基盤ともなっている。

（参照：総務省HP）

memo

フードコーディネーター資格認定試験

日本フードコーディネーター協会の「フードコーディネーター資格」は、日本最初で唯一のフードコーディネーター認定資格です。資格を取得するための「フードコーディネーター資格認定試験」には、1級から3級までの資格級を定めています。

<u>＊当協会への会員登録は、入会金、年会費が別途必要となります。</u>

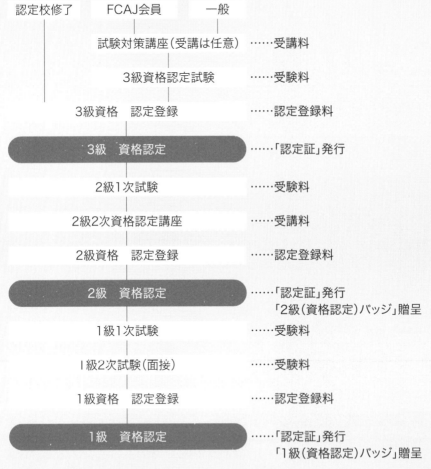

認定校修了	FCAJ会員	一般

試験対策講座（受講は任意） ……受講料

3級資格認定試験 ……受験料

3級資格　認定登録 ……認定登録料

3級　資格認定 ……「認定証」発行

2級1次試験 ……受験料

2級2次資格認定講座 ……受講料

2級資格　認定登録 ……認定登録料

2級　資格認定 ……「認定証」発行
「2級（資格認定）バッジ」贈呈

1級1次試験 ……受験料

1級2次試験（面接） ……受験料

1級資格　認定登録 ……認定登録料

1級　資格認定 ……「認定証」発行
「1級（資格認定）バッジ」贈呈

※各級の資格試験の前には試験対策講座（受講は任意）を実施しています。
※受講料・受験料・認定登録料は、変更になる場合があります。
日本フードコーディネーター協会公式ホームページにて、最新情報をお確かめください。
日本フードコーディネーター協会ホームページ　https://www.fcaj.or.jp

[試験の運営と申し込み]

　2級1次試験、および3級試験は、全国の指定試験会場にてパソコンを使用したCBT（Computer Based Testing）にて行います。

　CBTの実施により、試験会場が全国各地に広がり、試験期間を設けられることになりましたので、ご都合の良い会場、日時を選択して受験していただけます。

　また、2級1次試験対策講座、2級2次資格認定講座、3級試験対策講座は、IBT（オンライン講座・オンデマンド配信）にて実施します。各講座は、配信期間中にパソコン、タブレット、スマートフォンなどで視聴できます。

　これらは、申し込み期間中に専用サイトからお申し込みいただけます。

3級資格認定試験

　広く一般の方々を対象とする資格試験です。食関連知識の考え方や吸収力を協会の定める学科により考査します。試験前に受験者のための試験対策講座を行います。
＊3級試験の概要と対策講座の案内　https://www.fcaj.or.jp/exam/third

[3級資格認定の条件と受験資格]
1）3級資格認定を得るためには、当協会の定める「フードコーディネーター 3級資格認定試験」に合格しなければなりません。
2）3級資格認定試験の受験資格は、中学校卒業以上とし、フードコーディネーターの目的を理解し、これを認識しているものといたします。
3）フードコーディネーター 3級とは、食に関する文化、科学、デザイン・アート、経済・経営の各分野の知識を広く、基本を理解し、食関連知識の考え方や吸収ができるものといたします。
4）資格認定試験の合格者は、認定登録を申請して、はじめて3級資格を保有することになります（3級資格認定登録者）。

●3級試験科目　　以下の4科目の試験になります。
①文化（食文化）
　第1章　食の歴史と文化と風土
　第2章　食品・食材の知識
　第3章　調理方法と調理機器
②科学（健康と栄養と安全）
　第4章　厨房の基礎知識
　第5章　健康と栄養
　第6章　食の安全
③デザイン・アート（食環境デザインと芸術的創造性）
　第7章　食空間のあり方
　第8章　食空間と内装デザイン
　第9章　食空間とテーブルコーディネート
　第10章　テーブルマナーとサービス
④経済・経営（経済的概念と食関連事業経営実務）
　第11章　フードマネジメント
　第12章　メニュープランニング
　第13章　食の企画・構成・演出の流れ

●試験対策講座
　資格認定試験の前に、協会選任の講師により試験対策講座を行います。
受講は任意ですが、試験の要点を講習しますので、受験に有利といえます。

2級資格認定試験

　3級資格認定登録者が受験できます。3級試験合格者で認定未登録者は認定登録をすれば受験可能です。3級資格はフードコーディネーターとしての基本的な知識を問う試験ですが、2級資格認定試験はプロへの登竜門としてのレベルを問う試験となります。試験前に受験希望者を対象に、試験対策講座を行っています。

[2級資格認定試験の概要]
1）1次試験と2次資格認定講座があります。
2）1次試験は共通科目で、3級をマスターし、2級教本を基本的に理解しているレベルで、教本以外からも最近の重要情報や知識など多少加味して出題されます。
3）2次資格認定講座は選択した専門分野の知識とその応用力を考査します（課題提出あり）。
4）2次資格認定講座合格者は、認定登録を申請することにより2級資格保有者となります。選択した専門分野別に資格を認定します。
5）2級資格認定登録者がほかの専門分野を受験する場合、1次試験は免除となります。

●2級試験科目
①1次試験（1〜6共通）
　1.食市場の動向とマーケティング
　2.商品開発
　3.レストランプロデュース
　4.ホスピタリティと食生活のサポート
　5.食の表現と演出
　6.フードプロモーション

②2次資格認定講座（1〜3から1つ選択）
　1.レストランプロデュース
　2.商品開発
　3.フードプロモーション
　　（2023年度よりイベント・メディアから名称変更）

1級資格認定試験

応募資格：フードコーディネーター2級資格認定登録者
①1次試験
　出題形式：記述式の企画書形式
　出題内容：レストランプロデュース、商品開発、フードプロモーション（2023年度よりイベント・メディアから名称変更）のうち、2級認定を受けている分野（複数分野の認定登録者は1分野を選択）
②2次試験
　出題形式：面接とプレゼンテーション
　出題内容：提示された課題で事前に資料を作成、提出し、プレゼンテーションを行う

特定非営利活動法人　日本フードコーディネーター協会（FCAJ）事務局
〒104-0061　東京都中央区銀座1-15-6 銀座東洋ビル2F
TEL 03-6228-7651　FAX 03-6228-7652　https://www.fcaj.or.jp/

索引（五十音・欧文・数字順）

掲載図表一覧

memo

新・フードコーディネーター教本 2024
3級資格認定試験対応テキスト

初版印刷　　2024年1月10日
初版発行　　2024年1月25日

著者©　　　特定非営利活動法人 日本フードコーディネーター協会
発行者　　　丸山兼一
発行所　　　株式会社　柴田書店
　　　　　　東京都文京区湯島3-26-9 イヤサカビル　〒113-8477
　　　　　　電話　営業部　　　　03-5816-8282（注文・問合せ）
　　　　　　　　　書籍編集部　　03-5816-8260
　　　　　　https://www.shibatashoten.co.jp

印刷・製本　株式会社　光邦

ISBN　　　978-4-388-15458-6